全国教育科学规划“教育部重点课题《经济欠发达地区义务教育信息化
供给侧改革研究》（DFA160248 ）”成果

经济欠发达地区义务教育信息化供给侧改革研究

徐文　著

WUHAN UNIVERSITY PRESS
武汉大学出版社

图书在版编目(CIP)数据

经济欠发达地区义务教育信息化供给侧改革研究/徐文著.—武汉：武汉大学出版社,2023.12

ISBN 978-7-307-23918-0

Ⅰ.经…　Ⅱ.徐…　Ⅲ.不发达地区—地方教育—义务教育—信息化—研究—中国　Ⅳ.G522.3

中国国家版本馆 CIP 数据核字(2023)第 153519 号

责任编辑:谢文涛　　　责任校对:鄢春梅　　　版式设计:马　佳

出版发行：**武汉大学出版社**　(430072　武昌　珞珈山)
(电子邮箱：cbs22@ whu.edu.cn　网址：www.wdp.whu.edu.cn)
印刷：湖北云景数字印刷有限公司
开本:787×1092　1/16　印张:12.25　字数:288 千字　插页:2
版次:2023 年 12 月第 1 版　　2023 年 12 月第 1 次印刷
ISBN 978-7-307-23918-0　　定价:49.00 元

作者简介

徐文，男，1971年3月生，湖北省巴东县人，现为中南财经政法大学公共管理学院副教授，硕士生导师，中南财经政法大学教育发展研究所所长，主要研究方向为教育经济学。2004年毕业于华中师范大学教育学原理专业，获博士学位。主要承担公共关系学、教育经济学等课程的本科及研究生教学工作。在《教育研究》《中国高教研究》《教育与经济》等国内公开刊物上发表学术论文20余篇。主持《教育产权的理论与实践探讨》《经济欠发达地区义务教育信息化供给侧改革研究》等国家级、省部级课题10余项，参与国家自然科学基金、国家社科基金等国家级、省部级课题近20项，获得湖北省社会科学研究奖励1项。

目　录

总　论

信息化对我国教师的教、学生的学以及教育教学的手段等产生了革命性的影响，特别是在促进义务教育的均衡发展和提升教育质量方面发挥了极为重要的和不可替代的巨大作用。义务教育信息化发展的不均衡性仍然存在，经济欠发达地区的义务教育信息化发展存在供需不匹配、信息化资源利用效率不高等问题，需要从供给侧进行改革。

义务教育信息化是信息技术在义务教育的教育教学过程中的运用，是一种重要的教育措施和手段，并不是一种新的义务教育形态。义务教育信息化的目的是通过信息和信息技术的运用提高学生在德、智、体、美、劳方面的综合素质(而不仅仅是智方面)同时提高培养的效率、效果和效益。义务教育信息化建设的内容包括义务教育信息化的基础设施建设、义务教育的教育教学平台建设和义务教育教师培训三个方面的内容。义务教育信息化的基础设施是义务教育信息化的起点，教育教学平台是载体，教师培训是关键。义务教育信息化具有基础性、统一性、免费性的特征。基础性要求无论是硬件还是软件，首先应该从最基础的做起，不能高起点、高标准，需要开发与义务教育阶段学生身心发展相适应的教育信息化资源，也需要教师在实施信息技术融入课程教学时采用符合学生身心发展及个性特征的教育方法；免费性是指义务教育信息化建设的资源供给是不向学生和家长收取费用的；统一性要求义务教育信息化资源配置在全国范围内至少是省级范围内的统一，信息和信息技术的配置不能存在省际差距，省内差异，城乡差距，校际差距，公办民办差距；在教师教育信息化培训方面也要一视同仁。

义务教育信息化供给是指供给主体为义务教育学校提供的一定数量和质量的信息资源。义务教育信息化的公共产品属性，决定了它不能由私人部门通过市场提供，而只能由政府(或国家)提供。义务教育信息化供给适度是指义务教育信息供给的数量、质量与义务教育学校的信息化需求相匹配，处于均衡状态而不是失衡状态。国家(政府)发展教育信息化的政策及其执行、义务教育信息化建设的经费投入、教师的信息相关素养、信息技术指导和教育信息化资源教师的配备以及校长信息化领导力是影响义务教育信息化供给适度的主要因素。

经济欠发达地区是一个动态性的概念，是指在一定地域范围内社会经济发展水平介于“发达”与“不发达”之间的地区。经济发展水平较落后、具有发展的动态性及成长性，以及信息化程度较低、人口科学文化素质较低等是经济欠发达地区主要特征。运用所构建的教育信息化供给适度指标体系对经济欠发达地区的测评表明：经济欠发达地区义务教育信息化建设主要存在以下几个方面的问题。在基础设施建设方面：①信息化基础设施建设的整体水平不高；②信息化基础设施建设水平的地区和城乡差异较大；③小学和初中信息化基础设施建设存在较大的差异；④信息化基础设施建设存在较大的项目差异。在经费投入方面：①信息化经费投入的整体水平不高；②信息化经费投入水平的地区差异较大；③小学和初中信息化经费投入存在较大的差异；④信息化投入的城乡差异较大。在政策和规划方面：①政策和规划制定主体的相对单一性；②政策和规划内容方面的过于宏观；③缺乏富有成效的保障机制。在校长信息化领导力方面：①校长对教育信息化认识不足；②校长信息化领导力的培训不够；③校长个人信息技术能力不高。在教师信息素养方面：①对信息技术会产生的革命性影响认识不足；②教师信息素养的城乡差异较大；③信息技术培训机制不完善；④缺乏技术指导。

在坚持教书育人的原则、公平性原则、供给适度原则的前提下，借鉴美国义务教育信息化建设与发展的经验，经济欠发达地区义务教育信息化供给侧改革主要从以下几个方面进行：

（1）建立由中央和省级政府共同负担义务教育信息化经费的机制包括将义务教育经费支出纳入财政预算范围内，并实行预算单列制度；确立义务教育信息化经费基本标准。建议按照2020年的一般公共预算内经费支出的10%确定，并遵照逐年增长的基本要求加以拨付。明确中央和省级政府分担义务教育信息化经费的比例，建议天津、广东、浙江、福建、山东5个省份按照4∶6的比例分担；辽宁、重庆、安徽、海南4个省份按5∶5比例分担；内蒙古、湖北、江西、河南、湖南、四川、陕西7个省份按照7∶3的比例分担；宁夏和新疆按照8∶2的比例分担。中央和省级政府要在2025年以前通过补偿性拨款完全改善经济欠发达地区在硬件、软件方面的条件，使之达到国家标准。通过实施减免税收等奖励性政策，鼓励企业特别是与学校信息化建设相关企业提供经费和设施设备。

（2）确定计算机及网络基本标准。建议将义务教育阶段生机比设定为1∶1，向上浮动区间，小学为1∶1.2，初中为1∶1.5；教师用计算机的比例确定为1∶1，向上浮动区间为1∶1.5，首先要优先保障教师每人一台专属电脑。在网络配置标准方面，实现所有学校全部接入互联网，带宽满足信息化教学需求，无线校园和智能设备应用逐步普及。在宽带方面，初中不低于2Gbps，小学不低于1.5Gbps，要照顾到农村中小学特别是规模小的农村学校的宽带建设。在电子图书方面，生均电子图书达到3册，师均电子图书达到30册，义务教育学校特别是教师通过教学资源平台可以随时随地下载适合贴切的教学资源。

（3）明确义务教育教师和学生信息素养基本标准，建议教育部在充分调研、征求专家意见等基础上发布《义务教育教师信息素养标准》和《义务教育学生信息素养标准》，并针对不同层级甚至是各年级的学生提出具体的标准、要求和达成目标的措施；对初中、小学教师特别是各科目的教师信息素养提出具体的标准，除了通用标准外，更需要强调信息技术整合学科教学的信息能力标准。在学生和教师信息素养标准的内容方面，要强调学生每节课接触电子设备的时间，初步建议为小学生每节课不超过30分钟，采用同步课堂教学的课堂教学时间也只能限定在30分钟以内，教师多媒体授课特别是纯粹播放视频资源等的每节课时间不超过30分钟，每节课至少有10分钟的无信息化教学时间；对于初中教学课堂而言，可以适当放宽时间要求，但必须保证至少10分钟的无信息化教学时间。发布教师培训指导意见，建议教育部针对发布的《义务教育教师信息素养标准》，对具有不同信息技术能力的教师培训提出指导性意见，对于相应的培训单位要提出具体要求，不能搞一刀切；应采用差异化、分层培训方式，在培训形式的选择上建议通过国家教育资源公共服务平台提供可下载、随时学习的视频课程，视频课程按照《义务教育教师信息素养标准》逐一录制，建立课程学习档案。将校长领导力培训纳入信息素养标准中，校长首先是教师，校长应该是教育信息化的先行者，校长的信息化意识、信息知识、信息能力和信息伦理直接影响着教师整体的信息素养，教师会的，校长必须会，这是一个基本原则。当然，为了提升校长信息化领导力，需要提供专门的信息化领导力培训，在培训形式、内容、考核应用等方面要具备适切性。

(4)设立专职信息指导教师和教育信息资源教师。教育部应该明确所有中小学至少配备一名有编制的专职信息技术指导教师，对于规模较大的完全小学和初中，可以考虑配备2名信息技术指导教师，在中心学校至少设立一名有编制的专职信息资源教师，对于规模较大的完全小学和初中可以考虑每个学校设立一个教育信息资源教师。

(5)确保政策规划制定流程的科学性，通过出台《义务教育信息法》等措施提升教育信息化政策和规划的效力。

导　言

一、问题的提出

20世纪40年代，一批新技术开始兴起，产生了以电子计算机等的发明和运用为标志的第三次技术革命，而20世纪60年代国际互联网的问世则带领人类进入了信息化时代。美国未来学家阿尔文·托夫勒(Alvin Toffler)有句名言："唯一可以确定的是，明天会使我们所有人大吃一惊。"信息化走进了包括教育在内的各个领域，从第一代的多媒体教室到教育信息化1.0时代的"校校通"，再到教育信息化2.0时代"三通两平台"(宽带网络校校通、优质资源班班通、网络学习空间人人通，建设教育资源公共服务平台和教育管理公共服务平台)的智慧教育，信息化对我国教师的教、学生的学以及教育教学的手段等产生了革命性的影响①，特别是在促进义务教育的均衡发展和教育质量提升方面发挥了极为重要的和不可替代的巨大作用。

基于教育信息化对义务教育发展的革命性影响，从国家到地方政府的教育行政部门相继颁发了旨在推进义务教育信息化发展的政策性文件②，极大地促进了我国义务教育信息化的发展进程，进而极大地促进了义务教育的均衡发展和教育质量的提升。全国教育信息化工作管理信息系统数据显示，截至2020年年底，全国中小学(含教学点)网络接入率达100%，未联网学校实现动态清零，出口带宽100M以上的学校比例达99.92%；98.35%的中小学拥有多媒体教室，数量达到429万间，其中83.16%的学校实现了多媒体教学设备全覆盖。③ 另据教育部发布的消息，截至2020年年底，全国累计已有26个省份、2809个县实现县域义务教育基本均衡发展，县数占比96.8%，其中中西部县数占比95.3%，如期实现了国务院提出的"到2020年全国和中西部地区实现基本均衡的县(市、区)比例均达到95%"目标。④

然而，中国教育科学研究院曾天山研究员(2018)等学者对义务教育信息化建设成效

---

① 信息化对教育的影响，可参见：宗秋荣，《信息化进程中教育研究面临的新课题》，《教育研究》1998年第2期；李海云，《信息化对教育的革命性影响》，《人民日报》，2013年8月26日第07版；顾小清，《数据智能驱动教育生态重塑》，《中国教育报》，2021年6月11日第4版。

② 相关文件主要包括：教育部2010年颁布的《国家中长期教育改革和发展规划纲要(2010—2020)》；教育部2012年颁布的《教育信息化十年发展规划(2011—2020)》；教育部2018年下发的《教育信息化2.0行动计划》等。

③ 教育部科技司：《2020年12月教育信息化和网络安全工作月报》。

④ 教育部：《均衡督导持续发力义教保障水平更高——义务教育基本均衡"双九五"目标如期实现》，http：//www.moe.gov.cn/jyb_xwfb/gzdt_gzdt/s5987/202104/t20210427_528707.html。

的研究表明，城镇学校的信息化发展程度普遍好于农村学校；随着接入宽带的教室占全校教室总数比例、参加过信息化培训的教师比例的提升，信息化发展程度会随之提升；东、中、西部地区的信息化发展存在显著差异。义务教育信息化基础建设仍处于起步阶段，各地尤其是贫困地区需要加大基础设施建设力度，提升义务教育阶段学校信息化设备利用率和使用效益，提高管理能力和应用水平。① 可见，义务教育信息化发展的不均衡性仍然存在，经济欠发达地区义务教育信息化建设水平有待进一步提升，而这成为当下义务教育信息化建设的重中之重。然而，一方面摩尔定律告诉我们：信息技术和互联网产品更新迭代速度往往疾如旋踵，今天最先进的信息设备，可能明天就成为一堆废铁；另一方面，义务教育信息化建设需要的财政资金是有限的，对于经济欠发达地区而言显得尤为明显，如何实现有限财政资金在义务教育信息化建设中的效益最大化？可以借鉴一些成功的经验，比如，欧共体曾经提出一种“三分法”：即 1/3 的钱投入到硬件建设，1/3 的钱投入到软件建设，1/3 的钱投入到教师培训②。经济欠发达地区的义务教育信息化发展还存在供需不匹配、信息化资源利用效率不高等问题③，这也是摆在经济欠发达地区面前的一个重要研究课题。

因此，从义务教育信息化供给主体的选择、供给主体的供给内容，供给手段或途径，供给适度性的监测评价体系等理论层面上加以探讨和分析，进而构建义务教育信息化供给适度的基本理论框架，在此基础上，对于经济欠发达地区义务教育信息化供给侧方面存在的问题、原因加以实证分析，并提出提升经济欠发达地区义务教育信息化供给水平的对策是一个值得学界认真分析和研究的课题。正如郑旭东(2018)指出的那样，对教育信息化服务的供给侧进行改革，从短期来看，有利于提高供给结构的适应性和灵活性，也有助于扩大有效供给和减少无效供给；从中期来看，有利于促进教育精准扶贫和提升教育公平，进一步推进信息技术与教育的融合创新；从长远来看，将有助于我国确立起市场导向的教育信息化 2.0 服务供给体系，不断提高政府基于教育数据的决策和治理能力，以教育信息化 2.0 全面推进教育现代化。④

---

① 曾天山、祝新宇、万歆：《义务教育学校信息化建设成效分析——基于全国 31 省 2000 余所学校的调查》，《教育研究》2018 年第 4 期。

② 转引自王继新主编：《信息化教育概论》，华中师范大学出版社 2006 年版，第 6 页。

③ 关于教育信息化发展存在的倾向性问题，陈琳总结为 5 唯倾向，即：唯“美”(唯美国马首是瞻)、唯“新”(追赶设备的新功能、高新性能)、唯“商”(以企业的言论当作决策依据)、唯“硬”(只追求设备、设施的拥有)和唯“量”(只求拥有，不管应用，不讲效益，不考虑投入与产出关系，不计成本)。参见：陈琳：《中国教育信息化必须防止的倾向性问题》，《电化教育研究》，2007 年第 4 期。关于义务教育信息化发展存在的问题，可参见：①刘志波、郑良栋：《当前我国中小学教育信息化进程中的主要误区及其对策》，《电化教育研究》2004 年第 8 期。②李葆萍：《我国义务教育信息化建设均衡性研究——基于 2001—2010 年中国教育统计年鉴数据分析》，《中国电化教育》2012 年第 3 期。③陈琳、王丽娜：《走向智慧时代的教育信息化发展三大问题》，《现代远程教育研究》2017 年第 6 期。④曾天山、祝新宇、万歆：《义务教育学校信息化建设成效分析——基于全国 31 省 2000 余所学校的调查》，《教育研究》2018 年第 4 期。

④ 郑旭东、任友群：《教育信息化服务供给的转型方向与实施路径》，《教育研究》2018 年第 8 期。

二、国内外研究现状及本研究的意义

(一)国内外研究现状

1. 关于教育信息化含义的研究

(1)关于信息含义的代表性研究

关于“信息”一词，学界普遍认为是哈特莱(L. R. V. Hartley，1928)在其发表的论文《Transmission of Information》中首次提出的，并将信息(information)定义为：信息就是选择通信符号的方式，并用选择的自由度来计量其大小。① 香农(C. E. Shannon，1948)则将信息定义为：随机不确定性的减少。② 控制论创始人维纳(Norbert Wiener，1948)在其著的《控制论》一书中认为，信息就是信息，不是物质，也不是能量。而他在1950年出版的《人有人的用处：控制论和社会》一书中则更加明确地指出：“信息是人们在适应外部世界并且使这种适应反作用于外部世界的过程中，与外部世界进行相互交换的内容的名称。”“接收信息和使用信息的过程，就是我们适应外部世界环境的偶然性变化的过程，也是我们在这个环境中有效地生活的过程。”“要有效地生活，就必须有足够的信息。”③

我国学者王行刚(1979)认为，信息是人类知识的媒介，是在技术、经济和社会范围内通讯的媒介。④ 钟义信(1988)认为，本体论层次的信息就是事物运动的状态和方式，也就是事物内部结构和外部联系的状态和方式。⑤ 马费成(2002)根据钟义信对信息的阐述，界定了社会信息的含义，即社会信息是为了特定的目的产生、传递、交流并应用于人类社会实践活动，包括一切由人类创造的语言、符号和其他物质载体表达和记录的数据、消息、经验、知识。⑥ 并归纳总结了信息存在的普遍性和客观性、信息产生的广延性和无限性、信息在时间和空间上的传递性、信息对物质载体的独立性、信息对认识主体的相对性、信息对利用者的共享性、信息的不可变换和不可组合性、信息产生和利用的时效性等八大特征。⑦

(2)关于信息化含义的代表性研究

据现有资料，学界普遍认为，“信息化”的概念来源于日本。1963年，梅棹忠夫在《信息产业论》一书中首次向人们描绘了“信息革命”和“信息化社会”的前景，1967年，日本科学技术与经济研究组正式提出了“Johoka”一词，即信息化，意思是向信息产业高度发达且在产业结构中占优势地位的社会(即信息社会)前进的动态过程，它反映了由可触摸的

---

① R. V. L. Hartley. *Transmission of information*. Bell System Technical Journal，1928，(535)，7.

② C. E. Shannon. *A mathematical theory of communication*. Bell System Technical Journal，1948，(27)，4.

③ 维纳著，陈步译：《人有人的用处》，商务印书馆2011年版，第3-4页。

④ 王行刚：《信息学与信息化社会》，《自然杂志》1979年第7期。

⑤ 钟义信著：《信息科学原理》，福建人民出版社1988年版，第41页。

⑥ 马费成：《信息管理学基础(第二版)》，武汉大学出版社2002年版，第6页。

⑦ 马费成：《信息管理学基础(第二版)》，武汉大学出版社2002年版，第6-9页。

物质产品起主导作用向由难以捉摸的信息产品起主导作用的根本性转变。[①] 后译为英文传入西方，表达为 Informatization，Informalization，Informatizing 等。[②] 也有资料显示，法国人诺兰(S. Nora)和孟克(A. Minc)1977 年首先使用了法文的“信息化”一词，并翻译为英文“Informatization”。[③]

国内学者王行刚(1979)对信息化的表述为：“电子计算机的进一步普及应用，使人们进一步看到人类社会信息处理机器化(简称‘信息化’)”。[④] 李泊溪(2005)认为信息化是一个动态概念，总结了包括认为“信息化是指在国民经济和社会生活中最广泛地应用先进的信息技术以提高生产力和人民生活水平，促进国民经济的发展”等 6 个方面的观点，进而认为“信息化不是仅仅局限于经济和技术范畴，而是涉及社会生活的各个方面，信息化是人类社会发展过程中的一个特定阶段。在这个阶段，社会产生力将实现由农业工业时代向信息时代转变，主要的经济发展形态将由工业化向信息化过渡，即由注重物质、劳动密集投入的粗放型生产方式向注重知识、信息密集投入的集约生产方式过渡。”[⑤]陈昌曙(1999)认为，信息化是“转变成以信息为核心的性质或以信息为基本特征的形态，不仅是一个过程，也应该是一个目标。”[⑥]龚炳铮(2005)认为，信息化是指信息的开发、生产、传播、利用等信息活动在国家社会生活各方面的导向作用与信息技术倍增作用不断增强的过程，是通过信息网络的建设、信息资源的开发与利用、信息技术在核心业务中的应用，实现人力、财力与物质资源的优化配置，实现信息流、资金流、物流、业务工作流的融合与统一，提高经济效益，提高国民生产总值中信息含量、比重及贡献率，提高国民信息意识与文化素质的过程。[⑦]

(3)关于教育信息化含义的代表性研究

查阅 web of Science，英文文献中与“教育信息化”概念较为一致或相近的概念主要为 E-Learning(数字化或电子化学习)、ICT(Information Communication Technology) in Education、Computer-based Education 等。祝智庭(2001)认为，与信息化教育相对应的译法应该是 IT-Based Education，但在英文文献中更多地表达为：IT in Education(教育中的信息技术)，E-Education(电子化教育)，Network-Based Education(基于网络的教育)，Online Education(在线教育)，Cyber Education(“赛波”教育)，Virtual Education(虚拟教育)等，并认为 IT in education 与教育信息化的语义相近，而 E-Education 与信息化教育的语义相近。[⑧]

---

① 参见马费成：《信息管理学基础(第二版)》，武汉大学出版社 2002 年版，第 14 页。

② 参见陈云、王浣尘、沈惠璋：《论国家信息化的组成》，《科学学与科学技术管理》2004 年第 11 期。关于“信息化”一词在日本、法国和美国等使用的情况，可参见：王旭东：《20 世纪下半叶“信息化”概念及用词历史源流考释》，《史学理论研究》2008 年第 3 期。

③ 参见乐军：《对教育信息化本质的分析》，《电化教育研究》2006 年第 9 期。

④ 王行刚：《信息学与信息化社会》，《自然杂志》1979 年第 7 期。

⑤ 李泊溪：《信息化的基本含义》，《天津科技》2005 年第 3 期。

⑥ 陈昌曙：《技术哲学引论》，科学出版社 1999 年版，第 49 页。

⑦ 龚炳铮：《信息化的含义与分类的探讨》，《中国信息界》2005 年第 19 期。

⑧ 祝智庭：《教育信息化：教育技术的新高地》，《中国电化教育》2001 年第 2 期。

Engelbrecht (2005)将 E-Learning 界定为通过互联网、内联网、卫星广播、外网、互动电视、音频/录像带和光盘等电子媒体提供教学材料。① Hrastinski（2008）则认为，E-Learning 是通过网络技术开展(或者促成)的学习和教学②。

Digambarrao Jamge Santosh(2021)认为，E-Education 是包括各种形式的电子支持的学习和教学过程。简而言之，E-Education 是指运用信息通信系统，包括网络化学习和其他媒体实施教育的学习过程。③

国内方面，祝智庭(1999)认为，教育信息化是指在教育过程中比较全面地运用以计算机多媒体和网络通信为基础的现代化信息技术，促进教育的全面改革，使之适应正在到来的信息化社会对于教育发展的新要求。④ 并认为，从技术角度上看，教育信息化的基本特点是数字化、网络化、智能化和多媒体化。⑤

黎家厚(2001)认为，教育信息化是以现代信息技术为基础的新教育体系，包括教育观念、教育组织、教育内容、教育模式、教育技术、教育评价、教育环境等一系列的改革和变化。教育信息化并不简单地等同于计算机化或网络化，而是一个关系到整个教育改革和教育现代化的系统工程。⑥

黄荣怀(2002)认为，教育信息化是指在教育领域全面深入地运用现代化信息技术来促进教育改革和教育发展的过程。⑦ 南国农(2002)认为，所谓教育信息化，是指在教育中普遍运用现代信息技术，开发教育资源，优化教育过程，以培养和提高学生的信息素养，促进教育现代化的过程。⑧

赵国栋(2004)认为：教育信息化是一个多维的概念，需要从多个角度理解和认识。从社会变迁的维度看，教育信息化是整个社会信息化的基础组成部分，其中心任务是完成“个人”的现代化和信息化；从组织和管理的维度看，教育信息化是一个多层面的建设和发展过程，校园信息化、教学信息化、管理信息化等要素综合构成了教育信息化发展的全景蓝图。⑨

蔡连玉(2005)从社会学的角度将教育信息化界定为：教育信息化是在教育系统内由于信息技术的广泛使用而引起的信息文化衍生、发展，并培育信息文明的过程。⑩

---

① E. Engelbrecht. *Adapting to changing expectations: Postgraduate students' experience of an e-learning tax program*. Computers and Education, 2005(45): 2.

② S. Hrastinski. *What is online learner participation? A literature review*. Computers and Education, 2008(51): 4.

③ Digambarrao Jamge Santosh. *Impact of e-education on teaching and learning process*. SUMEDHA JOURNAL OF MANAGEMENT, 2021(8): 3.

④ 祝智庭:《世界各国的教育信息化进程》,《外国教育资料》1999 年第 2 期。

⑤ 祝智庭:《教育信息化：教育技术的新高地》,《中国电化教育》2001 年第 2 期。

⑥ 黎加厚:《迎接教育信息化的春天》,《中国电脑教育报》, 2001 年 5 月 2 日。

⑦ 黄荣怀:《聚焦教育信息化》,《中国计算机报》, 2002 年 3 月 25 日。

⑧ 南国农:《教育信息化建设的几个理论和实际问题(上)》,《电化教育》2002 年第 11 期。

⑨ 赵国栋、缪蓉、费龙:《关于教育信息化的理论与实践思考》,《中国电化教育》2004 年第 4 期。

⑩ 蔡连生:《教育信息化的概念内涵：社会学的视角》,《湖南师范大学教育科学学报》2005 年第 1 期。

何克抗(2011)认为，教育信息化是“教育”+“信息化”所组成的复合名词，可以将其理解为信息与信息技术在教育、教学领域和教育、教学部门的普遍应用与推广。①

2. 教育信息化(信息技术)对教育发展影响的研究

以 The impact of ICT in(on) education、The impact of e-learning in(on)education 和 The impact of information in(on) education 为主题词查阅 Web of Science 及 EBSCOhost，并剔除相关性不高的文献，共有近 200 篇(本)英文文献，谈及了信息(通讯)技术对教育包括(义务教育)多个方面产生的影响；以“信息化(信息技术)对教育(义务教育)的影响”为主题词，搜索中国知网，并剔除相关度不高的文献，共有近 500 篇(本)的中文文献。现综述如下：

(1)信息技术对教育发展的正向影响

Phillips Richard J. (1984), Irving Ann (1991)②, David Hollow and Paola (2009), Masperi(2009), Purna Chandra Barman(2018)③, Aarti Trehan and Rajesh Trehan(2019), Digambarrao Jamge Santosh(2021)等学者对信息技术在教育中的影响进行了研究和探讨。这里主要呈现几个有代表性的研究成果：

Phillips Richard J. (1984)等人关于微机在教学中的应用情况的跟踪调查发现，持续使用微机作为辅助教学工具的教师更加信任和依赖微机，并乐于自主学习和掌握相关方面的知识。④

David Hollow, Paola Masperi (2009) 评估了马拉维教育科学技术部(Ministry of Education, Science and Technology in Malawi)推行的便携式学习技术计划对初等学校的影响。结果表明：如果将适当的技术与课程相结合，就有可能对发展中国家的初等教育产生积极影响。该计划的推出在包括提高入学率、降低辍学率以及提高学生和教师的积极性等方面都产生了积极的影响，音频和视频材料以及交互式学习技术，为以学习者为中心和基于结果的活动帮助儿童更有效地保留信息并记录更高的考试成绩。⑤

Aarti Trehan and Rajesh Trehan(2019)认为，信息传播和信息传播进程如此之快，已蔓延到世界各地，给教育领域带来了根本性的变化，教育进程变得更加有效、有意义和富有成效。数字技术的进步创造了许多学习途径，它使学生和教师不断更新知识，提高能力。通过数字通信技术的运用，能使学生积极学习、讨论、分享想法，即时反馈和轻松访问数字内容，速度非常快。在这个竞争激烈的世界中，教育部门的未来在于对信息和通信技术

① 何克抗：《我国教育信息化理论研究新进展》，《中国电化教育》2011 年第 1 期。

② Irving Ann. *The educational value and use of online information services in schools*. Computers & Education, 1991(17): 3.

③ Purna Chandra Barman. *An Overview of Impact of Information and Communication Technology in Education*. International Journal of Information Science and Computing, 2018, 5(1and2).

④ Phillips Richard J. et al. *The future of the microcomputer as a classroom teaching aid: An empirical approach to crystal gazing*. Computers & Education, 1984(8): 1.

⑤ David Hollow, Paola Masper. *An evaluation of the use of ICT within primary education in Malawi*. ICTD'09: Proceedings of the 3rd international conference on Information and communication technologies and development Doha, Qatar 2009.

的了解。①

Digambarrao Jamge Santosh(2021)认为，信息技术在教学和电子教育方法中的应用是电子学习的一个特点。电子学习的影响是使教学和学习过程变得可以从任何地方，在任何年龄和时间进行远程学习。教师和学生之间的虚拟接触对他们双方来说都方便得多。电子教育允许对教材进行简单的管理，从而能够创建灵活的教育方法。电子学习的好处是，能以更低的成本、更方便的学习时间和地点为学生提供灵活、轻松的环境。除了技术和技能外，用户感知和预习在电子学习效率中起着重要作用。电子学习给学生带来了自我责任感，当他们决定学习时，他们必须对自己负责。电子学习还使学生不仅能够依靠教科书信息，而且能够利用万维网进行研究来扩大他们的知识并提高他们的批判性思维能力。教师也能够从中受益，他们能够利用网络鼓励学生应用他们的知识和技能，还有助于随时与学生沟通。②

国内自1992—2021年，几乎每年都有与“信息技术对教育(义务教育)的影响”相关的学术杂志(报刊)论文、学位论文和会议论文。

任意(1992)认为，信息技术的进步会对教育内容、方法、教学组织形式和教育教学手段产生深刻的影响：闲暇教育成为一种新的教育目的；在初级和中级学校里，学校使用了以研究为基础的课程，配备了基于计算机的教师助手，教师专心致志于促进学生的智力发展，而不是仅仅传授传统的教学内容；学生负起了自己学习和支配自己的时间的责任；教育教学评价技术将非常精致；以及包括解题专家系统、袖珍电子事件寻找器、电子书本、超级课程、无墙课堂的出现。③

何克抗(1998)指出，多媒体计算机的交互性有利于激发学生的学习兴趣和认知主体作用的发挥；多媒体计算机提供外部刺激的多样性，有利于知识的获取与保持；超文本功能可实现对教学信息最有效的组织与管理。④

何克抗(2014，2017)认为，长期以来，信息技术在教育领域的成效不显著，要实现信息技术对教育产生革命性的影响，就需要进行信息技术与学科教学“深度融合”，包括营造信息化教学环境，实现新型教与学方式，变革传统的课堂教学结构。实施“深度融合”的途径方法，包括深刻认识课堂教学结构变革的具体内容，实施能有效变革传统课堂教学结构的创新“教学模式”，开发出相关学科的丰富学习资源。⑤

袁振国在2000年至2021年在《湖南教育》《教育研究》等杂志上发表了近20篇研究探讨信息技术对教育影响方面的学术论文，2000年发表在《湖南教育》杂志上的《信息技术及其对教育的影响》一文中指出，信息技术会带来人们知识数量和质量观念的转变，也从根

---

① Aarti Trehan and Rajesh Trehan. *ICT in Education Sector and its Impacts*. International Journal of Management, IT and Engineering, 2019(7): 5.

② Digambarrao Jamge Santosh. *Impact of e-education on teaching and learning process*. SUMEDHA JOURNAL OF MANAGEMENT, 2021(8): 3.

③ 任意：《信息技术对教育的影响——2020年的教育图景》，《未来与发展》1992年第3期。

④ 何克抗：《多媒体教育应用的重大意义及发展趋势》，《天津电大学报》1998年第S1期。

⑤ 参见，何克抗：《如何实现信息技术与教学的“深度融合”》，《课程·教材·教法》2014年第2期；何克抗：《如何实现信息技术与学科教学的“深度融合”》，《教育研究》2017年第10期。

本上改变学习方式和教学方式。① 2019 年发表在《教育研究》上的《科学问题与教育学知识增长》一文中指出，信息技术的进步推动着学校教育向泛在教育②、集体化学习向个体化学习、纸笔学习向屏幕学习转变。③

李运林(2013)认为，信息技术对教育发展具有革命性影响，包括引起教育方式根本变革，教育信息化理论建设的影响，对教育信息化实践的指导作用等。④

此外，何克抗(2009，2011)、付卫东(2016)还专门研究了教育信息化对义务教育均衡发展的影响。何克抗研究团队以信息化教学创新理论(由“信息技术与课程深层次整合理论”、信息化环境下的“学教并重教学设计理论”“创造性思维理论”“儿童思维发展新论”“语觉论”组成)为指导，在我国中西部广大农村地区实施的“基础教育跨越式发展创新试验研究” 项目近 10 年的经验证明：教育信息化确实可以提升薄弱学校(特别是农村学校)义务教育阶段各学科的教学质量与学生的综合素质，从而促进义务教育优质、均衡发展，使教育公平的目标落到实处。⑤付卫东认为，教育信息化促进义务教育均衡发展的作用主要体现在：①通过信息化跨越式实现教育机会均等，是缓解和最终解决教育公平问题的最佳选择；②通过信息化手段超常规培养创新型人才，是提高义务教育质量的必由之路；③教育信息化能够有效地促进学生全面发展和个性化发展。⑥

(2)信息技术对教育可能产生的负向影响

RABOCA and CĂRBUNĂREAN(2014)认为，尽管教育信息化带来包括学生成绩等多方面的提升，但不能忽视教育信息化带来的包括如教育身份丧失(loss of educational identity)、人力资源减少，(reduced human resources)、网络攻击或数字鸿沟(cyber-attacks or digital divide)。⑦

Kuchma and Tkachuk(2015)在一项关于伊尔库茨克(Irkutsk)幼儿园的研究表明，信息技术在教学中的增强，会导致孩童主动性攻击增强和“离家出走”方面情绪的增强，心血管系统耐力下降，发病率较高，并建议对教育信息化进行卫生评估。⑧

张霞(2009)认为，信息技术对青少年学生的负面影响主要有：①迷恋沉溺网络，学

---

① 袁振国：《信息技术及其对教育的影响》，《湖南教育》2000 年第 1 期。

② 泛在教育是相对于传统学校教育形态而言的，是指在任何人在任何时间、任何地点学习任何内容的一种教育形态。参见：袁振国：《传统教育向泛在教育的转变》，《未来教育家》2015 年第 12 期。

③ 袁振国：《科学问题与教育学知识增长》，《教育研究》2019 年第 4 期。

④ 李运林：《论教育与信息 · 信息技术—— 四论“信息化教育” 兼解读“信息技术对教育发展有革命性影响”》，《电化教育研究》2013 年第 3 期。

⑤ 何克抗：《教育信息化是实现义务教育优质、均衡发展的必由之路》，《现代远程教育研究》2011 年第 4 期。

⑥ 付卫东：《教育信息化与义务教育优质均衡发展》，《贵州师范大学学报(社会科学版)》2016 年第 6 期。

⑦ H. M. RABOCA，F. CĂRBUNĂREAN. ***ICT IN EDUCATION-EXPLORATORY ANALYSIS OF STUDENTS' PERCEPTIONS REGARDING ICT IMPACT IN THE EDUCATIONAL PROCESS***. Managerial Challenges of the Contemporary Society，2014(7)：2.

⑧ Kuchma V R and Tkachuk E A. *HYGIENIC ASSESSMENT OF INFORMATIZATION OF EDUCATION AND UP-BRINGING.* Gigiena i sanitariia，2015(94)：7.

生受害匪浅(表现为学业荒废倦怠，身体每况愈下，心理问题滋生，家庭关系紧张，违法犯罪抬头，网络虚拟资产纠纷)；②懒惰心理滋生，学习方式异化(表现为学习懒惰化，语言随意化，学术抄袭成风)；③信息爆炸泛滥，引发信息危机(表现为"信息焦虑综合征"蔓延，"手机强迫症"成社会公害，"搜索引擎依赖症"抬头)；④道德素养缩水，犯罪行为激增(表现为诚信缺失，诈骗横行，色情暴力犯罪频出，黑客犯罪抬头)；⑤人际关系疏远，心理封闭孤僻(表现为人际交往虚拟化，抑郁孤独感加剧，人格障碍频出)；⑥意识形态外化，民族认同感减弱(表现为思想外化严重，民族意识有待提升)。①

程佑春(2017)认为，教育信息化的负面影响主要包括 5 个方面：抑制了教育的创新性发展；弱化了青少年的社会化角色；影响受教育者价值观的形成；民族文化与爱国热情受到影响；影响了体格的健康发展。②

袁振国(2019)认为，包括云计算、人工智能等新的高科技对教育是一把双刃剑，在用其所长，提高教学的效率和个性化水平的同时，要防止由于监测技术的滥用造成"隐私侵犯"、由于信息的个性输送造成"茧房剥夺"，由于大数据积累造成"潜能抹杀""轨迹定势"，由于人工智能的运用带来"机能依赖"等的风险。③

此外，付卫东(2016)在分析教育信息化带给义务教育均衡发展的羁绊时指出，①教育信息化发展程度不一会导致区域间义务教育发展差距进一步拉大。②信息化环境下教育质量不升反降。③信息技术的滥用和泛滥不利于学生的全面发展。④

(3)信息技术对学生成绩的影响

Khalid SaidRabayah(2014)对信息通信技术与 TIMMS(2011)的关联性的分析表明，信息技术的使用与学生在数学和科学科目上的成就之间没有任何关联。虽然信息技术与学生成绩之间的联系不是一个可以通过简单的回归分析来揭示的简单问题，但是，结果肯定表明，在学校和家庭中使用信息技术是一个微不足道的因素，很容易被其他主要因素(如社会经济条件、教学资源、教师能力或文化因素)所抵消。⑤

Benjawan Arukaroon, et al. (2017)对泰国的小学运用信息技术成效的评价表明，信息技术的使用对学生在课堂行为或提高分数方面的表现没有显著影响。在进一步考察 ICT 采用的有影响力的因素时，结果表明，只有主观规范才能对学生的课堂行为产生重大影响。与以往的文献和传统认识不同，研究人员发现，无论学生的教育水平如何，信息通信技术

① 张霞：《信息技术对学生发展的负面影响分析及其对策研究》，华中师范大学硕士论文，2009 年。

② 程佑春：《教育中信息技术的负面影响及其对策》，《软件导刊(教育技术)》2017 年第 6 期。

③ 袁振国：《科学问题与教育学知识增长》，《教育研究》2019 年第 4 期。在 2019 年 5 月 22 日举行的华东师大第 4 场终身教授学术报告会上，袁振国教授进一步分析了人工智能之于教育的六大伦理风险：隐私侵犯、茧房剥夺、评价定势、潜能遮蔽、智能依赖、情感忽视。参见：《赵勇对话袁振国：人工智能之于教育的伦理思考》，https：//news. ecnu. edu. cn/81/61/c1833a229729/page. htm。

④ 付卫东：《教育信息化与义务教育优质均衡发展》，《贵州师范大学学报》2016 年第 6 期。

⑤ Khalid Said Rabayah. *INFORMATION TECHNOLOGY USE AND ACADEMIC ACHIEVEMENTS OF STUDENTS IN PRIMARY SCHOOLS*. Ìnformacìjnì Tehnologì ì Zasobi Navčannâ, 2014(43)：5.

并不一定是一个有效的教学手段和工具。①

Gutiérrez，Gregorio Gimenez，Jorge Calero(2020)认为，政策制定者对于教育信息化能够提高学生的学习成绩这一观点，似乎是毫不怀疑的，并持续给教育信息化进行了大量投资，但是相关的科学研究并不完全支持这一观点。对运用信息技术教学的西班牙自治地区中学 2009 年、2012 年及 2015 年的 PISA 测试成绩的分析表明，学校使用信息通信技术的增加不会对提高 PISA 在科学方面的分数有积极的影响，但对于学生在数学和阅读方面的分数不会产生积极的影响。可见，信息和通信技术对教育成果的影响取决于学习科目和技术的使用类型。所以，增加信息技术教育使用的政策需要认真评价，以确定哪些领域、哪些用途和采用哪些方法，有可能对教育成果产生积极影响。②

但是，Guadalupe Martínez Borreguero，et al.(2020)的问卷调查分析表明，教学中信息技术的运用对学生的学业进步有积极的影响，并且有助于改善学生学习情绪。③

Shafaq Salam，et al.(2017)对巴基斯坦 KP 省白沙瓦区 150 名公立和私立学校学生进行了一项调查发现，私立学校认识到信息和通信技术对教育的重要性，强调使用信息和通信技术；而公立学校在信息和通信技术基础设施方面落后，存在数字鸿沟。并且发现，使用信息通信技术是提高教育质量和学生成绩的催化剂。④

郭衎、曹一鸣、王立东(2015)选取我国华北、东北、西南地区三个代表性城市教育质量较好的学区，对教师信息技术使用与初中学生数学成绩之间关系的跟踪调查分析表明，教师在信息技术环境下数学教学对学生代数和几何成绩特别是几何学习成绩有显著的积极影响，教师信息技术的使用频率高对学生的代数能力有显著的负向影响。此外，教师信息技术环境下的数学教学(TPACK)对学生课外补习影响力的抑制作用十分显著。⑤

林子植、胡典顺(2018)对 PISA2012 数学机试成绩结果的研究表明，教师课堂 ICT 的使用，对学生数学素养和机试成绩均有显著的正向作用，使用动态几何软件效果更佳。学生课堂 ICT 的使用，对学生数学素养有着显著的负向作用，对运用 ICT 解决数学问题的能力有显著的正向作用，正负效果抵消的遮掩效应导致对机试成绩影响不显著。总的来说，教师和学生的共同使用效果同样存在正负课堂信息技术使用对学生数学学业成绩的

① Benjawan Arukaroon and Donyaprueth Krairit. *Impact of ICT Usage in Primary-School Students' Learning in The Case of Thailand*. International Journal of Web-Based Learning and Teaching Technologies, 2017(12): 2.

② Marcos Fernández-Gutiérrez and Gregorio Gimenez and Jorge Calero. *Is the use of ICT in education leading to higher student outcomes? Analysis from the Spanish Autonomous Communities*. Computers & Education, 2020(157): 1.

③ Guadalupe Martínez-Borreguero et al. *Development of ICT-Based Didactic Interventions for Learning Sustainability Content: Cognitive and Affective Analysis*. Sustainability, 2020(12): 9.

④ Shafaq Salam et al. *ICT and students' performance in Pakistan*. Human Systems Management, 2017(36): 4.

⑤ 郭衎、曹一鸣、王立东：《教师信息技术使用对学生数学学业成绩的影响——基于三个学区初中教师的跟踪研究》2015 年第 1 期。

影响。[①]

马红梅(2020)运用PISA2018的数据计算了学校信息技术设备配备水平差异所导致的学生学业成绩差异。研究结果表明，如果消弭农村学校与城区学校在教育信息化硬软件设施配备水平方面的差异，可以将学生学业表现的城乡差异缩小15.92%。如果将乡镇学校的信息技术设施配备水平提高到城市学校水平，成绩差距可以缩小14.96%。[②]

3. 教育信息化面临的挑战及应对策略

(1)教育信息化面临的主要挑战

Khalid Abdullah Bingimlas(2009)在综述了1999—2008年相关研究的基础上，认为教师将信息技术成功融入课堂教学的主要障碍是教师缺乏信心、缺乏能力和缺乏获得资源的机会，并且，由于信心、能力和可及性已成为学校技术集成的关键组成部分，因此需要向教师提供包括软件和硬件在内的信息和通信技术资源、有效的专业发展、充足的时间和技术支持。[③]

Yuksel Goktas, et al. (2013)对2005—2011年土耳其小学教师将信息技术融入教学所面临的挑战的研究表明，硬件的缺乏和硬件的限制是教师面临的最大障碍，此外，缺乏适当的软件材料、缺乏在职培训和缺乏技术支持也是教师面临的主要障碍。[④]

Ronald MHernandez(2017)在《Impact of ICT on Education：Challenges and Perspectives》一文中较为全面地分析了教育信息化面临的挑战。他认为，教育信息化现在面临的主要挑战是如何解决教学和学习过程的技术方法，这就需要教育学开展更详细和深入的研究和探讨；教师们角色发生了根本性的变化，需要他们学习和掌握更多的信息技术知识并用于教学过程中去；对学习材料、教学模式、教学监测与评价和教师培训等方面带来了全新的挑战。[⑤]

Shanil Samarakoon, et al. (2017)对非洲塞拉利昂北部的科伊纳杜古地区教育信息化发展的研究表明，该地区教育信息化面临的主要挑战是：缺乏电力供应、有限数量的合格教

① 林子植、胡典顺：《课堂信息技术使用对学生数学学业成绩的影响——基于PISA2012数学机试数据的实证研究》，《中国教育学刊》2018年第12期。

② 马红梅、陈钮、肖雨桐：《全球视域下学校信息化“数字鸿沟”及其对学生成绩的影响》，《现代远程教育研究》，2020年第5期。相关研究还可参见①赵宁宁、王易、陈小涵、温红博：《信息技术对学生学业成绩的影响——基于PISA2018数据》，《中国考试》2020年第11期。②田亚惠、姚继军、丁靖：《学校信息化硬件投入如何影响学生成绩——基于南京市初中的实证研究》，《教育学术月刊》2020年第1期。

③ Khalid Abdullah Bingimlas. *Barriers to the Successful Integration of ICT in Teaching and Learning Environments：A Review of the Literature.* Eurasia Journal of Mathematics, Science and Technology Education, 2009(5)：3.

④ Yuksel Goktas, Nuray Gedik, Ozlem Baydas. *Enablers and barriers to the use of ICT in primary schools in Turkey：A comparative study of* 2005-2011. Computers & Education, 2013(68)：1.

⑤ Ronald M. Hernandez. *Impact of ICT on Education：Challenges and Perspectives.* Propósitos y Representaciones, 2017(5)：1.

学工作人员、网络接入的困难等。①

Pumulo, Mulauzi and Walubita (2019)的研究表明，赞比亚农村义务教育学校教育信息化面临着如下几个方面的挑战：①学校信息技术基础设施不足；②教师对计算机的了解有限，对ICT缺乏兴趣；③缺乏时间充分学习计算机知识；④师生比较大；不可靠或供电不足；⑤缺乏训练有素的培训教师；⑥缺乏维护和升级计算设备的技术支持；⑦有限的财政资源；⑧缺乏互联网连接等挑战。②

AlpheusWanano Mogwe and Peloyame Ambrocia Balotlegi(2020)对博茨瓦纳(Botswanas)小学的研究表明，缺乏信息和通信技术资源、关于使用信息和通信技术资源的知识或缺乏培训、缺乏购买必要设备和提供培训的资金等是信息技术运用面临的主要障碍。③

綦松波，覃祖军(1998)认为，教育信息化建设背景下，教师主要面临包括教育观念的转变，信息技术水平的提高，新教学理论的理解与吸收，现代化教学方法的运用等方面的挑战。④

黄怀荣(2007)认为，自2006年，我国教育步入了一个信息技术能力建设的阶段，教育信息化也得到了充分发展。但由于我国情况比较特殊，目前教育信息化面临的挑战主要有三个方面：①持续应用的挑战，农村学校教育信息化的基本设施设备建设及信息化投入和产出的挑战；②数字鸿沟的挑战，目前数字鸿沟还在扩大，通过降低数字鸿沟扩大的速度进而逐步缩小数字鸿沟；③建设学习化学会或者终身教育体系建立方面的挑战。⑤

杨宗凯、吴砥、郑旭东(2018)认为，教育信息化进入2.0阶段，我国教育信息化发展面临着如下几个方面的挑战：①数字教育资源开发与服务能力不强；②信息化学习环境/平台建设与应用水平不高；③中小学一线教师信息技术应用能力较强但信息化教学创新能力不足；④信息技术与学科教学深度融合、特别是信息技术支撑跨学科教学融合的能力尚显不足；⑤教育信息化的高端研究和应用人才还非常稀缺。⑥

(2)应对教育信息化挑战的对策

Yuksel Goktas, et al. (2013)针对土耳其小学教师将信息技术融入教学所面临的挑战提出了改进策略：①针对硬件的缺乏和硬件的限制，应提供必要的财政资源；②教师使用教

---

① Shanil Samarakoon, Ame Christiansen, Paul G. Munro. *Equitable and Quality Education for All of Africa? The Challenges of Using ICT in Education.* Perspectives on global development and technology, 2017 (16): 6.

② Pumulo, J., Mulauzi. F., & Walubita. G (2019). *Chapter Five-Introduction of computer education in the curriculum of Zambian primary and secondary schools: Benefits and challenges.* Retrieved from: https://dspace. unza. zm/bitstream/handle/123456789/introduction%20of20compuiter%20education %20in%the%20of%20curriculum%20of%20zamian%20primary%20and%20secondary%20schools. pdf? sequence_1&isallowedy.

③ Alpheus Wanano Mogwe, Peloyame Ambrocia Balotlegi. *Barriers of information communication technology (ICT) adoption in Botswanas' primary education.* Education and Learning, 2020(5): 2.

④ 綦松波、覃祖军：《教育信息化与教师面临的挑战》，《山东师大学报(社会科学版)》1998年第5期。

⑤ 黄怀荣：《我国教育信息化面临的挑战》，《中国电脑教育报》，2007年10月1日。

⑥ 杨宗凯、吴砥、郑旭东：《教育信息化2.0：新时代信息技术变革教育的关键历史跃迁》，《教育研究》2018年第4期。

育软件不当，提供适当的软件和材料是必不可少的；③学校的技术资源应进行重组，不仅在实验室，而且在所有教室提供信息技术；④充分做好教育信息化发展的规划和资金使用安排，要有效地使用转移支付资金；⑤应向教师提供技术支持，以便他们能够更有效地将信息技术融入教学。对教师和管理人员，都应制定在职培训方案；⑥为新任小学教师提供将信息技术融入教学的设计能力的指导和培训；⑦应更新信息和通信技术方案，包括高效、安全地使用信息和通信技术等内容，以便更密切地反映日常生活；⑧学校应组织提高家长对信息技术用途的认识方面的活动，教师教育部门也可以为此提供支持。①

Melody Kaumba, et al.(2021)针对赞比亚农村小学教育信息化方面面临的缺乏基础设施和计算机设施，学校缺乏购买电脑的资金，以及许多教师缺乏信息和通信技术知识和技能等问题，提出政府应通过与其他教育利益攸关方和捐助者合作，确保所有学校都配备计算机和其他设施设备；教育部要确保教师获得信息和通信技术知识和技能，以便在农村学校有效地执行信息和通信技术政策；政府应该为农村地区的学校提供电力。②

郭涛、王亮(2012)通过问卷调查和访谈的方式发现了目前农村中小学教育信息化建设过程中所存在的问题，认为应该从积极更新教育观念、培养过硬的教师队伍、优化教育资源配置、增加政府资金的投入等四个方面来同步进行。③

唐前军等(2017)在对四川省乐山区部分小学教育信息化发展面临的问题进行分析的基础上，提出通过①培养专业人才，填补师资缺口；②加强资源建设，开发校本资源；③依托教师培训，提升信息技能；④转变传统观念，探索融合形式等促进小学教育信息化发展水平。④

郝照，包磊(2020)在对甘肃省中小学教育信息化发展现状进行分析的基础上，提出通过如下措施推动地区教育信息化均衡发展：①推动教学点信息化建设，协同构建农村教学点数字学校；②继续扶持贫困与民族地区信息化发展，破解区域发展不平衡；③加快义务教育阶段信息技术与课程深入融合应用。⑤

(二)本研究的意义

1. 相关研究评述

基于本研究的需要，对包括信息、教育信息化的含义，信息化对教育的影响和教育信息化发展面临的挑战及应对策略等的国内外研究进行了梳理，除了主要概念的界定外，尽

---

① Yuksel Goktas, Nuray Gedik, Ozlem Baydas. *Enablers and barriers to the use of ICT in primary schools in Turkey*: *A comparative study of* 2005-2011. Computers & Education, 2013(68): 1.

② Kaumba, M., Mphahlele, R.S., Muleya, G. & Simui, F. *Disablers and enablers in the uptake of information communication technologies in rural primary schools of Mwinilunga District*, *Zambia*. Journal of Educational Technology & Online Learning, 2021(4): 1.

③ 郭涛、王亮：《我国农村中小学教育信息化现状和对策》，《继续教育研究》2012年第2期。

④ 唐前军、田密娟、付蓉、张艳：《中小学教育信息化存在的问题、困境及对策》，《教学与管理》2017年第18期。

⑤ 郝照、包磊：《均衡发展视角下区域基础教育信息化现状分析与对策研究——基于甘肃省14个地区的调研》，《中国教育信息化》2020年第8期。

量搜集整理了国内外关于义务教育信息化方面的研究成果。国内外相关研究为本研究提供了基本的理论和方法论指导，对于本研究的广度和深度具有重要的指导意义。但从已有研究成果来看，主要集中在提升义务教育质量、促进义务教育均衡发展方面包括义务教育信息化均衡发展方面，而对于义务教育信息化包括经济欠发达地区义务教育信息化供给侧方面的研究较为少见，特别是理论层面的分析较为欠缺，具体而言，已有研究主要存在如下两个方面的不足：

①对义务教育信息化供给侧特别是供给主体、供给影响因素、供给不足、供给过剩、供给均衡等方面的理论分析有所缺失或者不够深入。已有国内外多数研究指出，面对义务教育信息化发展的缺乏硬件、软件及互联网的接入等方面的问题，需要政府及利益相关者特别是政府提供经费支持，那么，政府为什么要提供经费支持？哪一级政府或者哪几级政府(就我国而言，政府层级为：中央政府、省级政府、市县级政府、乡镇政府)该负担义务教育信息化经费？以及对义务教育信息化供给，包括人、财、物方面的供给，是否应该规模适度等基本理论问题，都需要开展分析和研究。

②对经济欠发达地区义务教育信息化的供给侧方面，特别是针对不同供给客体(分城镇与农村、公办与民办、初中与小学)缺乏实证探究，较多的实证分析是基于经济发达地区或者城镇义务教育的，提出的促进义务教育信息化发展的对策缺乏针对性。相比经济发达地区，经济欠发达地区义务教育信息化需求呈现哪些特点？需要什么样的供给模式和建立什么样的供给保障机制，以及经济欠发达地区义务教育信息化供给的现状、存在的问题等都是亟须分析研究并加以解决的问题。

2. 本研究的理论和实践方面的意义

教育信息化是实现教育均衡发展的重要手段之一，为此，《国家中长期教育改革和发展规划纲要(2010—2020年)》以及《教育信息化十年发展规划(2011—2020年)》都明确提出要大力推行包括义务教育在内的教育信息化进程，但具体到一些基本理论问题和经济欠发达地区的义务教育信息化供给侧改革问题还需要进一步明确。据此，本研究具有较强的理论和实践意义。

(1)研究的理论意义

本研究的理论意义主要体现在以下两个方面：

一是完善义务教育信息化发展供给适度的基本理论。通过分析义务教育信息化的基本含义及特征，义务教育信息化供给的影响因素，义务教育信息化的作用及其功能的合理边界，义务教育信息化供给的主体、客体和手段途径，建立义务教育信息化适度发展的监测指标体系等，进一步完善义务教育信息化建设及评估的供给适度理论。

二是为义务教育信息化供给侧改革研究提供方法上的指导。义务教育信息化供给侧的研究不能仅仅局限于供给，还需要运用供给与需求理论从需求的层面探讨教育供给侧的改革，同时通过建立指标体系，为监测义务教育信息化发展的合理与过度提供方法上的指导。

综合起来看，本研究对义务教育信息化供给适度理论包括供给适度监测指标体系的构建，都具有理论意义，将丰富《教育信息学》学科知识体系，因为从已有的《教育信息学》知识框架结构上看，对于教育信息化的产品属性、教育信息化供给方面的内容几乎没有涉猎。可参见孙绍荣著:《教育信息学》,人民教育出版社 2001 年版。该著作主要内容包括教育信息学概述、教育信息学的理论基础、教育现象的信息观研究、知识学习的信息加工模型、知识学习信息加工模型对学与教的规律和经验的解释(上)、知识学习信息加工模型对学与教的规律和经验的解释(下)、教育科研信息、教育社会信息、教育内容信息的传递通道、教育管理系统中的信息流等十章内容。John W. Collins, and Sharon A. Weiner 在《*Proposal for the Creation of a Subdiscipline: Education Informatics*》一文中建议设立教育学的二级学科——教育信息学,并建议括建立教育信息化监测指标,并加以评估等内容纳入该学科知识体系中。参见:Teachers College Record, 2010(10).

(2)研究的实践意义

本研究的实践意义主要体现在两个方面:

一是为经济欠发达地区义务教育信息化发展中的供给侧问题“诊断把脉”。分析经济欠发达地区义务教育信息化发展的现状,指出经济欠发达地区义务教育信息化进程中供给侧存在的供给不足与供给过剩等方面的问题及原因。

二是为经济欠发达地区义务教育信息化供给侧改革提供决策咨询。基于存在的问题及引起问题的原因,结合教育信息化供给适度的基本理论,为经济欠发达地区在供给侧方面的改革提供决策咨询,以期实现经济欠发达地区利用有限资源加速义务教育信息化发展,最终为实现地区义务教育均衡发展提供可操作性的指导意见。

三、研究的主要内容和研究方法

(一)研究的主要内容

本研究主要针对经济欠发达地区义务教育信息化的供给侧改革展开。在我国,相比经济发达地区,经济欠发达地区一方面财政供给不足,另一方面义务教育发展水平较低,因此更需要通过信息化建设来提升义务教育均衡水平进而进一步缩小地区间义务教育发展的差距。所以,本研究在大力推行义务教育均衡发展的大背景下,对经济欠发达地区的义务教育信息化发展的供给主体、供给客体、供给路径和手段以及监测指标体系的理论和实践进行深入探讨和分析。具体而言,本研究的主要内容包括以下 4 个方面。

一是义务教育信息化供给适度的基本理论构建。厘清义务教育信息化的含义、特征及产品属性;义务教育信息化供给的含义、影响因素及机制;义务教育信息化供给适度与供给过剩及其监测指标体系等。回答如下几个方面的问题:①何为供给适度?宏观层面上,是相对于非义务教育而言还是仅就义务教育而言?是相对于整个国家信息化发展水平而言,还是对教育信息化本身需求而言?中观层面上,是就当地经济发展水平而言或者是对信息化水平,还是基于全国整体抑或经济发展水平相当、信息化水平相当的地区而言?微观层面,是区域内均衡还是校际均衡?农村与城镇、小学与初中、公办与民办是分类供给还是统一标准供给?等等。②义务教育信息化供给适度的指标和权重是一大难点。就指标选取而言,是按照人、财、物还是按照供给主体、供给客体和供给手段和途径来确定?具体而言,义务教育信息化中的硬件维护、操作人员按照多少配置才算合理?财、物方面是按年度还是按学期进行供给,应该供给多少?供给主体层面,中央及各级政府抑或包括社会团体(或个人)应该分担多少比例？应该供给什么？供给客体层面，是按照生均还是师均抑或校均？供给手段和途径方面，是直接供给信息化产品还是提供财力支持，等等。

二是经济欠发达地区义务教育信息化供给的适切性分析。分析经济欠发达地区义务教育信息化建设的必要性、可行性及其合理供给的制约因素。回答如下几个方面的问题：经济欠发达地区如何开展义务教育信息化建设？经济欠发达地区义务教育信息化建设面临着哪些制约因素？

三是经济欠发达地区义务教育信息化供给现状及存在问题的分析。对经济欠发达地区义务教育信息化发展，特别是从供给主体构成及其贡献度、供给客体的诉求及回应、供给途径和手段以及供给评价等方面进行现状、问题及原因展开分析。回答如下问题：①经济欠发达地区义务教育信息化供给整体样态究竟如何？②义务教育信息化供给是不足还是过剩或者二者兼而有之，是否存在供给不均衡？③存在的问题究竟是供给主体的问题，还是供给客体的问题，抑或是供给手段或途径的问题。导致这些问题的原因究竟是什么？是因为财力不足还是对信息化认识不足，等等。

四是经济欠发达地区义务教育信息化供给侧改革策略分析。借鉴世界上义务教育信息化发展水平最高的美国的经验，基于经济欠发达地区义务教育信息化的供给现状、存在的问题，结合义务教育信息化供给适度的基本理论，提出提升经济欠发达地区义务教育信息化供给水平的对策。回答如下问题：①美国义务教育信息化建设有哪些经验值得借鉴？②经济欠发达地区义务教育信息化供给侧改革的主要目标和主要内容有哪些？

(二)研究方法

为达成本研究的研究目标，主要采用如下研究方法：

1. 文献研究法

通过查阅中国知网、万方数据资源系统、读秀学术搜索及超星发现系统等中文资源以及 WOS、EBSCOhost 数据库等外文资源与主题相关的文献和资料，并对文献和资料进行整理、分析和提炼，包括国内外相关研究、信息化及义务教育信息化、经济欠发达地区等相关概念，教育信息化的特征，国外部分国家及国内部分地区义务教育信息化建设的经验等，为义务教育信息化供给适度理论包括供给适度监测评价指标体系的构建，提升经济欠发达地区义务教育信息化发展水平的供给侧改革的策略提供帮助。

2. 问卷调查法

按照相关政策文本的要求和发展目标，基于义务教育信息化供给适度的理论，结合经济欠发达地区义务教育信息化实际，编制义务教育信息化供给调查问卷。拟对湖北省的恩施市、巴东县、通山县、蕲春县等的义务教育学校(包括城镇与农村学校、初中与小学、公办与民办学校)发放问卷，了解这些地区义务教育信息化人、财、物及供给，政策支持方面的现状，分析义务教育信息化存在的问题及其产生的部分原因。

3. 结构式访谈法

分别对湖北省经济欠发达地区的县市教育装备站站长和样本学校的校长、教师进行访谈，了解经济欠发达地区学校领导和教师对义务教育信息化建设的需求，了解他们对于义务教育信息化供给的观点和看法，特别是针对自身学校存在的问题提出的一些解决对策。

4. 比较研究法

一是全国与地方特别是与经济欠发达地区义务教育信息化供给的整体样态的比较分析；二是省域内的经济发达地区与经济欠发达地区义务教育信息化供给的比较，以及经济欠发达地区内的农村与城镇、同类学校间、公办与民办义务教育学校信息化建设供给特别是的数量与质量方面的比较。

四、本研究的创新及不足之处

(一)本研究的创新之处

对照国内外关于教育信息化特别是义务教育信息化的已有研究成果，本研究的创新主要体现在如下 3 个方面。

一是为进一步完善义务教育信息化供给理论提供支撑。相比已有的义务教育信息化研究，本研究一方面聚焦于经济欠发达地区，另一方面重点探讨义务教育信息化供给适度理论特别是供给适度的监测评价体系的构建，这应该是本研究最为重要的创新之处。

二是提出了义务教育信息化供给适度的观点。已有研究对教育信息化供给不足等方面的研究较多，而对于供给过剩，以及供给不均衡(分类供给不均衡特别是公办与民办学校之间)的研究较为鲜见。

三是研究方法上的实证研究和比较研究有一定的特色。对不同样本群体的问卷和访谈有利于提高本研究实证研究的可信度，对于全国整体与地方、省际、省域内、不同层级义务教育等方面的分类比较分析研究也是本研究的一大特色。

(二)本研究的不足之处

由于本人知识结构和学识及研究能力等方面的原因，本研究可能存在以下 3 个方面的不足之处。

一是对于信息化专业知识的缺乏，可能导致本研究关于教育信息化的本质特征及产品属性的理解并不完全准确，对未来教育信息化的发展趋势把握不够准确，可能会导致理论层面的研究深度和广度不够。

二是本研究中所运用的数据只是 2018 年的相关数据，并没有采用时间序列数据，会产生地区的相关指标的变动趋势把握不清楚，甚至不准确的情况。

三是本研究是以经济欠发达地区的义务教育信息化为研究对象，问卷和访谈对象仅仅是湖北省部分地区，尽管这些地区完全符合本研究关于经济欠发达地区的界定标准，但所提出的关于经济欠发达地区义务教育信息化建设水平提升的对策对于其他地区的可适用性以及可推广性有待进一步的分析探讨。

第一章　义务教育信息化供给适度的基本理论分析

本章主要阐释义务教育信息化的含义及特征，义务教育信息化供给适度的含义及影响因素。

第一节　义务教育信息化的含义及特征

一、义务教育信息化的含义

（一）义务教育的含义

据相关研究，义务教育这一概念是在10世纪以后欧洲近代教育发展中逐渐形成的，并以“Compulsory Education”来表达，日本将这一表达翻译成为“义务教育”并引入我国，①《中国第一次教育年鉴》指出，“‘义务教育’一语系由日人就英语‘Compulsory Education’译出，我国沿用之。英语‘Compulsory’原含强迫之意，亦有称为强迫教育者。”②

关于义务教育这一概念的理解，美国《教育百科全书》认为，“义务教育”概念意味着这是一种公共教育，它至少包括三个必要的前提。即：“第一，为了向所有人提供免费的公共教育，法律有权向每一个公民征税，即使是那些没有子女或其子女已入私立学校的公民也有义务纳税；第二，法律有权要求每一个父母或法律监护人送其子女或被监护人入学接受一种基础教育，第三，免费的公共教育必须是世俗的教育。”③日本《世界教育事典》的解释为：“所谓义务教育，是指一国使其国民负有接受一定的教育的义务，它也构成了学校教育制度的基础……在历史上曾经有过以家庭来实施义务教育的时代，但在今天几乎所有的国家都以学校来实施义务教育。”④

我国则沿用了日本的翻译，《中国大百科全书·教育》对义务教育的界定为：“国家用法律的形式规定对一定年龄儿童免费实施的某种程度的学校教育。也称为强迫教育、免费教育或普及义务教育。因其开始时实施的均属初等普通教育，所以又称为初等义

---

①　相关研究参见：①田正平、肖郎主编：《世纪之理想——中国近代义务教育研究》，浙江教育出版社2000年版，第4页。②熊贤君著：《民国义务教育研究》，湖南教育出版社2018年版，第2页。

②　转引自熊贤君著：《民国义务教育研究》，湖南教育出版社2018年版，第2页。

③　转引自田正平、肖郎主编：《世纪之理想——中国近代义务教育研究》，浙江教育出版社2000年版，第4页。

④　转引自田正平、肖郎主编：《世纪之理想——中国近代义务教育研究》，浙江教育出版社2000年版，第4-5页。

务教育。”[①]顾明远主编的《教育大辞典》中对义务教育这一词条的解释是：“义务教育(Obligatory Education)亦称‘普及义务教育’。根据法律规定对适龄儿童实施一定年限的普及的、强迫的、免费的学校教育。”[②]

现在国内学界普遍采用的是《中华人民共和国义务教育法》(以下简称《义务教育法》)对义务教育的界定：“义务教育是国家统一实施的所有适龄儿童、少年必须接受的教育，是国家必须予以保障的公益性事业。”本研究采用的也是这一界定。

根据这一界定，不难分析和总结出义务教育具有义务性、统一性和免费性的特征。

义务教育的义务性，正如《中国大百科全书·教育》中指出的，“义务教育法规定义务教育的起始年龄和离校年龄，或应达到的标准，要求国民一体遵行并视之为自己应尽的义务。这里的‘义务’一词，其含义还包括父母或监护人有使其学龄儿童就学的义务，国家有设校兴学以使国民享受教育的义务，以及全社会有排除障碍学龄儿童身心健全发展种种不良影响的义务，等等。”[③]《义务教育法》分别对国家、家长(监护人)、学校社会在义务教育发展中的具体责任和义务作出了规定，现摘录如下：

> 国家层面的义务：义务教育是国家统一实施的所有适龄儿童、少年必须接受的教育，是国家必须予以保障的公益性事业。国家建立义务教育经费保障机制，保证义务教育制度实施。
>
> 家长(监护人)层面的义务：适龄儿童、少年的父母或者其他法定监护人应当依法保证其按时入学接受并完成义务教育。
>
> 学校层面的义务：依法实施义务教育的学校应当按照规定标准完成教育教学任务，保证教育教学质量。
>
> 社会层面的义务：社会组织和个人应当为适龄儿童、少年接受义务教育创造良好的环境。

义务教育的统一性是指全国范围内实行统一的义务教育，包括由国家制定统一的教科书设置标准、教学标准、经费标准、建设标准、学生公用经费的标准等等。

> 《义务教育法》第四条明确规定：“凡具有中华人民共和国国籍的适龄儿童、少年，不分性别、民族、种族、家庭财产状况、宗教信仰等，依法享有平等接受义务教育的权利，并履行接受义务教育的义务。”第三十五条规定：“国务院教育行政部门根据适龄儿童、少年身心发展的状况和实际情况，确定教学制度、教育教学内容和课程设置，改革考试制度，并改进高级中等学校招生办法，推进实施素质教育。学校和教

① 转引自田正平、肖郎主编：《世纪之理想——中国近代义务教育研究》，浙江教育出版社2000年版，第6页。

② 顾明远主编：《教育大辞典(第1卷)》，上海教育出版社1990年版，第69页。

③ 转引自田正平、肖郎主编：《世纪之理想——中国近代义务教育研究》，浙江教育出版社2000年版，第6页。

师按照确定的教育教学内容和课程设置开展教育教学活动，保证达到国家规定的基本质量要求。”第三十八条规定：“教科书根据国家教育方针和课程标准编写，内容力求精简，精选必备的基础知识、基本技能，经济实用，保证质量。”第四十三条规定：“学校的学生人均公用经费基本标准由国务院财政部门会同教育行政部门制定，并根据经济和社会发展状况适时调整。制定、调整学生人均公用经费基本标准，应当满足教育教学基本需要。”

义务教育的免费性是指接受义务教育的学生不需要缴纳任何费用，特别是学费。义务教育的免费性是由义务教育产品属性决定的，美国经济学家弗里德曼(Milton Friedman)认为，义务教育对社会来说是具有“正邻近影响”的教育，因为“儿童受到的教育不仅有利于儿童自己或家长，而且社会上其他成员也会从中得到好处，我孩子受到的教育由于能促进一个稳定和民主的社会而有助于您的福利，由于无法识别受到利益的具体的个人(或家庭)，所以不能向他们索取劳务报酬”。① 我国的《义务教育法》第二条也明确规定：“实施义务教育，不收学费、杂费”。

(二)义务教育信息化的含义

1. 对教育信息化含义的阐释

(1)已有观点的评述

关于教育信息化的含义的理解，在国内外研究现状中已经较详细地介绍了国内外学者从多角度、多学科对于教育信息化这一概念的阐释。但是，关于教育信息化的含义目前尚未形成较为一致的观点。综合起来看，至少可以归纳为两种有代表性的观点：

一是过程说，即认为教育信息化是信息技术在教育教学中的运用，国外的学者大多持这种观点，如英语国家基本上用 ICT in Education，E-Learning，IC Integration in Education 等来表达教育信息化，国内部分学者包括黄荣怀、何克抗、祝智庭等也持这种观点；

二是功能说或者目的说，持功能说或目的说的又可分为两种观点，一种观点是以南国农、赵国栋、蔡连玉等为代表的学者认为，教育信息化是为了提高教师和学生的信息素养，以适应信息社会发展对信息能力的需要。另一种是以何克抗、付卫东等为代表的学者则认为，教育信息化是以提升学习效率、效能和效果为目的。

(2)教育信息化含义的再阐释

概念是研究一切问题的起点，在一定层面上可以说，概念认识的不准确对相关问题的研究就是假研究，并且可能带偏人们对事物的客观认识。对教育信息化这一概念含义理解的莫衷一是，带来了我国教育信息化理论和实践的滞后。我们认为，要厘清教育信息化的含义，就需要对其展开概念分析②。

---

① 米尔顿·弗里德曼著：《. 资本主义与自由》，商务印书馆 1986 年版，第 84 页。

② 《西方哲学英汉对照辞典》对“概念分析”的界定：“运用逻辑方法以图澄清概念或观念的意义的活动。它力图发现组成一个概念的要素和这些要素是怎样相互联系的。它也陈述某些概念之间的关系，以及某些给定概念之运用的充分必要的条件。参见尼古拉斯·布宁编著，余纪元翻译：《西方哲学英汉对照辞典》，人民出版社 2001 年版，第 178 页。

教育信息化这一概念可以简单地理解为“教育”+“信息化”构成的复合名词。

首先，关于教育这一概念的理解。迄今为止，关于“教育”这一概念的理解，国内学界一致认同最为经典和准确的解释是由王道俊教授和王汉澜教授主编的《教育学》著作中的观点，即认为：教育是一种培养人的社会活动（并认为这是教育的质的规定性），包括教育者（凡是对受教育者在知识、技能、思想、品德等方面起到教育影响作用的人，都可以称为教育者。……但自学校教育产生以后，教育者主要是指学校中的教师和其他教育工作人员。）、受教育者（是指在各种教育活动中从事学习的人，既包括学校中学习的儿童、少年和青年，也包括各种形式的成人教育中的学生。）和教育措施（是实现教育目的所采取的办法，它包括教育的内容和手段。教育手段是指教育活动中所采用的方式和方法，它既包括教育者和受教育者在教育活动中所采用的教和学的方式和方法，如讲、读、演示、练习，等等，也包括进行教育活动时所运用的一切物质条件，如教具、实验器材、电化教育器材等）三要素。①

其次，对“信息化”的理解。何克抗（2011）认为，按照现代汉语词典的解释，化字可作为后缀加在名词或形容词之后构成动词，表示转变成某种性质或状态这一解释存在一定的片面性，必须加以扩展和补充。并认为，“化”字作为后缀加在名词或形容词之后确实可以形成一个动词，但这个动词的含义并非如现代汉语词典的解释那样，只有一种含义——“表示转变成某种性质或状态”，而是有两种不同的情况：第一种情况是，“化”字加在形容词之后成为一个新动词，该动词一般是及物动词，其含义是使它的作用对象（直接宾语）具有相关形容词所表征的性质或状态——如绿化（祖国）、美化（某种事物）、丑化、强化、弱化、深化、淡化，等等。第二种情况是，“化”字加在名词之后也成为一个新动词，该动词一般是非及物动词，其含义是使原来名词所表征的内涵、作用与功能扩大，使之能在更大的范围、更广阔的领域或更多的部门得到体现——如工业化、机械化、网络化、智能化、信息化，等等。可见，“信息化”是属于第二种情况而非第一种情况。其含义是使“信息”这一名词所表征的内涵、作用与功能扩大，使之能在更大的范围、更广阔的领域或更多的部门得到体现。由于“信息技术”是关于“信息”如何获取、分析、存储、变换、加工、传输与利用的技术，能使“信息”所表征的内涵、作用与功能充分体现并进一步扩展，所以“信息化”在很多情况下也被看作“信息技术化”—— 其含义是使“信息技术”这一名词所表征的内涵、作用与功能扩大，也就是使信息技术能在更大的范围、更广阔的领域或更多的部门得到应用与推广。②

最后，通过上述的分析，我们就可以把教育信息化界定为：信息与信息技术在教育活动中的运用。③ 这一概念包含如下几个方面的主要内容：

---

① 王道俊、王汉澜主编：《教育学》，人民教育出版社 1989 年版，第 27-30 页。

② 何克抗：《我国教育信息化理论研究新进展》，《中国电化教育》2011 年第 1 期。

③ 关于教育信息化的本质，还有两种观点值得商榷，一种观点认为，教育信息化是一种新的教育形态，教育信息化就是信息化教育（参见乐军：《对教育信息化本质的分析》，《电化教育研究》2006 年第 9 期等）；另一种观点认为，教育信息化的本质是教育装备的信息技术化（参见艾伦、张鹏：《教育信息化的本质》，《中国现代教育装备》2021 年第 6 期。）

一是信息和信息技术是隶属于教育三要素的教育措施中的教育手段，也就是说教育信息化是以信息和信息技术为教育手段的一种教育方式，而不是一种新的教育形态。

二是在教育信息化背景下的教育，特别是学校教育，教师仍然是主导性因素，是教育活动的组织者和领导者，掌握着教育目的，采用适当的教育内容和手段包括信息和信息技术手段，创设必要的教育环境，调控受教育者和整个教育过程，也就是说教育信息化背景下的教育者(教师)依旧处于教育活动的主导地位。

三是教育信息化的目的不是提升受教育者的信息素养，仍然是通过信息和信息技术在教育教学过程中的运用，提高教育教学的效率、效果和效益，最终促进受教育者在德、智、体、美、劳等方面综合素质的提升。

2. 义务教育信息化的含义

按照上述对教育信息化的界定，义务教育信息化就是信息和信息技术在义务教育的教育教学过程中的运用。进一步明晰这一概念，有如下三个方面需要加以强调：

一是信息和信息技术运用的范围是在义务教育阶段，在我国就是指九年义务教育包括六年小学和三年初中的学校教育。义务教育信息化是将信息和信息技术作为教育和教学过程中的重要教学手段，并不是一种新的义务教育形态。

二是教师在义务教育信息化教育中仍然处于主导地位，在义务教育中学生仍然是教育对象，信息和信息技术只是其中的教学手段之一而非全部。

三是义务教育信息化的目的是提升义务教育阶段学生综合素质(德、智、体、美、劳)，而不是信息素养。或者说，信息素养最多只是义务教育学生综合素质的组成部分之一，而最为重要的是通过信息和信息技术的运用提高他们在德、智、体、美、劳方面综合素质(而不仅仅是智育)培养方面的效率、效果和效益。

明确义务教育信息化的概念后，就需要进一步明确义务教育信息化建设的具体内容。

关于教育信息化建设涉及的内容，黄荣怀(2002)认为，作为一个行业的信息化建设，教育信息化主要涉及六个方面：信息网络基础设施建设；教育信息资源建设；信息资源的利用与信息技术的应用；信息化人才的培养与培训；教育信息产业；信息化政策、法规和标准建设。其中，信息网络是基础，教育信息资源是核心，信息资源的利用与信息技术的应用是目的，而信息化人才、信息技术产业和信息化政策、法规和标准是教育信息化的保障。① 何克抗(2011)认为，教育信息化建设是一个系统工程，主要包括四个子系统，即“路、车、货、驾驶员培训”：“路”——实施教育信息化所必需的硬件基础设施；“车”——实施教育信息化所必需的软件平台(如各类信息发布平台、网上的互动教学平台、各种资源管理平台等)；“货”——各级各类的教育资源和各级各类学校不同学科的教学资源（或学科专题网站)；“驾驶员培训”——指各级各类学校教师的培训。四个子系统中，“路”和“车”涉及教育信息化的硬、软件基础设施建设；“货”涉及教育资源和教学资源的开发。换句话说，前三个子系统都是用于创建信息化教学环境的，只有第四个子系统才是由经过培训的教师利用这种信息化教学环境去达到教育信息化的最终目标。教师培训系统是最为重要的，而教师培训又涉及两大范畴——“培训什么（即培训内容)”和“怎么

① 黄荣怀：《聚焦教育信息化》，《教育信息化》2002年3月25日。

培训(即培训方式)”，其中培训内容的最主要部分就是教育信息化理论。[1]

结合学者已有的研究成果和义务教育信息化的含义，我们认为，义务教育信息化建设的内容主要包括如下几个方面：一是义务教育信息化的基础设施建设，包括诸如电脑等硬件和OFFICE等软件资源的建设；二是义务教育的教育教学平台(包括接入其他地区和本校自主开发的学科资源平台等)；三是义务教育教师培训，主要是教师信息技术方面的培训特别是学科教学方面的信息技术运用能力的培训。其中，义务教育信息化的基础设施是义务教育信息化的起点，教育教学平台是载体，教师培训是关键。

二、义务教育信息化的特征

从概念分析的角度，义务教育信息化的特征应该是“义务教育”+“教育信息化的特征”构成的复合名词。义务教育的义务性、统一性和免费性三大特征前文已经有了较为详细的阐述，这里不再赘述。关于教育信息化的特征，谷晓华(2003)从技术层面上看，教育信息化的基本特点是数字化、网络化、智能化和多媒体化。从教育层面上看，教育信息化的基本特征是开放性、共享性、交互性与协作性。[2] 秦如祥(2004)认为教育信息化主要具有如下四个方面的特征：①教育信息化强调教育与信息、与网络技术相结合，重视科学教育与人文教育的有机结合；②教育信息化是一个全方位的、开放的过程；③教育信息化突出终身教育，学习社会化；④教育信息化表现在教学上具有创造性、灵活性和个性化的特征。[3]何克抗(2016)认为，教育信息化具有三个方面的特征：①可为创设信息化教学环境提供软硬件技术支撑；②可提供信息化教学资源(含各种学习工具软件)；③可在信息化教学环境下实现教育思想、教学观念、教与学方式以及课堂教学结构的根本性变革。[4]

结合义务教育的特征，除了上述教育信息化的特征外，下面具体阐述义务教育信息化的三个方面的特征。

(一)基础性

作为国家教育信息化工作的重要组成部分，在三级教育中，义务教育是教育信息化的起点。从义务教育的教育和受教育者来看，相比高中阶段教育和高等教育，教育者和受教育者的信息素养都较低，因此，义务教育信息化无论是硬件还是软件，首先应该从最基础做起，不能是高起点、高标准。如就义务教育学生而言，他们对于信息和信息技术的理解运用都存在一定的难度，因此需要开发与之身心发展相适应的教育信息化资源，也需要教师在将信息和信息技术融入课程教学时采用符合他们身心发展及个性特征的教育方法。

(二)免费性

免费性是指用于义务教育学校的信息和信息技术当然包括基础设施等应该是免费的，

---

① 何克抗：《我国教育信息化理论研究新进展》，《中国电化教育》2011年第1期。

② 谷晓华：《教育信息化的特征、现状及发展趋势》，《山西科技报》，2003年5月22日。

③ 秦如祥：《教育信息化的概念、特征和目的》，《理论探索》2004年第3期。

④ 何克抗：《教育信息化发展新阶段的观念更新与理论思考》，《中国教育科学》2016年第2期。

不能向义务教育学校、学生及家庭收取任何费用。这一特征是由义务教育的特征和义务教育信息化的基础性决定的。前文对义务教育信息化的含义界定已经明确了义务教育信息化的本质是信息和新技术在义务教育的教育教学中的运用，信息和信息技术只是教学手段之一，也就是说，运用于义务教育中的信息和信息技术只是教育资源的组成部分之一，按照《义务教育法》规定，也应该是免费的。

(三)统一性

统一性指的是义务教育信息化资源配置在全国范围内至少是省域范围内的统一性，信息和信息技术方面的配置不能存在省际差距，省域内的差异，城乡差距，校际差距，公办与民办学校的差距；教师教育信息化培训方面也要一视同仁。如果不注重义务教育信息化的统一性特征，就会导致人为的数字鸿沟，这一点在世界范围内包括中国在内的多数国家都存在大的问题，在后文还会有更加详细的分析和说明。

第二节 义务教育信息化供给适度的基本理论分析

一、义务教育信息化的产品属性

(一)教育信息资源的产品属性

关于教育信息资源的含义，贾春燕、杨晓宏(2005)认为，广义的教育信息资源不仅指教育教学信息本身，也指与此相关的人力、物力、财力和技术等方面的因素，包括同用于教与学过程中的设备和材料、人员、资金和设施；狭义的教育信息资源，是指直接用于教育教学的信息资源，包括同教育与教学管理信息资源、教育与教学研究有关的信息资源，教育与教学基础信息资源，现代化教育与教学手段信息资源。① 李康、孔维宏(2007)认为广义的教育信息资源是指教育过程中师生所接触、获得的一切教育信息来源；狭义的教育信息资源是指以电子化、数字化、网络化为技术特征的教育信息资料来源。② 胡晓勇等(2007)认为，教育信息资源是指经过数字化处理后，可以在多媒体计算机上或网络环境下运行的多媒体信息材料，它能够激发学生通过自主、合作、创造的方式来寻找和处理。③ 综合起来看，可以将教育信息资源界定为：教育信息资源是指教育教学过程中运用信息特别是数字化信息以及信息技术所形成的提升学习效率、效果和效益的信息资源。因此，教育信息资源可以认为是教育信息化产生的直接结果，是作用于教学过程中从而提升教育教学质量的信息资源。

周振军等(2007)从经济学的角度将教育信息资源区分为纯公共信息资源、准公共信

---

① 贾春燕、杨晓宏：《甘肃省教育信息资源建设初探》，《现代教育技术》2005年第4期。

② 李康、孔维宏：《现代教育信息资源开发思想探析》，《电化教育研究》2007年第6期。

③ 胡小勇、詹斌、胡铁生：《区域教育信息资源建设现状与发展策略研究》，《中国电化教育》2007年第6期。

息资源两大类。其中：纯公共信息资源是教育信息资源中具有完全非排他性和完全非竞争性的教育信息产品或服务的统称。纯公共教育信息对应于公共物品理论中的纯公共物品，非排他性是指某一种纯公共教育信息被提供之后，就不能排除任何人使用该信息，而且任何一个消费者都可以免费使用该信息。纯公共教育信息主要包括教育部门内部和教育部门之间业务需要的信息以及广泛服务于社会公众的信息。如教育部门通过教育网站、广播电视、公共图书馆、报纸杂志、信息公开栏等各种渠道向社会提供和发布的政策法规、规章制度、机构设置、职能介绍、办事指南、工作动态、公告通知等信息。准公共教育信息资源是教育信息资源中具有不完全非排他性和不完全非竞争性的教育信息产品或服务的统称。准公共教育信息具有非排他性、非竞争性、不完全的特点。兼有纯公共物品和私人物品的性质，但总体上说，在公共性和私人性两者之间，它还是偏重于公共性，因而被称为准公共教育信息资源。①

(二)义务教育信息化的产品属性

义务教育信息化的产品属性是指义务教育信息化中的信息和信息技术的产品属性。基于教育信息资源产品属性的研究成果，结合义务教育信息化的界定及其特征分析，不难总结出义务教育信息化具有的公共产品的产品属性。

义务教育信息化的公共产品属性，首先是由义务教育的产品属性决定的。作者在2003年对义务教育产品属性的分析中明确指出：义务教育与其他公共品一样具有效用的不可分割性、消费的非对抗性和消费的非排他性的特点，② 所以，义务教育是具有公共产品属性的教育服务。其次是运用到义务教育过程中的信息和信息技术的公共产品属性，因为作为运用于义务教育的教育和教学过程中的信息和信息技术具有显著的外部性，其共享性和消费无损耗性特点，决定了其公共物品的非排他性和非竞争性的特点，这一特点是由于义务教育信息化的基础性和免费性决定的。

具体而言，义务教育信息化具有显著的正外部性。“外部性”是个经济学术语，又称作外部经济(不经济)，是指这样一种事件，即它给某些人带来好处(造成伤害)，而这些人却又不是做决策直接或间接导致此事件的人。简言之，外部性就是指那些不需支付费用的受益或未获赔偿的损失。当个人或组织的某一行为给其他人或组织带来了收益，而该个人或组织(收益的制造者)却未得到受益人的足额补偿时，外部性就发生了，这种情况称之为外部经济或外部正效应。相反，个人或组织的行为给其他人或组织造成了损害，而该个人或组织(损害的制造者)却未给受害人或组织以足额赔偿时，也发生了外部性，称之为外部不经济或外部负效应。③ 信息和新技术在教育教学过程中的应用极大地提升了学生的学习效率，增加了教师教育教学的便捷性以及教育教学管理的效能，但是学生、教师和教育教学管理者却不需要向信息技术的提供者交纳任何费用，这就是义务教育信息化的正

① 周振军、边晓娜、贾永江：《教育信息资源分类共享机制的研究》，《电化教育研究》2007年第10期。

② 徐文：《义务教育资源配置的产权分析》，《教育与经济》2003年第2期。

③ 谢德仁著：《企业剩余索取权：分享安排与剩余计量》，上海人民出版社2001年版，第9-10页。

外部性的主要体现。

义务教育信息化具有公共物品的属性。美国经济学家萨缪尔森(1998)为公共品提供了一个经典的定义,“公共物品是指那种不论个人是否愿意购买,都能使整个社会每一成员获益的物品”。[①] 经济学家据此提炼出公共物品的三种特性:①效用的不可分割性,是指公共物品或服务是向整个社会共同提供的,整个社会成员共同享有公共物品或服务的效用。而不能将其分割为若干部分,分别归属于某些厂商或个人享用,或不能按照谁付款谁受益的原则,限定为之付款的厂商或个人享用;②消费的非对抗性,是指一个人对于某一产品的消费并不排斥别人同时对它的消费,并且增加一名消费者并不减少可供别人消费的数量或质量;③消费的非排他性,是指在技术上无法将拒绝为之付款的个人或厂商排除在公共品或服务的消费和受益范围之外,或者说要排除公共品或服务的消费是代价过于高昂的。一旦公共品被生产出来,任何人都可以自由地消费,而不需经过其他人或组织的许可。[②] 运用于义务教育的教育教学过程中的信息和信息技术同时也具有:①效用的不可分割性,运用于义务教育的教育和教学过程中的信息和信息技术是国家按照统一标准和统一要求面向全体义务教育学校的,而不只是部分学校或者部分学生、教师或教育者享有的,这是由义务教育的统一性决定的;②消费的非对抗性,运用于义务教育的教育教学过程中的信息和信息技术具有共享性和消费无损耗性的特点,也就是说,这些信息和信息技术并不会因为部分学校的使用而导致其他学校就无法使用,比如教学课件等;③消费的非排他性,因为义务教育信息化的免费性特征,信息和新技术是全部免费提供给所有的义务教育学校,因此不存在排除拒绝为之付款的学校和个人。

二、义务教育信息化供给适度的含义及其影响因素

(一)义务教育信息化供给的含义

义务教育信息化供给就是指供给主体为义务教育学校提供的一定数量和质量的信息资源。理解义务教育信息化供给的含义就需要明确以下几个方面的内容:

一是义务教育信息化供给的主体及供给方式。义务教育信息化供给主体是由义务教育信息化产品属性决定的。义务教育信息化具有公共物品的属性,决定了就不能由私人部门通过市场提供,而只能由政府(或国家)来提供。这是因为,假设某人想购买某种公共物品供自己使用,那么根据公共物品的定义,这种公共的购买不仅使这个购买者本人受益,其所在社会的其他人也会因此受益,即购买者本人和其他所有成员会同时享受这种公共物品所带来的效益。所以这种公共物品的社会边际收益大于购买者本人所获得的追加效益。因而在一个经济社会中,只要有公共物品或服务存在,“搭便车”出现就不可避免。[③] 结合

---

① 保罗·萨缪尔森、威廉·诺德豪斯著,萧琛等译:《经济学》(第十六版),华夏出版社 1999 年版,第 268 页。

② 分别参见:①高培勇、崔军著:《公共部门经济学》,中国人民大学出版社 2001 年版,第 15 页;②宋承先著:《现代西方经济学(微观经济学)》,复旦大学出版社 1997 年版,第 481 页。

③ 高培勇、崔军著:《公共部门经济学》,中国人民大学出版社 2001 年版,第 15 页。

义务教育信息化的特征，可以明确的是，义务教育信息化供给必须是免费的，但是关于具体的供给主体还有如下两个方面需要加以明确：一方面是对国家(或政府)的理解，按照前文的分析，义务教育信息化的供给主体就应该是中央政府(即为上述的“国家”)，中央政府按照统一规格、统一标准、统一要求为全国所有义务教育学校提供信息化产品，避免“搭便车”和人为制造数字鸿沟；另一方面需要明确的是政府提供不等于政府来生产，可以通过私人所有者比如私营信息技术公司来生产包括电脑等硬件及教学用的软件。他们服从竞争法则，受其产品价格的引导，通过制定一项政治性政策，提供分发给义务教育学校或者是地方教育行政部门的现金或凭证(如购买私人教育信息化服务的学校凭证)，可以使获得这种物品和服务的机会变得更加有利。还可以由政府拥有的企业来生产，从而服从控制。①

二是义务教育信息化供给的客体。根据界定，不难看出，义务教育信息化供给的客体笼统一点说就是义务教育学校，具体而言，包括义务教育学校的教师和学生。相比高中阶段教育和高等教育而言，义务教育学校的教师和学生的信息素养②还比较低，义务教育阶段教师大多对于获取教育信息资源和识别教育信息资源具备了一定的能力，但在运用信息资源(主要是将信息技术整合到课程教学中)以及开发信息资源的能力还极为欠缺。就义务教育学校教师而言，马欣研(2019)对北京、上海、河北、浙江、河南、山西、广西、四川、新疆、青海等10个省、自治区、直辖市的城乡初中和小学的调查研究表明：我国中小学教师具有一定的信息素养，但整体水平不高。中小学教师信息素养存在信息技术与学科教学整合能力欠缺；信息技术运用于教学创新性不足；信息伦理道德意识与传授能力缺失；专业学习与专业发展能力不够；不同区域、不同年龄间差异明显等问题。③

三是义务教育信息化供给的内容。从概念界定中不难看出，义务教育信息化供给的内容就是信息和信息技术或者是研究开发的教育信息资源，鉴于义务教育阶段教师和学生的信息素养基础薄弱，就需要在供给时特别注意这些信息资源的简单通俗易懂，要提前做好信息识别，对于信息技术运用要加以讲解对使用者要进行培训，要选派专人对学校信息化的硬件、软件和信息平台等进行调试和维护。具体而言，义务教育信息化供给的内容主要包括硬件、软件和潜件。④ 其中硬件主要包括信息技术设备和基础设施，如国家的各级教

① 参考了如下著作的相关表达：[德]柯武刚、史漫飞著，韩朝华译：《制度经济学——社会秩序与公共政策》，商务印书馆2000年版，第221页。

② 关于信息素养的界定，马欣研的博士论文《中小学教师信息素养研究——基于理论与实践的双重视角》中对联合国教科文组织及相关学者的研究做了较为详尽的介绍。该文认为，教师信息素养就是指教师获取、识别、运用和开发信息资源的能力。在下面的影响因素分析中还会进行更为详尽的分析和说明。

③ 马欣研：《中小学教师信息素养研究——基于理论与实践的双重视角》，华东师范大学大学博士论文，2019年5月。

④ 关于教育信息化的内容，段宝霞等(2010)、徐娟(2010)认为，包括硬件、软件、潜件和人件“四大件”。参见①段宝霞、王小新、李敬、吴昊著：《教育信息化成本效益研究》，科学出版社2010年版第5页。②徐娟：《论数字化对外汉语教学的硬件、软件、人件与潜件》，《现代教育技术》2010年第2期。本研究参照美国的《教育技术与传播手册》的分类，分为硬件、软件和潜件。

育网、校园网、多媒体教室、电子阅览室等相关的仪器设备(计算机、投影仪、摄像机、电视机等)；软件主要包括各类教育资源库、教学管理平台、虚拟学习社区、网络课程管理平台、电子教材等等；潜件主要包括以信息技术政策，各种教育学、教育信息学等学科为基础形成的教育信息化理论体系、方法和相关的研究成果，以及教学管理、教育信息化的思想意识，教师的信息化教学能力，教学手段与方法运用，学生信息化能力与意识的发展等教育教学过程中的各个要素。

(二)义务教育信息化供给适度的含义

供给是一个经济学的术语，与需求很难分清。从不同的角度上讲，供给就是需求，需求就是供给。马克思在谈到供给和需求的含义时说，“要给需求与供给这两个概念下一般的定义。真正的困难在于，它们好像只是同义反复”。这意味着供给与需求就像硬币的两个面，缺一不可。正是基于马克思关于供给与需求的论述与判定，我们认为，教育信息化供给适度就是基于满足义务教育信息化客体需求的一种有效供给。对于这一概念需要明确以下几个方面的内容：

一是对有效需求与有效供给的理解。按照马克思的相关论述，供给与需求都是由生产决定的，供给与需求在量上并不总是相等的，理论上的供求均衡只是在不均衡的波动中才存在的。供给是为了价值，提供的也是价值；而需求要的是使用价值(价值是抽象劳动)，供给的商品中虽然花费了劳动，但产品不为社会所需要，就是“无效供给”；从人的自然属性上看，人的需求是无限的，但只有具备相应货币购买力的需求才是能实现的“有效需求”。简而言之，义务教育信息化的有效供给就是指满足义务教育学校的教师、学生及教育管理者等有支付能力的信息化需求的供给。

二是对供给适度的理解。理论上看，义务教育信息化供给适度就是指义务教育信息供给的数量、质量与义务教育学校的信息化需求相匹配，处于均衡而不是失衡的一种状态。但是，正如马克思和诸多经济学家所言，有效供给是有条件的，市场上的供给有很大一部分是无效供给(这种情况也可称之为“有效供给不足”)。有效供给不足最突出的表现有四个方面：①价格过高形成的无效供给；②重复建设形成的无效供给；③产品简单增量再生产形成的无效形态；④品质伪劣形成的无效供给，花真钱买假货。[①] 义务教育信息化的无效供给也主要表现在以上四个方面，诸如，信息资源定价过高或者说超越了义务教育学校的支付能力；教学信息平台以及电脑等硬件和软件的重复建设和购买，质量低劣甚至是假的信息产品等。由此可见，义务教育信息化供给适度是一种理想追求，供给与需求总是处于一种动态不均衡的状态下，而我们希望能做到的就是尽量实现有效供给与有效需求的动态平衡。这就是我们对义务教育信息化供给适度的基本判断和理解。可以简单地用公式表达为：义务教育信息化有效需求=义务教育信息化有效供给。

(三)义务教育信息化供给适度的影响因素

既然义务教育信息化的供给适度是指满足供给客体有效需求的有效供给，因此，义务

① 胡培兆：《经济学家论“供给与需求”》，《经济学家》1993年第3期。

教育信息化供给适度的影响因素就要结合客体的有效需求和主体的有效供给两个方面来加以分析。

1. 国家(政府)发展教育信息化的政策

国家(政府)教育信息化政策是顶层设计，是指针是航标，没有相关政策，教育信息化只能是“瞎子摸象”，就不可能实现教育信息化卓有成效的发展。政策层面的内容主要包括如下 3 个方面。

(1)义务教育信息化发展政策的时效性是否制定了与信息时代发展需求相适应的政策。一般而言，国家(政府)基于教育信息化对教育的革命性影响，应该会积极支持教育信息化的发展，并为促进本国(本地区)教育信息化发展提供相应的政策支持与保障。但也有部分国家和地区缺乏相关政策。包括我国在内，世界上绝大多数国家都制定了教育信息化发展的政策，如我国 1996 年《中小学计算机教育软件规划(1996—2000 年)》及《中小学计算机教育五年发展纲要(1996—2000 年)》；2001 年的《全国电化教育“九五”计划》；2002 年的《教育信息化“十五”发展规划(纲要)》；2012 年的《教育信息化十年发展规划(2011—2020 年)》；2016 年的《教育信息化“十三五”规划》以及 2018 年的《教育信息化 2.0 行动计划》等，为我国教育信息化包括义务教育信息化的发展提供了强大的政策支持。但是诸如伊拉克由于长期战乱，相当长时间缺乏相关政策。“20 世纪 80 年代中期的伊拉克政策主要侧重于该国与邻国的军事事务，由于对信息和通信技术部门缺乏重视，20 世纪 70 年代启动的所有信息和通信技术努力都过时、过时和停滞不前。”①

(2)制定的义务教育信息化发展政策是否合理

很多关于公共政策执行成效的研究都指出：公共政策执行成效不足的首要原因在于政策本身的不合理、不完善。正如美国政策执行专家史密斯指出的那样：一些欠发达的、处于发展中的第三世界国家在制定公共政策时习惯性地制定一些宏观的、缺乏执行标准的政策，地方政府面对这些宏观政策时缺乏执行的能力或者在执行过程中根据实际情况出于保护自身利益的目的经常出现执行阻滞或者变相执行。②提出的著名的政策执行模型中的第一因素便是理想化的政策(Ideal Policy)：由权威部门根据实际情况制定的可行的、合法的、有效的政策文本。③ 义务教育信息化政策的合理性应该主要包括：①切合本国(本地区)实际的信息化发展政策，可称之为“接地气的教育信息化发展政策”，不能是好高骛远，照搬照抄，完全脱离实际的政策；②具有前瞻性的发展政策，这就需要政策制定者对信息化发展的趋势以及义务教育发展的未来需求进行研判；③政策表达的明确性、通俗易懂性，信息化技术日新月异，专业术语及新的技术名词层出不穷，政策表达用太多“高大上”的表达，基层无法理解，就无从谈具体执行了。

(3)政策执行是否到位

---

① Dhiaa Alalgaw., Rosnafisah Bte Sulaiman, Norshakirah Binti Ab Aziz.《Factors Affecting Teachers' Adoption of ICT into Teaching and Learning in Iraq Education System》. International Journal of Modern Education Forum, 2014(2).

② SMITH T B.《The policy implementation process》. Policy Sci, 1973(4): 203-205.

③ SMITH T B.《The policy implementation process》. Policy Sci, 1973(2): 206.

史密斯政策执行模型的四因素除了上述的理想化政策外，还包括执行主体或者执行机构(implementation agency)、目标群体(target group)和执行环境(environmental factors)三要素。具体到义务教育信息化政策执行，政府作为政策执行的主体，通过财政手段购买“教育信息化服务”的硬件和软件，以及提供资金和相应的措施保障教师参加信息化培训等，来保障义务教育信息化政策得以真正贯彻执行；目标群体主要是指政策执行客体，或者说政策的受益者，义务教育信息化的最终受益者应该是义务教育阶段的学生，也就是说学生综合素质是判定义务教育信息化政策执行的关键；政策执行环境主要包括影响政策执行的政治、经济、文化、意识形态等因素，需要为义务教育信息化政策执行营造良好的政治、经济文化和意识形态环境，比如要建立义务教育信息化经费保障机制，建立义务教育信息化的过滤机制，以及建立义务教育信息化发展监测评价机制等。

2. 义务教育信息化建设的经费投入

教育信息化建设无论是硬件还是软件以及教师培训都需要大量的资金，信息化发展的摩尔定律更是要求对软硬件的更新、升级、维护等不断投入，只有如此持续不断的经费投入，才能保证教育信息化建设跟上社会经济和教育发展的需求。义务教育经费信息化投入主要是指在硬件、软件和教师培训方面的投入。从投入主体上看，主要包括政府、学校、企业和个人四个层面。在我国，政府负责向教育主干网建设、教育科研网网站等共享知识平台的建设等基础设施建设进行投入，以及通过国家财政一般教育经费拨款及近年来各类省部共建实验室专项建设资金的形式对各级各类学校进行投入，这些资金均有一部分被用于教育信息化建设；学校的校园网建设、多媒体教学设施建设、计算机机房建设、教学及应用软件建设、多媒体课件及网络教学资源建设、各部门办公自动化建设、员工信息化培训等，由政府、学校主导，企业参与；个人计算机软硬件设备购置、上网缴费、个人信息化培训等，主要由教师及学生个人出资。此外，还有社会人士、校友以及各类事业单位对义务教育学校的信息化建设进行捐赠。

3. 教师的信息素养

教师是义务教育信息化最直接的使用者，没有较高的信息素养，再先进的信息化设施设备教师不愿意使用，不会使用，或者不能有效地将信息和信息技术融合到教学过程中去，不会充分运用这些设施设备开发相应的教育资源，教育信息化的有效供给也不可能形成。

(1)教师信息素养的含义。信息素养（Information Literacy)是由美国信息产业协会主席保罗·泽考斯基（Paul Zurkowski）1974 年提出的，他将信息素养定义为：“通过训练，掌握信息工具，获取相关信息，解决实际问题的能力。”①南国农(2013)认为教师的信息技术素养的内涵主要包括：①信息技术意识。一般表现为，关心信息技术，对它感兴趣，认可信息技术在教学教育中的积极作用，并想学会使用，以改进自己的学习、教学和科研工作。②信息技术知识。了解信息技术的基本概念、基本理论和方法以及它的发展历史；了解信息技术在教育教学中的应用。③信息技术能力。主要是指信息技术的操作能力；信息

① 转引自肖新祥：《信息素养的理论缘起、内涵及构成要素略论——兼论信息素养教育国际经验》，《电化教育研究》2021 年第 8 期。

处理能力(有效地收集、加工、存储、发布、评价信息的能力)；信息交流能力(利用信息技术工具如 BBS、QQ、网络电话、电子邮件等，进行一对一、一对多、多对多的双向交流能力)；运用信息技术解决实际问题的能力等。④信息技术道德。自觉遵守网络道德规范和知识产权有关的法律法规，尊重他人的隐私，信守自己的承诺，不随意发布信息，抵制不良信息(如黄色、反动、封建迷信信息等)，做一个有社会责任感、有道德感的信息技术使用者。[①] 本文赞同南国农教授的界定。

(2)影响教师信息素养的因素。国内学者解月光、姜玉莲(2004)[②]，贾积有、汪琼、陈维超、郝正元(2008)[③]，安素平(2008)[④]，焦中明、温小勇(2016)[⑤]，马欣研等(2019)[⑥]，武亚丽(2020)[⑦]等国内学者，以及 Shuichi Nakayam et al. (1998) [⑧]，Stephen Adu Gyamfi(2017)[⑨]，Ove Edvard Hatlevik(2017)[⑩]，Mirjana Joksimović et al. (2018)[⑪]等国外学者对影响教师(包括职前教师)信息素养的因素进行了分析和研究，综合已有研究，影响义务教育教师信息素养的因素主要包括如下几个方面：

一是政策和制度规定。教师和学生信息素养的政策和制度的规定可以说是决定性的，只有在政策和制度层面规定了必须具备的信息素养和能力，教师和学生才有习得、养成并能运用到具体的教育教学活动去的动力。包括美国、英国、日本、韩国、新加坡等发达国

---

① 南国农：《怎样理解信息技术及其教师素养形成》，《现代远程教育研究》2013 年第 1 期。

② 解月光、姜玉莲：《农村中小学教师信息素养教育的分析与思考》，《电化教育研究》2004 年第 9 期。

③ 贾积有、汪琼、陈维超、郝正元：《教师信息素养影响的定量分析——以北京市中小学信息技术教师信息素养调查为例》，《电化教育研究》2008 年第 8 期。

④ 安素平：《漳州市中小学教师信息素养现状调查及分析》，《河北师范大学学报(教育科学版)》2008 年第 12 期。

⑤ 焦中明、温小勇：《欠发达地区农村教师信息素养与装备使用状态的实证分析——基于江西省 1143 名农村中小学教师的调查》，《远程教育杂志》2016 年第 6 期。

⑥ 马欣研、朱益明、薛峰：《教师信息素养分析框架构建与应用研究》，《开放教育研究》2019 年第 3 期。

⑦ 吴亚丽：《中小学教师信息素养自我提升能力现状及其影响因素研究》，华中师范大学硕士学位论文，2020 年 5 月。

⑧ Shuichi Nakayama, Lyckle Griek. *Teacher Education for the Effective Use of New Information Media in Schools. Innovation and Reform in Teacher Education for the 21st Century in the Asia-Pacific Region.* 1997 *Report.* UNESCO-APEID Associated Centre, Hiroshima University, April 1998.

⑨ Stephen Adu Gyamfi. *Pre-service teachers' attitude towards information and communication technology usage: A Ghanaian survey.* International Journal of Education and Development using Information and Communication Technology, 2017(13), 1.

⑩ Ove Edvard Hatlevik. *Examining the Relationship between Teachers' Self-Efficacy, their Digital Competence, Strategies to Evaluate Information, and use of ICT at School.* SCANDINAVIAN JOURNAL OF EDUCATIONAL RESEARCH, 2017(21), 5.

⑪ Mirjana Joksimović, Ashlee Robertson, Borivoje Đokić, Lazar Dražeta. *Technology-Based Professional Development: The Case of Elementary School Teachers in Belgrade.* Journal of Sustainable Business and Management Solutions in Emerging Economies, 2019(24), 1.

家都制定关于中小学教师信息素养标准。美国国际教育技术协会制定并完善《国家教师教育技术标准》，并在 2017 年改名为《教育者标准》。英国制定并实施的《ICT 应用于学科教学的教师能力标准》从“有效的教学与评价”与“在学科教学中使用 ICT 所必需的知识、理解力和技能”两方面对教师信息素养进行要求。日本于 2007 年出台了《教师 ICT 活用指导力标准》，成为考察中小学教师信息应用能力的重要依据，并将教师信息技术应用技能作为教师能力的考核指标。2007 年，美国国际教育技术协会(The International Society for Technology in Education)将“数字公民素养”作为《美国国家教育技术标准(学生版)》的六大标准之一；此后，美国州共同核心标准(Common Core State Standards)也将这一素养融入各学科的课程标准中。2017 年，日本在新《学习指导要领》中将“运用信息的能力”作为学习的基础素质和能力，计划 2020 年起将编程教育纳入小学必修内容以培养这一能力。

在我国，2018 年 1 月中共中央国务院《关于全面深化新时代教师队伍建设改革的意见》要求“教师主动适应信息化、人工智能等新技术变革，积极有效开展教育教学”；2018 年 4 月，教育部启动实施的《教育信息化 2.0 行动计划》明确的基本任务是：“通过实施教育信息化 2.0 行动计划，到 2022 年基本实现‘三全两高一大’的发展目标，即教学应用覆盖全体教师、学习应用覆盖全体适龄学生、数字校园建设覆盖全体学校，信息化应用水平和师生信息素养普遍提高，建成‘互联网+教育’大平台，推动从教育专用资源向教育大资源转变、从提升师生信息技术应用能力向全面提升其信息素养转变、从融合应用向创新发展转变，努力构建‘互联网+’条件下的人才培养新模式、发展基于互联网的教育服务新模式、探索信息时代教育治理新模式。”在“信息素养全面提升行动”中指出“……将学生信息素养纳入学生综合素质评价。完善课程方案和课程标准，充实适应信息时代、智能时代发展需要的人工智能和编程课程内容。推动落实各级各类学校的信息技术课程，并将信息技术纳入初、高中学业水平考试。继续办好各类应用交流与推广活动，创新活动的内容和形式，全面提升学生信息素养。”2019 年教育部《关于实施全国中小学教师信息技术应用能力提升工程 2.0 的意见》开篇就指出，“信息技术应用能力是新时代高素质教师的核心素养。”在“目标任务”中指出：“到 2022 年，构建以校为本、基于课堂、应用驱动、注重创新、精准测评的教师信息素养发展新机制，通过示范项目带动各地开展教师信息技术应用能力培训(每人 5 年不少于 50 学时，其中实践应用学时不少于 50%)，基本实现‘三提升一全面’的总体发展目标：校长信息化领导力、教师信息化教学能力、培训团队信息化指导能力显著提升，全面促进信息技术与教育教学融合创新发展。”

二是教师运用整合信息技术到教学过程中的能力培训。面对信息技术的专业性和更新速度快的特点，义务教育阶段教师信息素养的养成和提升离不开专业的培训。义务教育教师特别是经济欠发达地区的教师由于培训机会少等原因，在课堂教学中往往不会也不愿意运用信息技术，导致信息化不能充分发挥效能，即使有些信息技术教育课老师掌握计算机基础理论知识，具有较强的计算机和计算机网络操作能力，但却对现代教育思想、教育观念和学与教的理论缺乏了解，无法在教学设计理论的指导下，将现代教育技术有机地整合到学科教学中去。

Pelgrum(2001)研究的一个发现是，教师在课堂环境中使用 ICT 方面没有足够的培训机会；Beggs(2000)发现，教师在教学中使用信息通信技术的三大障碍之一是缺乏培训；

Toprakci(2006)的结论是，有限的教师培训是土耳其学校使用信息和通信技术的一个障碍。① Omoniyi(2013)对尼日利亚中小学信息化建设的一项研究表明，大多数中学教师在使用信息通信技术方面缺乏必要的能力；Obakhume(2011)的一项研究表明，尼日利亚义务教育学校大多数教师缺乏知识，缺乏利用信息和通信技术促进教学学习过程的能力。②

义务教育教师教育信息化培训应该主要包括如下几个方面的内容：

①运用教育信息技术的态度。Huang & Liaw（2005）的研究表明，无论教育机构的技术基础设施的质量和复杂程度如何，其采用程度主要取决于教师对此是否持积极态度。③ Pome(2015年)的一项调查发现，尽管大多数学校，特别是城市地区都有信息和通信技术，但教师并没有将这项技术用于教学活动中去。而导致这种情况出现的一个重要因素，就是教师对信息技术在教学中运用的消极态度。④相比年轻教师，年纪较大的教师对教育信息技术更有可能持消极态度，“现有的研究还表明，经验较少的年轻教师更热衷于在课堂上使用信息技术。这可能是由于各种原因。首先，较高年龄组和教学经验较丰富的教师可能会因为信息和通信技术等新技术和在教室中使用计算机而感到受到威胁，产生很容易被信息技术所取代的感觉因而可能会在使用它时产生消极的态度。其次，采用信息通信技术也意味着教学转向鼓励自学过程，而不是在课堂上以教师讲授为主的教学形式”⑤。

②计算机及网络应用技术的培训。应用技术培训的目标是使义务教育教师能较熟练运用办公软件、使用网络搜索下载教育教学资源，以及熟练操作和运用多功能教室、白板、触摸式电脑等。具体可以分为：常规媒体使用技能子模块：主要学会运用计算机及网络以外的包括电视、录音、投影、幻灯、多功能教室控制系统等；计算机操作操作技能模块，包括熟悉和掌握 Windows 操作系统、以 Word、PowerPoint、Excel 为主的 Office 办公系统，有余力则可以学习 Photoshop 及课件制作等相关软件的操作；网络应用技能子模块：学会浏览器和搜索引擎的使用、网络资源的下载与整理、收发电子邮件、使用电子论坛、浏览电子图书馆及电子刊物等，强化教育教学信息检索技巧的培训，提高检索效率。⑥

③信息技术融入学科教与学的培训。如果说，计算机及网络应用技术培训是基础，那

---

① 引自 Khalid Abdullah Bingimlas.《Barriers to the Successful Integration of ICT in Teaching and Learning Environments：A Review of the Literature》. Eurasia Journal of Mathematics, Science Technology Education, 2009(5)：3.

② 引自 Mirjana Joksimović, Ashlee Robertson, Borivoje Đokić, Lazar Dražeta.《Technology-Based Professional Development：The Case of Elementary School Teachers in Belgrade》. Journal of Sustainable Business and Management Solutions in Emerging Economies, 2019(24)：1.

③ Huang, H. M. & Liaw, S. S.《Exploring users' attitudes and intentions towards the Web as a survey tool》. Computers in Human Behaviour, 2005, 2(5).

④ 引自 Stephen Adu Gyamfi.《Pre-service teachers' attitude towards information and communication technology usage：A Ghanaian survey》. International Journal of Education and Development using Information and Communication Technology, 2017(13)：1.

⑤ Basargekar, Prema, Singhavi, Chandan.《Factors Affecting Teachers' Perceived Proficiency in Using ICT in the Classroom》. IAFOR Journal of Education, 2017(5)：2.

⑥ 参考了周旭、倪红军：《构建新型教师信息能力培训体系浅析》，《职业教育》2005年第7期。

么这一阶段的培训就是高级阶段，对义务教育阶段教师信息素养形成是最重要的阶段。这一阶段培训的目标就是使教师能将信息技术整合甚至能很好地融合到具体的学科教学之中。这一目标的实现，需要培训教师不仅要掌握计算机及网络应用技术，还要有深厚的教育学理论知识和具体学科方面的知识。可以参考"国培计划"的 KCPE (Knowledge、Capability、Practice、Experience) 教师培训模式；① "互联网+"教师混合式研修模式：以信息技术工具作为技术支撑，通过线上平台学习和网络研修、线下校本或区域研修和岗位实践，达到知行统一的成果转化目的；② 探索在互联网技术支持下，利用直播互动技术、混合式培训方式等，帮助教师，特别是乡村教师提升能力。混合式教师研修模式，也可以参考全美教师教育学院协会(American Association of Colleges of Teacher Education) 2008 年编辑出版的《整合技术的学科教学知识：教育者手册》提出的 TPACK (Technological Pedagogical And Content Knowledge) 模式。③

④教师培训形式的选择。教师培训形式的选择要基于培训教师的信息技术基础、培训需求以及工作实际，可以利用寒暑假时间集中培训，对不同学科、基础的教师实行分散培训，组成教师参加校外培训，也可以通过邀请技术专家特别是学科与技术融合方面的专家以及学校的信息资源教师定期或不定期地在校内培训，可以集中面授，也可通过网络平台进行远程分散培训等。Insung Jung(2005) 的研究表明，教师信息技术培训可采用三种形式：面对面培训、在线培训和自愿培训的形式。尽管在线培训没有表现出比面对面培训更好的效果，但由于学员的机会成本较低，这种培训模式更具成本效益，如果考虑在培训中节省的学习时间并且可以降低一定比例的可变成本，那么这种培训方式就更划算了。就自愿培训而言，成本效益似乎很高，主要是因为涉及成本低，在教学中应用信息和通信技术水平高，如果更系统地实施以学校为基础的志愿培训，就可以成功地补充正规的 ICT 培训，并改进信息和通信技术在课堂教学中的应用。在线培训中，很难给在教学中应用信息和通信技术技能提供机会。如果学员在完成在线培训后能够参与学校培训，培训效果可以提高。④ 董美颖(2016) 对小学教师关于培训形式的需求分析表明，教师们喜欢"网络远程教育""实际操作"和"合作探究"的培训形式，而目前主要以"网络远程教育""专家讲座"和"示范模仿"为主。"网络远程教育"是目前比较流行的培训形式，学习起来比较方面，可根据自己的需求选择培训内容，对难懂的知识进行反复学习，效果很不错，相比之下"专家讲座"和"示范模仿"是较老套的培训形式，不受教师们的欢迎，教师觉得比较困乏，存在很难听懂，容易忘记等问题。⑤

---

① 王道福、蔡其勇：《"国培计划"教师培训"知识—能力—实践—体验"模式建构》，《课程·教材·教法》2013 年第 7 期。

② 冯晓英、王瑞雪、曹洁婷、黄洛颖：《"互联网 +"时代三位一体的教育供给侧改革》，《电化教育研究》2020 年第 4 期。

③ 何克抗：《TPACK—— 美国"信息技术与课程整合"途径与方法研究的新发展(下)》，《电化教育研究》2012 年第 6 期。

④ Jung Insung. *Cost-effectiveness of online teacher training*[J]. Open Learning, 2005(20): 2.

⑤ 董美颖：《小学教师信息技术培训现状调查研究——以延吉市为例》，延边大学硕士学位论文，2016 年 5 月。

三是教师个人因素。关于影响义务教育教师信息素养的个人因素，贾积有等(2008)认为，年龄、教龄和是否承担学校电子教学资源开发与管理工作是影响受调查教师信息素养的三个主要因素①。焦中明，温小勇(2016)认为，年龄、教龄、学历、职称是影响农村小学教师信息素养的主要个人因素。② 马欣研(2019)通过对教师信息素养进行框架分析，认为教师信息素养发展的个人影响因素主要包括教师的动机与自我效能。③ 国外学者的研究结论④与我国学者基本相同，简单陈述如下：

Buaneng Andoh(2012)指出，教师的性别、年龄、学历和教学经验等个人特征对在课堂上有效实施信息和通信技术方面发挥了重要作用。

Volman 等人(2005、2006)的研究表明，女孩从中学开始学习基于信息和通信技术的技能的态度较低，后来反映在使用计算机的自信心下降。与男教师相比，女教师在教室中使用信息通信技术的可能性较小，因为她们的信心较低。

Hernandez Ramos(2005)指出，教师对教育技术使用以及总体工作经验的理解将对他们建立对信息和通信技术的积极态度产生正面影响。Lau and Sim(2008)也表明，有经验的教师更愿意在课堂上使用信息技术。同时，Wachiuri(2015)发现，教师的工作经验与他们在教室中使用信息通信技术之间没有关联。Baek. Jong and Kim(2008)发现课堂上工作经验与信息通信技术的使用之间有着相反的关系。他们认为，与没有经验的年轻教师相比，有经验的教师实际上不愿意在课堂上使用信息技术。

Cervera & Cantabrana(2015)的研究表明，中小学教师不愿意运用教育信息技术，对其有抵触情绪(往往以忽视资源、任务，抱怨技术支持等形式出现)可能与低自我效能(self-efficacy)⑤有关，因此感知到的自我效能和计算机焦虑往往是决定信息技术使用的重要因

① 贾积有、汪琼，陈维超，郝正元：《教师信息素养影响的定量分析——以北京市中小学信息技术教师信息素养调查为例》，《电化教育研究》2008 年第 8 期。

② 焦中明、温小勇：《欠发达地区农村教师信息素养与装备使用状态的实证分析——基于江西省 1143 名农村中小学教师的调查》，《远程教育杂志》2016 年第 6 期。

③ 马欣研、朱益明、薛峰：《教师信息素养分析框架构建与应用研究》，《开放教育研究》2019 年第 3 期。

④ 参见①Mirjana Joksimović, Ashlee Robertson, Borivoje Đokić, Lazar Dražeta.《Technology - Based Professional Development: The Case of Elementary School Teachers in Belgrade》. Journal of Sustainable Business and Management Solutions in Emerging Economies, 2019(24), 1. ②Basargekar, Prema, Singhavi, Chandan.《Factors Affecting Teachers' Perceived Proficiency in Using ICT in the Classroom》. IAFOR Journal of Education, 2017(5), 2.

⑤ 自我效能感是指个体认为自己是否有能力，完成某项行动以达到事先确定的结果。Bandura(1986)在社会认知理论中提出自我效能感的概念，自我效能感强调个体的主观判断，是个体对自己胜任某一工作的主观预期。自我效能的形成是一个复杂的自我说服的过程，受到来自他人看法、自身经历等影响。研究发现，自我效能对个体的任务选择、学习活动等具有促进作用。教师处在社会环境中，其学习动机受到内外在因素的影响，外在因素主要受到社会环境中扮演的教师角色，而个体的行为受到社会角色的影响，而内在因素则反映教师的角色功能。因此，自我效能对教师信息素养发展的动机具有一定的影响力。参见：郭琪：《小学教师信息素养发展的影响因素分析》，曲阜师范大学硕士学位论文，2020 年 5 月。

素。Kao et al.(2014)认为，当教师具有很高的自我效能时，他们经常在教育信息技术培训中互动，在课堂上应用信息技术的可能性更高，对与他人协作的焦虑也更少。

综合起来看，影响教师信息素养的个人因素主要包括性别、年龄(教学经验)和自我效能。

4. 信息技术指导和教育信息资源教师的配备

即便是计算机专业毕业的教师也不可能短期内完全了解和掌握一日千里的信息技术，其他专业的教师即便通过培训也不可能完全掌握并能熟练操作和运用技术设备。Pelgrum(2001)的研究发现，在中小学教师看来，在教育中使用信息和通信技术的主要障碍之一是缺乏技术援助；Sicilia(2005)的研究表明，技术问题成为教师的主要障碍。这些技术问题包括等待网站打开、无法连接到互联网、打印机不打印、计算机故障以及教师不得不在旧计算机上工作，技术障碍阻碍了课程的顺利进行或课堂活动的自然开展；Becta(2004)调研中的许多受访者表示，技术故障可能会阻止他们在教学中使用信息和通信技术，因为担心设备在上课时发生故障，进而认为，如果学校缺乏技术支持，那么技术维护很可能不会定期进行，发生技术故障的风险更高；在学科教学中，一些研究表明，缺乏技术支持是使用信息技术的主要障碍。①

孟晓哲(2018)的调研表明，当教师在制作课件的过程中遇到技术问题，有86%的教师非常需要专门的教育技术人员向他们提供帮助指导，仅有2%的教师认为不需要。”②基于2003年美国弗吉尼亚州教育部发布的“教育技术计划”，为了保证信息技术能够应用到K-12学校的教育教学中去，2004年该州授权和资助了两个新的教育岗位：教育信息资源教师(Instructional Technology Resource Teacher，简称为ITRT)和技术支持人员(technology support staff)2005年，教育部门发布了《Instructional Technology Resource Teacher and Technology Support Position：A Handbook for School divisions》(简称《教育信息资源教师手册》)，进一步为教育信息资源教师的专业发展提供了理论指导。在实践中，弗吉尼亚州所有的学校致力于完成每1000名学生配备1名教育信息资源教师的目标。在《教育信息资源教师手册》中，教育信息资源教师的基本职责被描述为：与技术人员一起帮助教师将技术融合到课堂，建立有效使用信息技术的课堂策略，为教师和学生创造学习资源，推荐硬件、软件和相关资源，对使用新技术教学进行研究等。在不同的技术背景下，教育信息资源教师为教师创造不同形式的学习和教学模式，或者提供现场的即时帮助，并通过向教师展示功能齐全的应用程序和最佳使用方法来改善学生的学习。③

此外，还有学者的研究表明，学校领导对教育信息化的支持程度也是影响有效供给的重要因素之一。杜媛、刘美凤(2005)对北京师范大学几所附属学校教师教育信息化需求

① 引自 Khalid Abdullah Bingimlas. *Barriers to the Successful Integration of ICT in Teaching and Learning Environments：A Review of the Literature*. Eurasia Journal of Mathematics，Science Technology Education，2009(5)，3.

② 孟晓哲：《经济欠发达地区小学教师信息素养的分析研究——以贵州安龙县为例》，华中师范大学硕士学位论文，2018年4月。

③ 赵慧臣、杨萍：《美国教育信息资源教师项目的特征与启示》，《远程教育杂志》2015年第4期。

的调查研究表明，“(学校)领导的态度，支持与否经常会左右我(教师)的选择”，也许只是“一两句赞许的话语”，或是“在全校会议上的几句表扬”，都会让教师增强自信，更乐于使用信息技术。① Stephen Adu Gyamfi(2017)将教育信息化中的领导支持定义为职前教师对领导力理解信息和通信技术重要性的程度以及最高管理层参与实施信息和通信技术的程度的认识。Hayes and Harriman(2001)的研究表明，影响信息技术集成成功的最重要因素“是校长的参与和支持”；Flanagan and Jacobson(2003)指出：领导层的坚定承诺对于确保信通技术的通过至关重要，为教育机构内使用信息和通信技术创造了一个支持性背景。然而，Zuberviel(2012)在加纳的一项研究发现，学校领导不支持教师将信息和通信技术融入学校。②

① 杜媛、刘美凤：《技术在教育中有效应用的关键：对教师的支持》，《开发教育研究》2005年第4期。

② Stephen Adu Gyamfi. *Pre-service teachers' attitude towards information and communication technology usage: A Ghanaian survey*. International Journal of Education and Development using Information and Communication Technology, 2017(13): 1.

第二章　经济欠发达地区义务教育信息化供给适度测评指标

本章在厘清经济欠发达地区的含义及特征的基础上，结合第一章对义务教育信息化供给适度的基本理论分析结果，构建经济欠发达地区义务教育信息化供给适度测评的指标体系。

第一节　经济欠发达地区的含义及特征

一、经济欠发达地区的含义

(一)欠发达地区的含义

“欠发达地区”从字面上看，就是不够发达的地区，是相对于发达地区和不发达地区而言的。正如1992年全国欠发达地区经济发展研讨会上对欠发达地区内涵的解读：①欠发达地区的内涵具有经济性和地域性，它既是一个经济发展水平和经济发育程度的经济概念，也是一个地域、地理的区域概念；②采用经济界定并结合行政区划较之传统的地理区位界定有了发展和进步；③欠发达地区具有相对性，它是与发达地区和不发达地区相比较而定的；④欠发达地区具有动态性；⑤其分布具有地域交叉性，即发达地区和不发达地区也有欠发达的地方，而欠发达地区中也存在发达和不发达的地方。[①]

胡鞍钢(1994)则认为，所谓欠发达地区系指低收入和下中等收入地区，即人均GDP低于全国平均水平的地区。[②] 张鹏飞，李锦宏(2016)认为，“欠发达”与“发达”相对应，是对事物发展状况、发展态势的一种动态表述，是对相对落后的社会经济现状进行纵向、横向对比，所形成的动态定位。欠发达地区这一概念即属于一种特定地域空间范畴，同时也是立足于历史纵向发展的动态变化过程。与发达地区相对应，它指那些具有一定经济基础、社会条件和发展潜力，但由于各种历史或现实原因，导致生产力发展、科技水平不高且不平衡，目前仍落后于发达地区的区域。[③]

---

① 雪：《欠发达地区的内涵界定与经济特征》，《山区开发》1992年第4期。

② 胡鞍钢：《欠发达地区发展问题研究》，《改革》1994年第3期。

③ 张鹏飞、李锦宏：《欠发达地区的认知重构：一个分析框架》，《现代经济信息》2016年第7期。

(二)经济欠发达地区的含义

综上，我们认为，经济欠发达地区是一个动态性的概念，是指在一定地域范围内社会经济发展水平介于“发达”与“不发达”之间的地区。正如周铁虹(1986)指出的，一个地区的发展水平不仅仅表现在经济增长方面，而且还表现在人民生活、环境保护、生态平衡等方面。并确定了地区社会经济发展水平六大类指标：①经济增长数量指标；②经济增长速度指标；③资源利用指标；④科学文化发展指标；⑤人民生活指标；⑥生态环境指标。[①]耿新、李俊杰(2015)将评价少数民族地区社会经济发展指标确定为经济发展指标(包括经济总量和基础设施两个二级指标)、生活质量(包括收入分配、社会保障两个二级指标)、社会发展(包括教育、文化、卫生发展三个二级指标)和生态环境(包括生态条件、环境保护两个二级指标)。[②]

因此，经济欠发达地区就是指在经济发展水平上介于“发达”与“不发达”之间的地区。借鉴胡鞍钢(1994)按收入分组将全国划分为：①低收入组，是指人均 GDP 低于 75%的全国人均 GDP 水平的地区；②下中等收入组，是指人均 GDP 在 75%～100%的全国人均 GDP 水平的地区；③上中等收入组，是指人均 GDP 在 100%～150%的全国人均 GDP 水平的地区。④高收入地区，是指人均 GDP 高于 150%的全国人均 GDP 水平的地区。如果以 2020 年人均 GDP 作为经济发展水平的衡量指标(见表 2-1，2020 年 31 个省、自治区和直辖市(简称省区市)人均 GDP 的平均值为 70787 元)，那么高收入地区就应该是北京、上海、江苏 3 个省市；上中等收入组就是福建、天津、浙江、广东、重庆、湖北、山东、内蒙古八个省区市；下中等收入组就是陕西、安徽、湖南、辽宁、四川、江西、河南、海南、宁夏、新疆 10 个省区市；低收入组则是西藏、云南、青海、吉林、山西、河北、贵州、广西、黑龙江、甘肃 10 个省区市。所以，本研究所指的经济欠发达地区就是除了高收入地区的 3 个省区市及低收入的 10 个省区市以外的 18 个省区市(见表 2-2)。

表 2-1　**2020 年全国各地区人均 GDP**　单位：元

北京	164889	重庆	78170	辽宁	58872
上海	155768	湖北	74440	四川	58126
江苏	121231	山东	72151	江西	56871
福建	105818	内蒙古	72062	河南	55435
天津	101614	陕西	66292	海南	55131
浙江	100620	安徽	63426	宁夏	54528
广东	88210	湖南	62900	新疆	53593

① 周铁虹：《地区经济与社会发展水平综合指标计算方法初探》，《统计与决策》1986 年第 1 期。

② 耿新、李俊杰：《人口较少民族聚居区发展水平评价指标体系研究——以赫哲族、仫佬族、塔塔尔族和阿昌族为例》，《西南民族大学学报(人文社科版)》2015 年第 10 期。

续表

西藏	52345	山西	50528	黑龙江	42635
云南	51975	河北	48564	甘肃	35995
青海	50819	贵州	46267		
吉林	50800	广西	44309		

数据来源：EPS 全球统计数据/分析平台 http：//a11f4eeca0e1e4a865450a2d23e38554.96319b67.libvpn.zuel.edu.cn/auth/platform.html？sid=FFE25AF1733ABAF79DA535E499C872D3_ipv486799 618&cubeId=891。

表 2-2 **按人均 GDP 的地区分类表**

	经济发达地区	经济欠发达地区	经济不发达地区
省区市	北京、上海、江苏	福建、天津、浙江、广东、重庆、湖北、山东、内蒙古、陕西、安徽、湖南、辽宁、四川、江西、河南、海南、宁夏、新疆	西藏、云南、青海、吉林、山西、河北、贵州、广西、黑龙江、甘肃

由表 2-3，由于湖北省 2020 年各市、州人均 GDP 官方数据无法搜集到，选用 2019 年人均 GDP 的数据。以 2019 年人均 GDP 数据（平均值为 69327 元）为准，湖北省经济发达地区为武汉市，经济欠发达地区为：宜昌、鄂州、潜江、襄阳、仙桃、荆门、黄石、咸宁、十堰、随州 10 个市；经济不发达地区为：孝感、荆州、天门、神农架、黄冈、恩施 6 个市、州。

表 2-3 **2019 年湖北省市、州人均 GDP** 单位：元

武汉	145545	荆门	70203	恩施州	34260
黄石	71511	孝感	46772	仙桃	76178
十堰	59163	荆州	45097	潜江	84119
宜昌	107830	黄冈	36685	天门	51659
襄阳	84815	咸宁	62650	神农架	43010
鄂州	106678	随州	52380		

数据来源：黄石市统计局、国家统计局黄石调查队编：《黄石统计年鉴 2020 年》第 308 页。http：//tjj.hubei.gov.cn/tjsj/sjkscx/tjnj/gsztj/hss/202101/P020210112429830630824.pdf。

有鉴于此，本研究选择进行问卷调查和访谈样本县市为：湖北省咸宁市的通山县、通城县；黄冈市的蕲春县以及恩施州的恩施市、巴东县（选择黄冈市的蕲春县和恩施州的恩施市、巴东县，主要是为了比较研究的需要，例如，由于义务教育信息化供给主体的不明确，许多地方教育信息化硬件和软件包括人员培训经费都是靠市县财政拨款的，相比恩施市，巴东县经费就要紧张一些，有利于探讨在恩施州内，各市县义务教育化供给及发展水平的差异分析）。另外，本研究不包括港澳、台地区。

二、经济欠发达地区的特征

(一)欠发达地区的特征

关于欠发达地区的特征，胡鞍钢(1994)、杨伟民(1997)①、冯艳芬(2004)②、代金平(2003)③、李静萍(2014)④等专家学者进行了研究和探讨。这里主要介绍具有代表性的两个观点。

1992年全国欠发达地区经济发展研讨会上代表们比较一致认为，欠发达地区的特征主要表现在以下几个方面：①拥有丰富的资源，但缺乏开发利用的深度、广度，商品经济欠发达；②以农为主，产业结构不合理，第二、第三产业欠发达；③经济以内向发展为主，外向发展不足；④基础设施落后，科学技术发展缓慢；⑤思想观念落后，人员整体素质较差。⑤

胡鞍钢(1994)认为，欠发达地区的特征主要表现为"六个低下"：人均投资额低下、非农业经济比较较低、劳动生产率水平低下、人口文化素质较低、财政自给率低、非国有经济比重低。⑥

(二)经济欠发达地区的特征

经济欠发达地区的经济发展较为落后。从2020年全国各地区人均GDP上看，经济欠发达地区中从全国排名第7位的广东到全国排名第21的新疆，人均GDP为全国排名前三的经济发达地区的1/2、1/3。如：经济欠发达地区中湖北的人均GDP分别是北京的45.15%，上海的47.79%；新疆的人均GDP是北京的32.5%，上海的34.4%。2019年湖北省省域范围内的经济欠发达地区人均GDP也呈现出相同的状况，如经济欠发达地区中随州的人均GDP是武汉的35.99%。

经济欠发达地区经济发展存在动态性及成长性。根据对经济欠发达地区的含义的分析和界定，经济欠发达地区第一大特征就是地区经济处于欠发达的水平。

表2-4反映的是2011—2020年全国31个省份人均GDP在全国排名的基本情况。不难看出，2011—2020年10年间，本研究确定为高收入地区的北京、上海、江苏长期占据着全国前4名，而上中等收入组的8个省份，基本上占据着全国的4~14名，下中等收入长期占据全国14~25名，低收入组则长期维持在全国25~31名。我们发现，无论是本研究所确定的经济发达地区、欠发达地区和不发达地区，都呈现出一定的波动状态，如经济发达地区的江苏从2011—2018年人均GDP都排在第4名，而2019年、2020年则跃升为全

① 杨伟民：《对我国欠发达地区的界定及其特征分析》，《经济改革与发展》1997年第4期。

② 冯艳芬、曹学宝、夏丽华、王芳：《广东省欠发达地区的界定及其特征分析》，《广州大学学报(自然科学版)》2004年第1期。

③ 代金平：《山东省欠发达地区经济运行的基本特征及其战略选择》，《商业研究》2003年第3期。

④ 李静萍：《欠发达地区山西农村经济特征分析》，《沧桑》2014年第3期。

⑤ 雪：《欠发达地区的内涵界定与经济特征》，《山区开发》1992年第4期。

⑥ 胡鞍钢：《欠发达地区发展问题研究》，《改革》1994年第3期。

国第3名。就经济欠发达地区而言，人均GDP的波动更大，如湖北由2013年全国的第12名跃居第9名，进入前10的行列，重庆也由曾经的全国12名跃升到全国第8名，安徽则由全国的26名跃升到全国的第13名，而辽宁则由最高位次的全国第8名降至第15名，吉林则由一直保持在全国14名以内的地位降到了全国第25名。这充分说明了经济欠发达地区经济发展的动态性特征。

表2-4　　**2011—2020年全国31个省区市人均GDP在全国的位次情况**

年份 地区	2011	2012	2013	2014	2015	2016	2017	2018	2019	2020
北京	3	2	2	2	2	1	1	1	1	1
上海	2	3	3	3	3	2	2	2	2	2
江苏	4	4	4	4	4	4	4	4	3	3
福建	9	9	9	8	7	6	6	6	5	4
天津	1	1	1	1	1	3	3	3	7	5
浙江	5	6	5	5	5	5	5	5	4	6
广东	7	8	8	9	8	7	7	7	6	7
重庆	12	12	12	12	11	10	10	11	9	8
湖北	13	13	14	13	13	11	11	10	8	9
山东	10	10	10	10	10	9	8	8	10	10
内蒙古	6	5	6	6	6	8	9	9	11	11
陕西	15	14	13	14	14	13	12	12	12	12
安徽	26	26	26	26	25	25	24	22	13	13
湖南	20	20	19	17	16	16	16	16	14	14
辽宁	8	7	7	7	9	14	14	13	15	15
四川	25	24	24	23	23	24	21	20	18	16
江西	24	25	26	24	24	23	23	24	21	17
河南	23	23	23	22	22	20	18	18	17	18
海南	22	22	21	21	18	17	17	17	16	19
宁夏	16	16	15	15	15	15	15	15	20	20
新疆	19	18	18	16	20	21	20	19	19	21
西藏	28	28	28	28	28	28	27	26	23	22
云南	30	29	29	29	30	30	30	30	24	23
青海	21	21	20	19	17	18	22	23	22	24
吉林	11	11	11	11	12	12	13	14	28	25
山西	18	19	22	24	27	27	25	25	27	26

续表

年份 地区	2011	2012	2013	2014	2015	2016	2017	2018	2019	2020
河北	14	15	16	18	19	19	19	21	26	27
贵州	31	31	31	30	29	29	29	29	25	28
广西	27	27	27	27	26	26	28	28	29	29
黑龙江	17	17	17	20	21	22	26	27	30	30
甘肃	29	30	30	31	31	31	31	31	31	31

数据来源：根据国务院发展研究中心信息网数据库：http：//ed456865a00deb8b5376bf5b336b13e8. 7813d394. libvpn. zuel. edu. cn/dataTable？ id＝171&structureId＝174 提供的数据整理得来。

另外，从10年间经济欠发达地区的人均GDP的变动情况来看，福建、天津、广东、浙江、重庆、湖北、山东7个省市进入了全国的前10名，内蒙古、陕西、安徽、湖南、辽宁、四川、江西、河南、海南、宁夏10个省、自治区进入了全国前20名。其中，湖北(由最低时的13名升至第9名)、重庆(由最低时的12名升至第8名)、陕西(由最低时的15名升至第12名)、安徽(由最低时的26名升至13名)、湖南(由最低时的20名升至第14名)、四川(由最低时的25名升至第16名)、江西(由最低时的26名升至17名)、河南(由最低时的23名升至第18名)、海南(由最低时的22名升至第19位)等地区人均GDP的位次都有了显著提升，这也充分说明了经济欠发达地区的经济发展具有较高成长性的特征。

表2-5反映的2010—2019年湖北省各市、州人均GDP的位次情况，整体上看，各市、州10年间在省内的排名没有太明显的变化，如武汉市、宜昌市和鄂州市一直高居省内的前三名，潜江和襄阳基本上保持着省内的第4、5名，荆门、咸宁基本上保持着省内第8名、第9名，十堰基本上保持在省内的第10名，随州基本上保持着省内的第11名，黄冈市及恩施州一直排名省内的倒数2名。但也能发现10年间，17个市州人均GDP还是有一定的起伏，其中以仙桃市的变化最明显，仙桃市由最低时的省内第8名跃居省内的第6名，取代了长期占据省内第6名的黄石市。

表2-5　**2011—2019年湖北省各地区人均GDP位次表**

年份 地区	2010	2011	2012	2013	2014	2015	2016	2017	2018	2019
武汉	1	1	1	1	1	1	1	1	1	1
黄石	5	6	6	6	6	7	7	7	7	7
十堰	9	10	10	10	10	10	10	10	10	10
宜昌	2	2	2	2	2	2	2	2	2	2
襄阳	5	5	5	5	5	4	4	4	5	4

续表

年份 地区	2010	2011	2012	2013	2014	2015	2016	2017	2018	2019
鄂州	3	3	3	3	3	3	3	3	3	3
荆门	7	7	7	8	8	8	8	8	8	8
孝感	12	12	13	13	13	13	13	13	13	13
荆州	15	15	15	15	15	14	14	14	15	14
黄冈	16	16	16	16	16	16	16	16	16	16
咸宁	10	9	9	9	9	9	9	9	9	9
随州	11	11	11	11	11	11	11	11	12	11
恩施州	17	17	17	17	17	17	17	17	17	17
仙桃	8	8	8	7	7	6	6	6	6	6
潜江	4	4	4	4	4	5	5	5	4	5
天门	14	13	12	12	12	12	12	12	11	12
神农架	13	14	14	14	14	15	15	15	14	15

数据来源：根据黄石市统计局、国家统计局黄石调查队编 2011—2020 年的《黄石统计年鉴》公布的数据进行的排名。

此外，10 年间，各市、州、区人均 GDP 都保持强劲的增长势头。表 2-6 反映的 2011—2018 年湖北省各市、州、区人均 GDP 较上年的增长率，不难看出，17 个市、州人均 GDP 近 10 年不仅一直保持增长，而且保持了高于全国人均 GDP 增长率的水平，特别是 2019 年较 2018 年的增长率更是全部保持在 13%以上，远远高于全国人均 GDP 增长率（参见表 2-6 和表 2-7）。

表 2-6　**湖北省地市州 2011—2019 年人均 GDP 较上年增长情况**　单位:%

年份 地区	2011	2012	2013	2014	2015	2016	2017	2018	2019
武汉	16.8	15.92	12.53	10.07	6.30	7.05	11.09	9.13	16.80
黄石	33.94	12.15	9.48	6.52	5.2	5.95	13.03	7.18	33.94
十堰	13.69	11.86	12.89	10.86	8.01	9.33	13.63	7.12	13.69
宜昌	37.96	16.79	11.91	10.93	7.84	9.25	3.73	5.29	37.96
襄阳	37.59	16.80	11.83	10.72	7.86	8.86	9.64	5.74	37.59
鄂州	23.23	13.76	12.40	8.55	6.19	8.79	12.63	10.50	23.23
荆门	28.44	14.91	10.67	8.90	5.78	9.31	9.31	11.13	28.44
孝感	17.92	15.02	11.88	9.03	7.29	7.73	10.08	9.62	17.92
荆州	26.25	14.23	11.42	10.66	7.75	9.01	11.95	9.36	26.25

续表

地区\年份	2011	2012	2013	2014	2015	2016	2017	2018	2019
黄冈	25.87	13.31	11.52	10.58	7.25	8.11	10.90	5.82	25.87
咸宁	26.56	18.10	12.57	10.25	6.36	6.77	10.84	9.95	26.56
随州	30.10	13.59	11.83	9.15	8.28	8.08	9.31	7.70	30.10
恩施州	22.60	15.04	14.32	10.58	9.36	9.21	8.35	8.19	22.60
仙桃	32.85	16.77	13.53	10.40	9.60	9.20	11.66	11.73	32.85
潜江	29.39	16.42	11.42	9.41	2.91	7.57	11.16	12.26	29.39
天门	25.18	21.81	15.85	12.06	9.39	7.29	12.46	12.53	25.18
神农架	17.20	15.39	10.28	8.82	3.37	9.94	10.62	12.22	17.20

数据来源：根据黄石市统计局、国家统计局黄石调查队编 2011—2020 年的《黄石统计年鉴》公布的数据计算得来。

表 2-7　**2011—2020 年全国人均 GDP 年比增长率**

年 份	2010	2011	2012	2013	2014	2015	2016	2017	2018	2019	2020
人均国内总产值(元)	30808	36302	39874	43684	47173	50237	54139	60014	66006	70892	72000
年比增长率(%)		17.83	9.84	9.56	7.99	6.50	7.77	10.85	9.98	7.40	1.56

数据来源：根据国务院发展研究中心信息网数据库 http://ed456865a00deb8b5376bf5b336b13e8.7813d394.libvpn.zuel.edu.cn/dataTable?id=171&structureId=174 提供的数据整理得来。

据上述数据，对于经济欠发达地区，从经济发展水平上看，一方面目前的状态与发达地区有一定的差距，但又高于不发达地区。所以，静态上看，这类地区相比经济不发达地区而言在信息化建设方面可能尚有增加经费投入的空间，教育信息化发展水平不高甚至很落后，有可能是观念、体制机制等方面的原因导致的；动态上看，经济欠发达地区在经济发展水平上具有一定的成长性，也就是说还有进一步提升的空间，因此对于提升该类地区教育信息化建设至少是增加经费投入方面应该保持较强的信心。

经济欠发达地区信息化程度较低。由于数据获取的原因，这里选取互联网上网人数(指过去半年内使用过互联网的 6 周岁及以上的居民人数)和互联网普及率(即互联网上网人数占常住人口的比例)两个指标来衡量地区信息化发展的程度。

1. 全国信息化发展基本情况

——互联网上网人数和互联网普及率。图 2-1 反映的是 2011—2020 年我国互联网上网人数及互联网普及率的情况，从互联网上网人数和互联网普及率来看，10 年间一直呈现逐年递增的态势，互联网上网人数由 2011 年的 51310 万人增加至 2020 年的 98899 万人，互联网普及率则由 2011 年的 38.3%增加至 2020 年的 70.4%，互联网普及率已经远远超过了 59%的世界平均水平，在发展中国家中也处于遥遥领先的位置(2019 年发展中国家互联网普及率为 44.4%，同期中国的互联网普及率为 64.5%)。

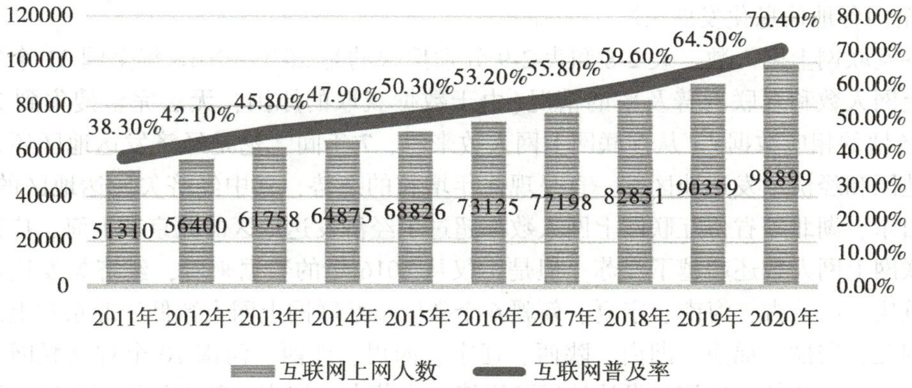

图 2-1　2011—2020 年全国互联网上网人数及互联网普及率

数据来源：艾瑞咨询：《中国对话机器 chatbot 行业发展研究报告 2021 年》，https: //www. fxbaogao. com/pdf? id = 2732612&query = %7B%22keywords%22%3A%22%E4%B8%AD%E5%9B%BD%E5%AF%B9%E8%AF%9D%E6%9C%BA%E5%99%A8%E4%BA%BAchatbot%E8%A1%8C%E4%B8%9A%20%E5%8F%91%E5%B1%95%E7%A0%94%E7%A9%B6%E6%8A%A5%E5%91%8A%202021%E5%B9%B4%22%7D&index = 0&pid = 30。

——城乡信息化发展情况。尽管我国互联网普及率已经超过了世界平均水平及发展中国家的整体水平，但不容忽视的是城镇与农村互联网的普及率的差距还比较大。图 2-2 反映的是 2016—2020 年城镇与农村互联网普及率的变动情况。2016—2020 年城镇与农村互联网普及率都呈现了一直增长的态势，并且农村与城镇的差距也呈现逐年缩小的态势，但是，到 2020 年农村与城镇互联网普及率的差距较 2019 年有所增加，并且将近 25 个百分点。

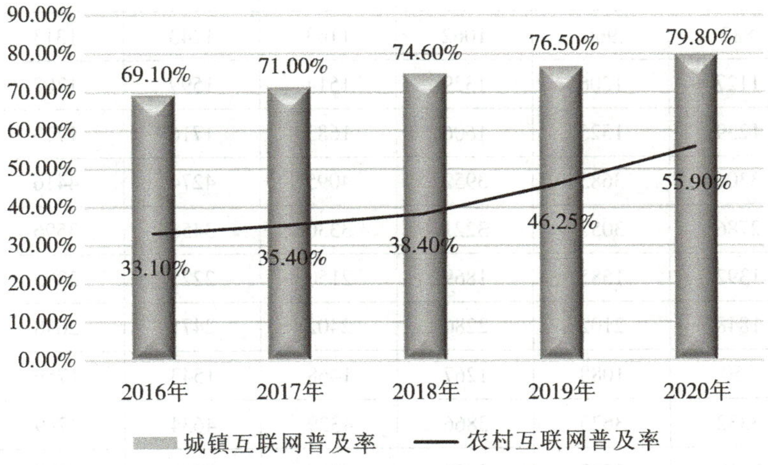

图 2-2　2016—2020 年城乡互联网普及率

资料来源：穆晓菲：《十张图了解 2020 年中国网民规模及结构情况月收入 5000 元以上网民不足三成》，https: //www. fxbaogao. com/pdf? id = 2402638&type = dt&query = %7B%22order%22%3A%222%22%2C%22keywords%22%3A%22%E5%90%84%E7%9C%81%E4%BA%92%E8%81%94%E7%BD%91%E6%99%AE%E5%8F%8A%E7%8E%87%22%7D&index = 0&pid = 3-127-24。

2. 全国各地信息化发展情况

——互联网上网人数。表 2-8 和表 2-9 分别反映的是 2010—2016 年全国 31 个省区市互联网上网人数和互联网普及率的情况（由于数据获取的原因，无法完整搜集到 2017—2020 年各地的相应数据）。从互联网上网人数来看，7 年间无论是经济发达地区还是经济欠发达地区和经济不发达地区都一直呈现逐年增长的态势，其中经济欠发达地区的广东、浙江、山东、湖北等省份互联网上网人数都超过了经济发达地区的北京和上海，广东和山东的互联网上网人数还超越了江苏。但是，仅从 2016 年的数据来看，经济欠发达地区的天津、重庆、内蒙古、海南、宁夏、新疆 6 个省区市互联网上网人数低于北京和上海；而浙江、湖北、安徽、福建、湖南、陕西、辽宁、四川、江西、河南 10 个省互联网上网人数都低于江苏。此外，经济欠发达地区的天津、内蒙古、海南、新疆等地互联网上网人数还低于经济不发达地区的吉林、黑龙江等经济不发达地区。

表 2-8　**2010—2016 年全国各地互联网上网人数**　单位：万人

年份 地区	2010	2011	2012	2013	2014	2015	2016
北京	1218	1379	1458	1556	1593	1647	1690
天津	648	719	793	866	904	956	999
河北	2197	2597	3008	3389	3603	3731	3956
山西	1250	1405	1589	1755	1838	1975	2035
内蒙古	747	854	965	1093	1142	1259	1311
辽宁	1916	2092	2199	2453	2580	2731	2741
吉林	882	966	1062	1163	1243	1313	1402
黑龙江	1127	1206	1329	1514	1599	1707	1835
上海	1239	1525	1606	1683	1716	1773	1791
江苏	3306	3685	3952	4095	4274	4416	4513
浙江	2786	3052	3221	3330	3458	3596	3632
安徽	1392	1585	1869	2150	2225	2395	2721
福建	1848	2102	2280	2402	2471	2648	2678
江西	950	1088	1267	1468	1543	1759	2035
山东	3332	3625	3866	4329	4634	4789	5207
河南	2417	2582	2856	3283	3474	3703	4110
湖北	1902	2129	2309	2491	2625	2723	3009
湖南	1747	1936	2200	2410	2579	2685	3013
广东	5324	6300	6627	6992	7286	7768	8024

续表

地区＼年份	2010	2011	2012	2013	2014	2015	2016
广西	1226	1353	1586	1774	1848	2033	2213
海南	303	338	384	411	421	466	470
重庆	990	1068	1195	1293	1357	1445	1556
四川	1998	2229	2562	2835	3022	3260	3575
贵州	751	840	991	1146	1222	1346	1524
云南	1021	1140	1321	1528	1643	1761	1892
西藏	81	90	101	115	123	142	149
陕西	1295	1429	1551	1689	1745	1886	1989
甘肃	655	700	795	894	951	1005	1101
青海	188	208	238	274	289	318	320
宁夏	175	207	258	283	295	326	339
新疆	819	882	962	1094	1139	1262	1296

数据来源：国务院发展研究中心信息网统计数据库：http：//ed456865a00deb8b5376bf5b336b13e8. 7813d394. libvpn. zuel. edu. cn/dataTable？id=37&structureId=174。

表 2-9　**2010—2016 年全国各地区互联网普及率**　单位：%

地区＼年份	2010	2011	2012	2013	2014	2015	2016
北京	69. 4	70. 3	72. 2	75. 2	75. 3	76. 5	77. 83
天津	52. 7	55. 6	58. 5	61. 3	61. 4	63	64. 6
河北	31. 2	36. 1	41. 5	46. 5	49. 1	50. 5	53. 3
山西	36. 5	39. 3	44. 2	48. 6	50. 6	54. 2	55. 5
内蒙古	30. 8	34. 6	38. 9	43. 9	45. 7	50. 3	52. 2
辽宁	44. 4	47. 8	50. 2	55. 9	58. 8	62. 2	62. 6
吉林	32. 2	35. 2	38. 6	42. 3	45. 2	47. 7	50. 9
黑龙江	29. 5	31. 5	34. 7	39. 5	41. 7	44. 5	48. 1
上海	64. 5	66. 2	68. 4	70. 7	71. 1	73. 1	74. 1
江苏	42. 8	46. 8	50	51. 7	53. 8	55. 5	56. 6
浙江	53. 8	56. 1	59	60. 8	62. 9	65. 3	65. 6
安徽	22. 7	26. 6	31. 3	35. 9	36. 9	39. 4	44. 3
福建	50. 9	57	61. 3	64. 1	65. 5	69. 6	69. 7

续表

年份 地区	2010	2011	2012	2013	2014	2015	2016
江西	20.2	24.4	28.5	32.6	34.1	38.7	44.6
山东	35.2	37.8	40.1	44.7	47.6	48.9	52.9
河南	25.5	27.5	30.4	34.9	36.9	39.2	43.4
湖北	33.3	37.2	40.1	43.1	45.3	46.8	51.4
湖南	27.3	29.5	33.3	36.3	38.6	39.9	44.4
广东	55.3	60.4	63.1	66	68.5	72.4	74
广西	25.2	29.4	34.2	37.9	39.4	42.8	46.1
海南	35.1	38.9	43.7	46.4	47.6	51.6	51.6
重庆	34.6	37	40.9	43.9	45.7	48.3	51.6
四川	24.4	27.7	31.8	35.1	37.3	40	43.6
贵州	19.8	24.2	28.6	32.9	34.9	38.4	43.2
云南	22.3	24.8	28.5	32.8	35.1	37.4	39.9
西藏	27.9	29.9	33.3	37.4	39.4	44.6	46.1
陕西	34.3	38.3	41.5	45	46.4	50	52.4
甘肃	24.8	27.4	31	34.7	36.8	38.8	42.4
青海	33.6	36.9	41.9	47.8	50	54.5	54.5
宁夏	28	32.8	40.3	43.7	45.1	49.3	50.7
新疆	37.9	40.4	43.6	49	50.3	54.9	54.9

数据来源：国务院发展研究中心信息网统计数据库：http：//ed456865a00deb8b5376bf5b336b13e8.7813d394.libvpn.zuel.edu.cn/dataTable？id=37&structureId=174。

图 2-3 反映的是 2010—2016 年全国各地区互联网上网人数年均增长率的情况，可以看出，7 年间经济欠发达地区互联网上网人数年均增长率都超过了经济发达地区，除了浙江以外，其余经济欠发达地区互联网上网人数年均增长率都在 5%以上，其中：宁夏、江西、安徽 3 个省自治区的年均增长率都在 10%以上，湖南、河南、内蒙古都在 9%～10%之间，天津、山西、吉林、山东、湖北、广东、海南、重庆、新疆等都在 7%～9%之间。但同时要看到，经济不发达地区的贵州、云南、西藏、河北年均增长率都在 10%以上，分别排在全国的第 2 名、第 3 名、第 4 名、第 8 名。

——互联网普及率。表 2-9 反映的是 2010—2016 年全国各地区互联网普及率的基本情况。可以看出，经济发达地区的北京、上海在 2010 年的普及率都在 64%以上，并持续保持逐年增长的态势，到 2016 年分别达到了 77.8%和 74.1%，远远高于全国平均水平；江苏也由 2010 年的 42.8%增长至 2016 年的 56.6%（高于全国平均的 53.65%）。2010—

2016 年经济欠发达地区互联网普及率的平均值都高于当年全国的平均水平，并保持逐年增长。但仅从 2016 年的数据来看，经济欠发达地区中仅有广东互联网普及率超过了 70%，但仍低于北京和上海的普及率水平；普及率低于全国平均水平的还有内蒙古、安徽、江西、山东、河南、湖北、湖南、海南、重庆、四川、陕西、宁夏 12 个地区，而且互联网普及率平均水平还低于经济不发达地区的青海，经济欠发达地区的江西、安徽、湖南、河南、四川 5 个省份的互联网普及率还低于 50%。

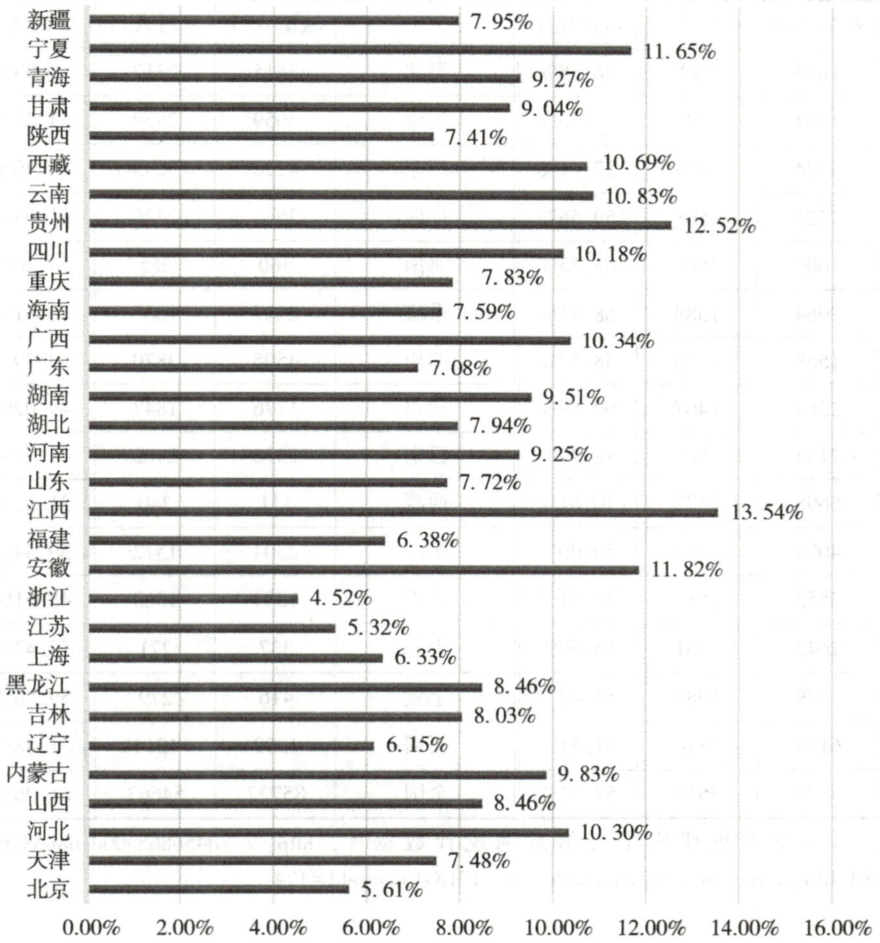

图 2-3　2010—2016 年全国各地互联网上网人数的年增长率

数据来源：根据国务院发展研究中心信息网统计数据库：http://ed456865a00deb8b5376bf5b336b13e8.7813d394.libvpn.zuel.edu.cn/dataTable? id=37&structureId=174 提供的数据计算得来。

——城乡信息化发展。由于无法完整搜集到 31 个省份城镇和农村互联网上网人数及互联网普及率，这里选用城乡宽带接入用户作为指标加以分析和说明。

表 2-11 是 2015—2019 年全国 31 个省份城市和农村宽带接入户占比的情况表。总体上看，2015—2019 年全国 31 个省份宽带接入用户中，城市占比远远超过农村，城乡的数字鸿沟十分明显，这一点在经济欠发达地区体现得也十分明显(需要说明的是，2019 年北

京、上海等地城镇化率已经超过了80%，所以会出现农村宽带接入率很低的情况，参见表2-10①)。因此，这里选取城镇化率低于全国平均水平(61.06%)的经济欠发达地区来加以分析和说明。18个省份中天津(83.48%)、内蒙古(63.35%)、辽宁(68.11%)、浙江(70%)、福建(66.5%)山东(61.51%)、广东(71.4%)、重庆(66.81%)8个省份的城镇化率高于全国的平均水平。

表2-10　**2019年各地城镇化率基本情况**　单位：万人

	城镇人口	乡村人口	城镇化率		城镇人口	乡村人口	城镇化率
北京	1865	289	86.58%	湖北	3615	2312	60.99%
天津	1304	258	83.48%	湖南	3959	2959	57.23%
河北	4374	3218	57.61%	广东	8226	3295	71.40%
山西	2221	1508	59.56%	广西	2534	2426	51.09%
内蒙古	1609	931	63.35%	海南	560	385	59.26%
辽宁	2964	1388	68.11%	重庆	2087	1037	66.81%
吉林	1568	1123	58.27%	四川	4505	3870	53.79%
黑龙江	2284	1467	60.89%	贵州	1776	1847	49.02%
上海	2144	284	88.30%	云南	2376	2482	48.91%
江苏	5698	2372	70.61%	西藏	111	240	31.62%
浙江	4095	1755	70.00%	陕西	2304	1572	59.44%
安徽	3553	2813	55.81%	甘肃	1284	1363	48.51%
福建	2642	1331	66.50%	青海	337	271	55.43%
江西	2679	1987	57.42%	宁夏	416	279	59.86%
山东	6194	3876	61.51%	新疆	1309	1214	51.88%
河南	5129	4511	53.21%	全国	85722	54663	61.06%

数据来源：国务院发展研究中心信息网统计数据库，http：//ed456865a00deb8b5376bf5b336b13e8.7813d394.libvpn.zuel.edu.cn/dataTable？id=171&structureId=174。

由表2-11中可以看出，2015—2019年10个经济欠发达地区的省、自治区农村宽带接入用户的比例基本上呈现逐年增长的态势。2015年农村用户宽带接入户的比例只有四川超过了30%，而到2019年则有四川、安徽、湖南、江西、海南、新疆6个省、自治区进入了30%以上的行列；湖北、河南、陕西3个省份的比例也都超过了25%，增速最快的是宁夏，由2015年的8.46%增长至2019年的20.92%，五年间增长了近12.5个百分点。

① 表2-10中的数据来自国研网统计数据库，与国家统计局公布的数据稍有出入(根据国研网的统计数据，2019年城乡人口总数为140385万人，而国家统计局的数据为大陆总人口为140005万，城镇化率为60.6%，因在统计时地区退役军人未计算在内)。

表 2-11　　**2015—2019 年各地区城乡宽带接入户的比例**

	城市宽带接入用户的比例					农村宽带接入用户的比例				
	2015 年	2016 年	2017 年	2018 年	2019 年	2015 年	2016 年	2017 年	2018 年	2019 年
北京	82.54	83.66	86.94	89.39	91.01	17.46	16.34	13.06	10.61	8.99
天津	97.78	97.25	95.76	94.03	91.58	2.22	2.75	4.24	5.97	8.42
河北	67.62	64.51	62.25	60.30	59.64	32.38	35.49	37.75	39.70	40.36
山西	83.16	83.84	78.71	80.15	80.74	16.84	16.16	21.29	19.85	19.26
内蒙古	76.96	76.67	79.05	84.66	87.15	23.04	23.33	20.95	15.34	12.85
辽宁	78.96	77.30	79.81	81.20	89.56	21.04	22.70	20.19	18.80	10.44
吉林	83.75	87.52	85.05	83.97	84.39	16.25	12.48	14.95	16.03	15.61
黑龙江	84.04	84.42	77.31	70.26	68.45	15.96	15.58	22.69	29.74	31.55
上海	99.58	—	—	—	99.84	0.42	—	—	—	0.16
江苏	62.42	62.65	62.88	62.88	61.84	37.58	37.35	37.12	37.12	38.16
浙江	73.59	77.07	75.49	66.00	66.80	26.41	22.93	24.51	34.00	33.20
安徽	71.77	72.03	68.05	61.48	62.14	28.23	27.97	31.95	38.52	37.86
福建	67.25	68.84	66.51	65.13	55.68	32.75	31.16	33.49	34.87	44.32
江西	71.46	70.34	68.98	68.62	68.19	28.54	29.66	31.02	31.38	31.81
山东	69.63	69.18	67.37	67.02	68.08	30.37	30.82	32.63	32.98	31.92
河南	71.86	72.12	72.15	70.86	71.72	28.14	27.88	27.85	29.14	28.28
湖北	84.73	83.99	78.81	72.54	70.75	15.27	16.01	21.19	27.46	29.25
湖南	80.67	76.93	71.57	68.19	65.55	19.33	23.07	28.43	31.81	34.45
广东	78.46	79.63	81.16	82.56	75.53	21.54	20.37	18.84	17.44	24.47
广西	78.51	76.05	69.40	61.34	58.44	21.49	23.95	30.60	38.66	41.56
海南	71.79	67.74	65.21	70.41	69.15	28.21	32.26	34.79	29.59	30.85
重庆	85.14	80.55	76.30	79.84	79.07	14.86	19.45	23.70	20.16	20.93
四川	67.51	68.68	65.99	67.54	65.11	32.49	31.32	34.01	32.46	34.89
贵州	81.17	78.69	76.80	77.59	80.15	18.83	21.3	23.20	22.41	19.85
云南	82.92	85.50	85.44	70.00	67.81	17.08	14.50	14.56	30.00	32.19
西藏	99.93	89.22	90.30	84.48	82.35	0.07	10.78	9.70	15.52	17.65
陕西	82.82	76.59	73.31	73.13	73.33	17.18	23.41	26.69	26.87	26.67
甘肃	79.91	73.17	65.93	62.59	63.02	20.09	26.83	34.07	37.41	36.98

续表

	城市宽带接入用户的比例					农村宽带接入用户的比例				
	2015 年	2016 年	2017 年	2018 年	2019 年	2015 年	2016 年	2017 年	2018 年	2019 年
青海	89.76	88.20	88.15	77.51	74.66	10.24	11.8%	11.85	22.49	25.34
宁夏	91.54	91.12	88.34	80.45	79.08	8.46	8.88	11.66	19.55	20.92
新疆	72.48	74.51	71.65	69.75	65.53	27.52	25.49	28.35	30.25	34.47

数据来源：国务院发展研究中心信息网统计数据库，http：//ed456865a00deb8b5376bf5b336b13e8.7813d394.libvpn.zuel.edu.cn/dataTable？id=32&structureId=174。

但是，我们也不难发现，相比城市而言，农村地区信息化基础薄弱，2015—2019 年农村宽带接入户的比例也一直不足城市的三分之一(2019 年平均值为 26.57%)，即便是到了 2019 年，还有四个省份的农村宽带接入户的比例不足 30%，而且还有 10 个省份农村宽带接入户的比例低于经济不发达地区的河北、云南、甘肃等省份。

综上，不论是互联网上网人数、互联网普及率以及农村信息化水平，经济欠发达地区都要远远低于发达地区水平，并且还有较多省份的三项指标都低于经济发达地区，这较为充分说明了经济欠发达地区信息化水平较低。

4. 经济欠发达地区人口科学文化素质较低。人口科学文化素质是人口素质(包括人口的身体素质、科学文化素质、思想道德素质和心理素质)的自然条件和基础，是指人们认识和改造世界的能力，是人们在生产和社会实践中积累的劳动生产经验以及在教育培训学到的文化科技知识，是人口素质的核心内容。① 关于人口科学文化素质的评价指标，杨世箐(2016)认为主要包括人口平均受教育年限、劳动力人口平均受教育年限、每万人在校大学生人数、成人识字率、文盲率、学龄儿童入学率、每万人拥有发明专利数等。② 鉴于数据的可获得性，我们选取 2019 年文盲、半文盲人口占 15 岁及以上人口的比例和每十万人口高等学校平均在校生数两个指标加以比较和分析。我们的观点是：文盲、半文盲人口占 15 岁及以上人口的比例越高，该地人口科学文化素质就越低；每十万人口中高等学校在校生数越多，该地区人口科学文化素质就越高。

从表 2-12 提供的数据来看，2015—2019 年全国文盲、半文盲人口占 15 岁及以上人口的比例基本上呈现逐年下降的态势，除了贵州、西藏、甘肃、青海外，其余省份的比例都在 10%以下。就经济欠发达地区来看，天津、山西、广东、湖南、辽宁、江西、海南、新疆 9 个省区市一直低于全国总体水平；安徽、福建、山东、四川、宁夏 5 个省区一直高于全国总体水平，一直保持在 6%以上的水平高位运行；内蒙古、重庆自 2016 年开始这一比例低于全国总体水平；浙江、湖北自 2018 年开始低于全国总体水平。5 年间，包括高于全国总体水平的 5 个省份，浙江、河南、湖北、内蒙古、重庆、江西、海南 12 个省区市的这一比例都一直高于经济不发达地区的河北、吉林、黑龙江、广西等省区的水平。这

① 张俊良、杨世箐：《区域人口素质测评指标体系构建研究》，《中国劳动》2015 年第 10 期。

② 杨世箐、周炎炎：《人口素质测评指标体系的构建及应用》，《统计与决策》2016 年第 12 期。

说明，经济欠发达地区文盲、半文盲占15岁及以上人口的比例还比较大。

表2-12　　**2015—2019年全国各地区文盲半文盲人口占15岁及以上人口的比例**

年份 地区	2015	2016	2017	2018	2019
全国总计	5.42%	5.28%	4.85%	4.94%	4.59%
北京	1.72%	1.56%	1.23%	1.69%	1.73%
天津	2.09%	2.26%	1.92%	1.39%	1.72%
河北	3.86%	4.10%	3.48%	3.95%	2.54%
山西	2.98%	2.52%	1.78%	2.47%	2.00%
内蒙古	5.47%	4.66%	4.82%	4.58%	4.15%
辽宁	1.91%	1.69%	1.54%	1.55%	1.29%
吉林	2.61%	2.47%	3.50%	2.80%	2.25%
黑龙江	2.74%	3.60%	2.89%	2.34%	2.58%
上海	3.12%	3.11%	2.29%	2.38%	2.49%
江苏	5.40%	5.81%	5.95%	5.77%	4.75%
浙江	5.87%	5.99%	5.40%	4.93%	4.52%
安徽	6.51%	6.81%	6.80%	6.75%	6.43%
福建	6.65%	6.14%	5.60%	6.72%	6.81%
江西	4.68%	4.83%	4.36%	4.13%	2.95%
山东	6.65%	6.56%	6.07%	7.04%	7.33%
河南	5.25%	5.65%	5.00%	4.83%	4.45%
湖北	5.96%	5.64%	5.69%	4.81%	4.84%
湖南	3.37%	3.39%	3.13%	3.12%	2.71%
广东	2.90%	2.87%	2.51%	2.67%	2.99%
广西	4.66%	3.79%	3.30%	3.18%	2.73%
海南	5.31%	4.63%	4.23%	3.97%	3.84%
重庆	5.59%	4.02%	3.02%	3.83%	3.15%
四川	8.14%	8.22%	7.05%	7.49%	6.81%
贵州	13.01%	11.86%	10.11%	9.93%	10.19%
云南	9.53%	8.83%	8.39%	8.14%	7.31%

续表

年份 地区	2015	2016	2017	2018	2019
西藏	37.33%	41.12%	34.96%	35.23%	33.11%
陕西	4.87%	5.22%	5.50%	4.96%	3.97%
甘肃	11.31%	8.70%	9.17%	10.35%	10.48%
青海	16.63%	13.45%	9.63%	10.24%	10.60%
宁夏	9.17%	6.82%	7.19%	9.24%	8.39%
新疆	4.46%	3.79%	3.19%	3.68%	3.71%

数据来源：EPSDATA：

http://a11f4eeca0e1e4a865450a2d23e38554.96319b67.libvpn.zuel.edu.cn/auth/platform.html? sid = D7B4C031B1CFC86E2F5374E995E5B572_ipv492101474。

从每十万人口中高等学校在校生数来看，2015—2019 年全国 31 个省份除了西藏以外都呈现逐年增加的态势，北京、天津、陕西、上海稳居全国前 4 名。从经济欠发达地区来看，天津、陕西、辽宁、江西、重庆、湖北一直保持领先全国总体水平；内蒙古、浙江、安徽、福建、广东、海南、四川、宁夏、新疆 9 个省区一直落后于全国总体水平；山东除了 2016 年外其余年份都低于全国总体水平，湖南和河南在 2019 年前都落后于全国总体水平，2019 年超过全国平均水平。此外，仅从 2019 年来看，经济欠发达地区的内蒙古、浙江、安徽、新疆等省区都低于经济不发达地区的河北、山西、黑龙江、广西等省区的水平（见表 2-13）。

表 2-13 **2015—2019 年全国各地区每十万人口中高等学校在校生数** 单位：人

	2015 年	2016 年	2017 年	2018 年	2019 年
全国总计	2524	2530	2576	2658	2857
北京	5218	5028	5300	5268	5320
天津	4185	4058	4072	4150	4214
河北	2141	2191	2328	2457	2596
山西	2504	2439	2401	2383	2515
内蒙古	2035	1937	1969	1984	2053
辽宁	2876	2845	2859	2866	3136
吉林	3169	3048	3038	3131	3373
黑龙江	2518	2427	2403	2405	2531
上海	3330	3327	3498	3517	3582

续表

	2015 年	2016 年	2017 年	2018 年	2019 年
江苏	2896	2937	3045	3143	3311
浙江	2414	2355	2345	2370	2509
安徽	2309	2259	2250	2245	2447
福建	2508	2438	2352	2355	2577
江西	2654	2698	2676	2771	3010
山东	2516	2620	2519	2588	2855
河南	2293	2352	2455	2653	2913
湖北	3038	2950	3000	3088	3248
湖南	2215	2251	2419	2610	2873
广东	2434	2431	2454	2542	2751
广西	2178	2279	2383	2602	2887
海南	2290	2258	2261	2305	2497
重庆	3071	3059	3084	3081	3258
四川	2312	2314	2339	2409	2546
贵州	1819	2005	2129	2254	2453
云南	1819	1889	1999	2166	2401
西藏	1766	1765	1678	1616	1588
陕西	3628	3540	3582	3562	3812
甘肃	2194	2189	2217	2258	2396
青海	1275	1319	1391	1426	1486
宁夏	2244	2225	2278	2379	2581
新疆	1759	1780	1863	1954	2106

数据来源：EPSDATA：http：//a11f4eeca0e1e4a865450a2d23e38554. 96319b67. libvpn. zuel. edu. cn/auth/platform. html？sid=D7B4C031B1CFC86 E2F5374E995E5B572_ipv492101474。

综上分析，可以看出，经济欠发达地区文盲、半文盲人口占 15 岁及以上人口的比例还较大，并且有占比 66. 7%的省份的这一数据还高于一些经济不发达地区；每十万人口的高等学校在校生数与经济发达地区和全国总体水平还有一定的差距，有 50%的省份低于全国总体水平，部分省份的这一指标数还低于经济不发达地区。这充分说明了经济欠发达地区的人口科学文化素质还比较低。

第二节　经济欠发达地区义务教育信息化供给适度的测评

前文相关研究已经指出，义务教育信息化供给适度最简单的理解就是义务教育信息化有效供给与有效需求的动态平衡。按照对义务教育信息化的产品属性等方面的理论分析，义务教育信息化的免费性决定了供给主体应该是国家(政府)通过财政手段提供，但财政收入是有限的，能投入信息化建设的财政资源也是极为有限的，而且从世界和我国的实际情况来看，义务教育信息化投入并不完全是财政性经费投入，即便是财政性教育经费投入也极大地依赖于地方财政水平，因此，经济欠发达地区财政薄弱性决定了投入义务教育信息化建设经费极为欠缺；义务教育信息化的统一性决定了其供给在一个国家范围内应该是不存在省际差异、县级差异、校际差异的。但现实是，到目前为止，没有一个国家不存在这些差异。因此，要探究经济欠发达地区义务教育信息化供给适度的测度，必须基于义务教育信息化发展的实际情况，并具有一定的前瞻性来构建供给适度的测评指标体系。

一、教育信息化的评价指标体系

顾小清(2006)较详细地介绍了包括联合国教科文组织、欧洲及国外部分国家教育信息化评价的指标体系，[①] 陈金华(2017)[②]、李枞枞(2018)[③]、易睿(2020)[④]等分别在他们的博士论文和硕士论文中较为详细地综述了国内外关于教育信息化评价的指标体系，并且陈金华初步构建了县域基础教育信息化发展水平动态测评的指标体系及模型；李枞枞构建了基础教育信息化发展水平评价的指标体系；易睿也构建了区县基础教育信息化 2.0 评估指标体系。邢单霞、卢春(2020)则对相关指标体系进行了优化，并基于全排列多边形图示指标法对 W 省 13 个地市教育信息化发展水平进行了评估。[⑤] 现将有代表性的指标体系总结归纳如下(以下内容除特别注明外，均引自上述列示的文献，其他国家的教育信息化的评价指标也可参见上述文献，在这里不一一列举)。

(一)国外教育信息化评价指标体系

1. 联合国教科文组织制定的评价指标

2009 年联合国教科文组织统计研究所(Institute for Statistics) 出版了《ICT 在教育中的应用评估指南》，主要目标是通过对学校信息化应用深度和广度的调查，更好地了解 ICT

---

① 参见顾小清：《教育信息化建设项目评估国际研究现状调查》，《电化教育研究》2006 年第 8 期。

② 参见陈金华：《中国县域基础教育信息化发展水平动态测评模型研究》，陕西师范大学博士论文，2017 年 12 月。

③ 参见李枞枞：《基础教育信息化发展水平评估研究》，华中师范大学博士论文，2018 年 4 月。

④ 参见易睿：《基础教育领域区县教育信息化 2.0 评估指标体系构建研究——以兰州市七区三县评估为例》，西北大学硕士论文，2020 年 6 月。

⑤ 参见邢单霞、卢春：《基于全排列多边形图示指标法的教育信息化发展水平评估——以 W 省 13 个地市的问卷调研数据为例》，《现代教育科学》2020 年第 11 期。

教育应用现状、需求与发展(见表 2-14)。

表 2-14　　**联合国教科文组织教育信息化评价指标**

序号	基本评估指标	序号	基本评估指标
1	ICT 与课程整合情况	5	网络、多媒体系统的分布情况
2	ICT 课程教学情况	6	学校连接 Internet 情况
3	国家教育信息化规划及举措	7	不同学科所用教育软件
4	生机比	8	教师对 ICT 应用的自信及专业发展信息素养水平及管理者的专业能力

2. 欧洲教育信息化评价指标

欧洲教育信息网联(Eurydice) 基于产生可靠的、可比较的信息，为教育系统及教育政策提供依据；通过教育信息化评估，促进系统的相互理解，改进系统的效能的目标，从教育信息化的教育政策倾斜、教育信息化经费预算情况、信息技术课程情况、教师在日常教学中使用信息技术的情况、教师教育的信息化情况制定了教育信息化评估的指标体系(见表 2-15)。

表 2-15　　**Eurydice 教育信息化评价指标**

序号	基本评估指标	序号	基本评估指标
1	生机比及带网络连接的生机比	8	ICT 在课程教学中的目标
2	硬件购置及维护情况	9	不使用技术的理由
3	预算分布情况(比如在硬件购置与人员培训方面的配比)	10	信息技术课时
4	ICT 与课程整合的情况	11	信息技术专家教师情况
5	在课堂上使用计算机及因特网的比例	12	教师培训中的 ICT 使用情况
6	教师每周在课堂上使用计算机的平均时间	13	教师参加正式的信息技术整合教学培训的比率
7	课堂上 ICT 使用情况		

3. 美国教育信息化评价指标

美国 CEO 论坛提出了教育信息化发展的 STaR(School Technology and Readiness)评估体系，STaR 从硬件和网络连通性、教师专业发展、数字化资源、学生成就和考核评价指标四个维度开展评价并将各个指标进行细化，每个维度下都有具体可测量的指标，通过这些指标进行评分(见表 2-16)。

表 2-16　　　　　　**美国 STaR 教育信息化评价指标①**

一级指标	二级指标	一级指标	二级指标
硬件和网络连通性	学生数与联网的教学用计算机之比	数字资源	所拥有的数字内容形式
	技术支持服务的响应时间		教师将数字资源整合到教学中的形式
	联网教师和联网办公室数		学生使用数字资源增强学习的形式
	学校上网方式和联通质量		学生使用数字资源的百分比和使用频率
	其他硬件设备拥有和使用情况		购买数字资源的经费来源
教师专业发展	教师的培训方式		教师参加正式的信息技术整合教学培训的比率
	教师培训预算占技术预算的百分比	学生成就和考核指标	学生成就和 21 世纪技能掌握情况
	教师对数字资源的认识和应用情况		考核与课程标准吻合度及改进情况
			采用数字化策略进行考核情况
			机会均等情况
			研究结果应用情况
			管理者采用技术情况
			家长和社区借助技术参与学校管理的情况

（二）国内教育信息化评价指标

陈金华（2017）根据相关研究，从评价范围上分为：国家尺度、省域尺度、区域尺度、县域尺度、校域尺度等 5 个层面。

国家尺度（层面）：1997 年国务院召开第一次全国信息化工作会议正式提出了国家信息化体系六要素，即信息网络、资源、应用、产业、人才和政策、法规、标准；省域尺度（层面）：如赵克进（2007）构建的上海市基础教育信息化指标体系，赵霞霞（2014）构建的甘肃省基础教育信息化指标体系，杨永贤等（2014）构建的宁夏基础教育信息化评估指标体系，张屹（2015）构建的 X 省基础教育信息化应用测评指标体系等。

区域尺度（层面）：岑健林（2010）构建的佛山地区基础教育信息化指标体系，卢延强（2014）构建的濮阳市教育信息化评价的指标体系，李文光等（2014）构建的深圳市教育信息化评价的指标体系等。

县域尺度（层面）：郑朝辉（2013）构建的县域教育信息化评价的指标体系，胡超等（2013）构建的县域教育信息化评价的指标体系。

校域尺度（层面）：王珠珠、黄荣怀（2005）在借鉴中外有关评价指标的基础上，构建

① 参见黄晓：《陕西省中小学教育信息化评价指标体系研究》，陕西师范大学硕士学位论文，2016 年 5 月。

了中小学教育信息化评价指标体系，肖玉敏(2009)、武滨(2014)、赵晓声等(2014)等也分别提出了校域尺度的指标体系。

从评价的内容上将其分为三个流派：

“绩效”评估流派：包括谢幼如(2016)的《引领与推动：教育信息化绩效评价》；解月光(2015)的《农村基础教育信息化绩效评估及发展研究》等。

“均衡”测评流派：包括卢晓旭(2016)的《县域基础教育发展均衡性测评研究》；李桂荣(2016)的《县域基础教育均衡发展监测机制研究》等。

“水平”测评流派：包括张屹，杨宗凯，刘清堂(2015)《湖北省基础教育信息化评测与发展研究》，曹培杰(2014)的《深度融合视角下的基础教育信息化评估研究》等。这里选择三个有代表性的研究成果加以呈现(见表2-17、表2-18、表2-19)。

表2-17　**王珠珠等构建的教育信息化评价指标体系**

一级指标	二级指标
设施	学生用机比例
	教师用机比例
	学生家庭用机比例
	学校接入互联网比例和方式
资源	学校拥有自制资源的总量
	学校拥有网站/网页的比例
	拥有的出版物，CD，DVD总量
	网络课程总数
	信息化教育节目播出时间
素养	掌握信息技术专业知识的教师比例
	信息技术课的开课率
	学生平均上机时间
	拥有专任信息技术教师的比例
	获得相应证书的比例

一级指标	二级指标
应用	信息技术在学科教学中的应用
	拥有邮箱账号的比例
	应用教育管理信息系统的学校比例
	能够应用信息技术为社区服务的学校比例
	使用互联网学习和研究的比例
	使用信息技术获取信息的师生比例
管理	学校经费投入比例
	有信息化规划的学校比例
	有专人领导信息化建设的学校比例
	学校领导经常使用信息技术的比例
	有网络安全保障和维护措施的学校比例
	有信息化规章制度的学校比例

表2-18　**吴砥等构建的基础差教育信息化评价体系**

一级指标	二级指标	一级指标	二级指标
基础设施建设	每百名学生拥有教学用终端数	管理信息化	教育管理信息化达到基本要求的比例
	建立校园网的学校比例		门户网站建设
	每百名学生配有多媒体教室座位数		办公自动化系统应用水平
	校均网络接入带宽		教学管理信息化水平

续表

一级指标	二级指标	一级指标	二级指标
数字化教学资源	生均数字视频教学资源量	保障机制	设立校级信息化主管领导的学校比例
	生均数字文献资源量		教师信息技术教学应用能力达标比例
	生均电子图书总量		信息化经费投入占总经费投入的比例
	教学软件拥有率		规章制度和管理机制制定的比例
	软件平台开发水平		
教与学应用	网络课程占总开设课程比例		
	资源应用与共享水平		
	学生信息化学习能力达到基本要求的比例		
	师生拥有实名网络学习空间的比例		
	教师信息化教学能力		
	学生信息化学习能力		

表 2-19 **陈金华的县域基础教育信息化发展水平动态测评指标体系**

一级指标	二级指标	一级指标	二级指标
基础教育信息化规划	教育信息化总投入百分率	基础教育信息化人才	副校级以上教育信息化主管比例
	校长教育信息化领导力		ICT 专职教师比例
	教育信息化规划合理程度		ICT 高级职称教师比例
基础教育信息化设施	智慧校园建设满意度	基础教育信息化保障	教育信息化纳入职优评比
	交互式白板教室比例		道德和法规引导力度
	学生网络空间比例		设备维护满意度
	宽带网络校校通速率		教师人均每年培训次数
基础教育信息化资源	教学资源的总容量	基础教育信息化效果	学校教育信息化全县排名
	应用资源的学时比例		学生信息化获奖比例
	学科素材种类丰富度		教师信息化获奖比例
	校园网更新频率		名师优课建设满意度
基础教育信息化应用	微课教学所占比例		
	学生电子作业比例		
	学科 ICT 整合覆盖比例		
	学生 ICT 课时比例		
	教师网络教研比例		

二、经济欠发达地区义务教育信息化供给适度评价指标

国内外组织和专家学者构建的教育信息化评价指标体系，为研究经济欠发达地区义务教育信息化供给适度的测评指标提供了十分重要的指导。但是，本研究与已有研究从研究对象范围和具体内容上看存在诸多不同：一是本研究的对象范围既不是国家层面、省域层面、县域层面、学校层面，也不是全国整体或经济发达地区或经济不发达地区，而是经济欠发达地区；二是从研究的内容上看，不是或者不仅仅是对义务教育信息化的建设水平、绩效、均衡方面的评价，而是对义务教育信息化供给适度的分析，因此，不能完全照搬现有的指标体系，需要构建义务教育信息化供给适度的指标体系。

(一)构建经济欠发达地区义务教育信息化供给适度指标体系的基本原则

1. 科学性原则

构建经济欠发达地区义务教育信息化供给适度测评的指标体系，必须遵循科学性原则。就是既要考虑到经济欠发达地区的经济发展水平不高但具有一定的成长性、信息化程度不高和人口科学文化素质较低等方面的特征，又要关注义务教育信息化的基础性、免费性质和统一性的特征，又要考虑影响义务教育信息化供给适度的政策、经费投入、教师信息素养、信息技术指导教师及教育信息资源教师、学校领导的支持等方面的因素。只有综合考虑上述内容，选择具有理论依据和明确现实意义的指标，而不是完全照搬已有研究提供的指标体系，才有可能构建适合经济欠发达地区义务教育信息化供给适度测评的指标体系。

2. 可操作性原则

可操作性原则就是在遵照科学性原则的前提下，经济欠发达地区义务教育信息化供给适度测评的指标选择，要明确、通俗易懂，选择的指标要具备数据采集特别是官方数据的易获得性，指标在供给适度测评中指向明确，具备易处理性等方面的要求。对于无法量化较为主观需要通过访谈获取证据的指标，如学校领导的支持、教师对信息化融入学科教学中的态度等要尽量减少设置；对于不符合我国义务教育信息化发展实际的诸如“学校接入互联网比例和方式”以及教育 2. 0 和最新国家相关政策(比如破“五唯”的评奖)等方面的指标不加以设置。

3. 全面性原则

此原则就是选择的评级指标要能较为全面地反映经济欠发达地区义务教育信息化的发展水平，义务教育信息化的供给水平；要能全面覆盖影响义务教育信息化供给适度的因素，包括政策的制定与执行、义务教育信息化经费投入、教师信息素养、信息技术指导及教育信息资源教师、学校领导的支持等方面的指标。

(二)经济欠发达地区义务教育供给适度测评的指标

按照确定的指标选择原则，结合影响义务教育信息化供给的影响因素及经济欠发达地区的特征，确定经济欠发达地区义务教育信息化供给适度的指标体系。

1. 义务教育信息化基础设施指标

(1)生机比：义务教育学校每个学生拥有的计算机数(特别是生均拥有的教学用计算机数，平板电脑数)；

(2)师机比：义务教育学校任教师拥有的教学用计算机数；

(3)网络多媒体教室数占教室总数的比例：每个班级拥有的网络多媒体教室数(普通教室中网络多媒体教室的比例，特别是每个班级拥有的普通教室中的网络多媒体教室数)；

(4)生(师)均电子图书：每个学生(教师)拥有的电子图书数。

2. 制度建设及学校领导支持方面的指标

(1)义务教育信息化发展的相关政策、规划的制定；

(2)义务教育信息化建设经费保障机制、义务教育信息化过滤机制、义务教育信息化发展水平监测评价机制建立的情况；

(3)学校领导对教育信息化的支持程度(即教育信息化领导力)。

3. 信息化建设经费投入方面的指标

(1)信息化建设经费占总经费投入的比例；

(2)生均信息化建设经费占生均经费的比例；

(3)财政性信息化建设经费占财政性教育经费的比例；

(4)教师信息化培训经费占信息化建设经费的比例；

(5)信息化建设经费来源的占比。

4. 教师信息素养方面的指标

(1)分性别、教龄的教师运用信息技术的态度；

(2)分性别、教龄的教师参加信息技术培训占比；

(3)分性别、教龄的教师整合信息技术到学科教学的占比；

(4)信息技术培训的形式；

(5)教师每年参加不同形式信息技术培训的时间。

5. 信息技术指导和教育信息资源教师的配备方面的指标

(1)专职信息指导教师的数量；

(2)专职教育信息资源教师的数量。

需要再次说明的是，上述的经济欠发达地区义务教育信息化供给适度的指标体系是对原有制定的调研指标体系进行修订的结果，因为考虑到我国义务教育信息化发展的实际情况，包括教育部科技司发布的《2020 年 12 月教育信息化和网络安全工作月报》显示的数据："截至 2020 年底，全国中小学(含教学点)网络接入率达 100%，未联网学校实现动态清零，出口带宽 100M 以上的学校比例达 99. 92%，98. 35%的中小学拥有多媒体教室，数量达到 429 万间，其中 83. 16%的学校实现多媒体教学设备全覆盖。"因此，对原有指标体系中的互联网接入率、宽带网络校校通速率等指标进行了删除。

第三章 经济欠发达地区义务教育信息化基础设施现状分析

本章主要基于构建的义务教育信息化供给适度指标中的教育信息化基础设施建设的指标对经济欠发达区义务教育信息化发展现状进行评价分析，数据来源于《中国教育统计年鉴 2018》。

第一节 经济欠发达地区小学教育信息化基础设施建设现状

为了较为准确地反映经济欠发达地区小学教育信息化基础设施建设情况，从整体情况和城乡两个层面展开分析。表 3-1 为 2018 年全国各地区小学教育信息化基础设施建设水平。

表 3-1　　2018 年全国各地区小学教育信息化基础设施建设水平

	Scr		Tcr		Sebr		Tebr		Mcr	
全国总计	8.81		0.46		1.61		30.91		0.74	
北京	4.33	1	0.26	1	0.61	18	10.33	19	0.95	3
天津	6.45	4	0.40	12	3.87	2	62.89	2	0.93	4
河北	7.70	10	0.41	13	1.06	9	19.68	8	0.73	19
山西	7.87	12	0.51	17	0.63	17	9.68	22	0.69	22
内蒙古	8.09	13	0.55	21	0.52	23	7.76	24	0.89	8
辽宁	6.75	7	0.39	9	0.67	14	11.65	16	0.76	18
吉林	9.84	22	0.74	30	1.04	10	13.84	14	0.48	30
黑龙江	9.06	19	0.62	27	0.55	22	8.08	23	0.79	16
上海	5.24	2	0.30	3	0.57	21	10.12	21	0.98	2
江苏	7.75	11	0.39	11	1.33	6	26.35	5	0.89	10
浙江	5.35	3	0.27	2	1.25	8	24.99	6	0.99	1
安徽	8.20	14	0.39	10	0.69	13	14.59	13	0.77	17
福建	9.15	20	0.46	14	0.67	15	13.36	15	0.87	11
江西	17.39	31	0.88	31	0.19	30	3.72	30	0.71	20

续表

	Scr		Tcr		Sebr		Tebr		Mcr	
山东	7.41	8	0.39	8	0.35	25	6.75	25	0.92	5
河南	12.76	29	0.64	28	0.51	24	10.21	20	0.51	29
湖北	10.12	23	0.50	15	0.83	12	16.87	10	0.70	21
湖南	14.41	30	0.66	29	0.67	16	14.63	12	0.47	31
广东	7.51	9	0.32	4	9.61	1	224.26	1	0.92	7
广西	11.59	28	0.60	26	0.87	11	16.77	11	0.67	24
海南	10.46	24	0.54	19	0.59	19	11.41	17	0.62	25
重庆	8.55	18	0.50	16	1.36	5	23.03	7	0.92	6
四川	11.17	27	0.54	20	0.30	27	6.20	26	0.56	28
贵州	11.08	26	0.57	24	0.58	20	11.38	18	0.85	13
云南	9.16	21	0.52	18	0.22	29	3.93	29	0.68	23
西藏	8.38	17	0.56	23	0.16	31	2.37	31	0.58	27
陕西	6.45	5	0.35	5	1.60	4	29.05	4	0.81	15
甘肃	8.23	15	0.56	22	1.31	7	19.14	9	0.81	14
青海	8.36	16	0.39	7	1.63	3	35.30	3	0.59	26
宁夏	6.51	6	0.36	6	0.31	26	5.68	27	0.86	12
新疆	10.63	25	0.57	25	0.23	28	4.30	28	0.89	9
欠发达地区	8.99		0.45		1.96		39.30		0.84	

注：Scr 为生机比，在校生数与教学用计算机数的比例，数值越小表明每位学生拥有的教学用计算机数越多；Tcr 为师机比，专任教师数与教学用计算机数的比例，数值越小，表明每位教师拥有的教学用的计算机数越多。Sebr 为生均电子图书，每个学生拥有的电子图书册数，数字越大，表明每个学生拥有的电子图书数越多；Tebr 为教师人均拥有的电子图书，数值越大，表明每个教师拥有的电子图书数量越多；Mcr 为普通教室中多媒体网络教室占比，数值越大，表明多媒体网络教室数越多。表中数据相同，但排名不同，是精确到小数点后 4 位的结果，表中只显示了小数点后两位数，以下不再一一说明。

一、小学教育信息化基础设施建设的整体水平

表 3-1 准确地反映了 2018 年全国小学信息化基础设施建设的水平(灰色底纹代表的是全国排名)。

(一)生机比的情况

从生机比来看，全国平均水平为 8.81∶1，也就是说，全国 8.81 个小学生才拥有一台计算机，经济欠发达地区这一数值为 8.99∶1，这说明，在生机比方面，经济欠发达地区低于全国平均值，也就是说，经济欠发达地区每位小学生拥有的教学用计算机数量要高

于全国平均水平。在经济欠发达地区中，除了宁夏、陕西、重庆、广东、山东、安徽、浙江、辽宁、天津9个省区市低于全国平均值外，其余9个省区市都高于全国平均值，特别是江西、河南、湖北、湖南、四川、海南、新疆7个省区市都超过10：1，江西更是达到了17.39：1；而经济不发达地区中甘肃、青海、西藏、山西、河北5个省份的生机比都低于经济欠发达地区的值，只有广西、贵州两个省份的生机比超过了10：1，但未超过12：1。

从生机比的全国排名来看，经济欠发达地区18个省份中，浙江(全国排名第3)、天津(全国排名第4)、陕西(全国排名第5)、宁夏(全国排名第6)、辽宁(全国排名第7)、山东(全国排名第8)、广东(全国排名第9)7个省区市进入到全国前10名；福建(全国排名第20)、湖北(全国排名第23)、海南(全国排名第24)、新疆(全国排名第25)、四川(全国排名第27)、河南(全国排名第29)、湖南(全国排名第30)、江西(全国排名第31)8个省份排在全国20名及以后，后7个省份进入全国倒数10名的行列，江西、湖南、河南分别排名全国倒数的第1名、第2名、第3名。

(二)师机比的情况

从师机比来看，全国平均水平为46：100，也就是说平均46个教师拥有100台教学用的电脑，经济欠发达地区为45：100，稍高于全国平均水平。但经济欠发地区中，内蒙古、江西、河南、湖北、湖南、海南、重庆、四川、新疆等9个省区市的师机比都高于全国和经济欠发达地区的平均值，福建与全国平均值持平，但高于经济欠发达地区的平均值，特别是江西为88：100，为全国31个省份最高；而经济不发达地区中河北、青海、宁夏3个省份的师机比低于全国及经济欠发达地区的平均值。

从师机比的全国排名来看，经济欠发达地区的浙江(全国排名第2)、广东(全国排名第4)、陕西(全国排名第5)、宁夏(全国排名第6)、山东(全国排名第8)、辽宁(全国排名第9)、安徽(全国排名第10)7个省区市进入了全国前10名；四川(全国排名第20)、内蒙古(全国排名第21)、新疆(全国排名第25)、河南(全国排名第28)、湖南(全国排名第29)、江西(全国排名第31)6个省份排在全国20名以后，后4个省份排名进入全国倒数10名的行列，江西、湖南、河南分别排在全国倒数第1名、第2名和第3名。

(三)生均电子图书的情况

从生均电子图书上看，全国平均值为1.61，也就是说，平均每个小学生拥有1.61册电子图书，经济欠发达地区为1.96，明显高于全国平均水平。但经济欠发达地区除了广东和天津外，其余16个省份的生均电子图书都低于全国平均值和经济欠发达地区的平均值，江西最低，只有0.19，并且为全国最低。

从生均电子图书的全国排名来看，经济欠发达地区的广东(全国排名第1)、天津(全国排名第2)、陕西(全国排名第4)、重庆(全国排名第5)、浙江(全国排名第8)5个省份进入全国前10名行列；内蒙古(全国排名第23)、河南(全国排名第24)、山东(全国排名第25)、宁夏(全国排名第26)、四川(全国排名第27)、新疆(全国排名第28)、江西(全国排名第30)等7个省份排在全国20名以后，并且全部排名在全国倒数10名之列，其中江西新疆、四川分别排列全国倒数的第 2 名、第 4 名和第 5 名。

(四)师均电子图书的情况

从师均电子图书上看，全国平均值为 30.91，也就是说平均每个小学教师拥有 30.91 册电子图书，经济欠发达地区的平均值为 39.3，高于全国平均水平。但经济欠发达地区除了天津和广东外，其余 16 个省份都低于全国和经济欠发达地区的平均水平，江西最低，只有 3.72，并且为全国最低。

从全国排名上看，广东(全国排名第 1)、天津(全国排名第 2)、陕西(全国排名第 4)、浙江(全国排名第 6)、重庆(全国排名第 7)、湖北(全国排名第 10)6 个省份进入全国前 10 名；河南(全国排名第 20)、内蒙古(全国排名第 24)、山东(全国排名第 25)、四川(全国排名第 26)、宁夏(全国排名第 27)、新疆(全国排名第 28)、江西(全国排名第 30)7 个省份排名在全国 20 名以后，后 6 个省份全部进入全国倒数 10 名的行列，江西、新疆、宁夏、四川、山东分列全国倒数的第 2 名、第 4 名、第 5 名、第 6 名和第 7 名。

(五)网络多媒体教室占普通教室的比例

从网络多媒体教室占普通教室的比例来看，全国平均值为 74%，经济欠发达地区为 84%，高于全国平均水平。其中，内蒙古、浙江、福建、山东、广东、重庆、新疆 7 个省份既高于全国平均水平又高于经济欠发达地区的水平，但江西、河南、湖北、湖南、海南、四川 6 个省份不仅低于全国平均水平也低于经济欠发达地区的整体水平，其中湖南最低，只有 47%，并且为全国最低水平。

从全国排名来看，浙江(全国排名第 1)、天津(全国排名第 4)、山东(全国排名第 5)、重庆(全国排名第 6)、广东(全国排名第 7)、内蒙古(全国排名第 8)、新疆(全国排名第 9)7 个省份进入全国前 10 名；江西(全国排名第 20)、湖北(全国排名第 21)、海南(全国排名第 25)、四川(全国排名第 28)、河南(全国排名第 29)、湖南(全国排名第 31)6 个省份位列全国 20 名以后，后 4 个省份排名进入全国倒数 10 名之列，湖南、河南、四川分列全国倒数第 1 名、第 3 名和第 4 名。

二、分城乡的小学教育信息化基础设施建设水平

表 3-2 反映的是 2018 年全国各地小学分城乡的生机比、师机比和网络多媒体教室占普通教室比例的情况，表 3-3 反映的则是分城乡的三项指标在全国的排名情况。

(一)城乡生机比的情况

从生机比上看，全国城区、镇区和乡村的平均水平为 8.79∶1、10.15∶1 和 7.3∶1，从全国平均水平上看，镇区生机比高于城区，城区高于乡村，也就是说，从生机比上看，乡村小学生均拥有的计算机数要高于城区和镇区，而镇区小学生均计算机数为最低。经济欠发达地区的基本情况与全国整体情况一致，也就是乡村小学生均计算机数高于城区和镇区的学校，但可以发现经济欠发达地区无论是城区、镇区还是乡村生机比都高于全国平均值，也就是说，经济欠发达地区的城区、镇区和乡村小学生均拥有的计算机数都低于全国

平均水平。其中江西、河南、湖北、湖南、海南、新疆等6个省份城区生机比都在10以上，远远高于除了广西以外的其他经济不发达地区的水平，江西高达18.24∶1，为全国城区最低水平；镇区生机比方面也存在类似的情况，江西为全国镇区最低水平；乡村生机比方面江西、河南、湖南、四川都超过了10∶1，江西高达14∶1，为全国乡村最低水平。

从城区生机比的全国排名上看，经济欠发达地区的浙江(全国排名第3)、天津(全国排名第4)、辽宁(全国排名第5)、陕西(全国排名第7)、宁夏(全国排名第8)、山东(全国排名第10)6个省份进入全国前10名；湖北(全国排名第24)、新疆(全国排名第26)、海南(全国排名第27)、河南(全国排名第28)、湖南(全国排名第29)、江西(全国排名第31)6个省份排名在全国20名及以后，6个省份全部进入全国倒数10名行列，其中江西、湖南、河南、海南、新疆分列全国倒数第1名、第3名、第4名和第5名。

镇区的生机比排名方面，浙江(全国排名第2)、天津(全国排名第4)、陕西(全国排名第5)、宁夏(全国排名第6)、广东(全国排名第7)、辽宁(全国排名第8)、内蒙古(全国排名第9)7个省份进入全国前10名，福建(全国排名第20)、湖北(全国排名第24)、新疆(全国排名第25)、四川(全国排名第26)、河南(全国排名第29)、湖南(全国排名第30)、江西(全国排名第31)7个省份排在全国20名及以后，后6个省份进入全国倒数10名行列，江西、湖南、河南分别位列全国倒数的第1名、第2名和第3名。

乡村生机比排名方面，浙江(全国排名第2)、辽宁(全国排名第4)、宁夏(全国排名第6)、山东(全国排名第7)、天津(全国排名第8)、广东(全国排名第9)6个省份的排名进入全国前10；湖北(全国排名第20)、新疆(全国排名第26)、河南(全国排名第28)、湖南(全国排名第29)、四川(全国排名第30)、江西(全国排名第31)6个省份排在全国20名及以后，后5个省份排在全国倒数10名之列，江西、四川、湖南、河南排在全国倒数的第1名、第2名、第3名和第4名。

表3-2　**2018年全国各地分城乡小学教育信息化基础设施建设水平**

	城　区		镇　区		乡　村		城区	镇区	乡村
	Scr	Tcr	Scr	Tcr	Scr	Tcr	Mcr	Mcr	Mcr
全国平均	8.79	0.40	10.15	0.50	7.30	0.48	0.90	0.78	0.60
北京	4.51	0.25	3.96	0.26	3.01	0.27	0.97	0.85	0.90
天津	6.86	0.41	6.19	0.38	4.98	0.37	0.97	0.90	0.82
河北	8.92	0.42	8.74	0.44	6.11	0.39	0.86	0.76	0.65
山西	9.97	0.50	8.21	0.51	4.87	0.54	0.86	0.78	0.51
内蒙古	9.09	0.50	7.92	0.55	6.10	0.65	0.96	0.93	0.70
辽宁	6.95	0.35	7.84	0.47	4.82	0.41	0.90	0.74	0.53
吉林	10.28	0.61	10.54	0.74	7.86	1.02	0.71	0.49	0.28
黑龙江	8.85	0.53	9.83	0.67	7.59	0.84	0.88	0.82	0.53

续表

	城　区		镇　区		乡　村		城区	镇区	乡村
	Scr	Tcr	Scr	Tcr	Scr	Tcr	Mcr	Mcr	Mcr
上海	5.18	0.29	5.56	0.31	5.90	0.32	0.98	0.96	0.97
江苏	7.16	0.37	8.82	0.42	6.93	0.40	0.95	0.88	0.68
浙江	5.72	0.27	5.11	0.27	4.65	0.27	0.99	0.99	0.98
安徽	8.56	0.37	8.96	0.38	6.99	0.41	0.88	0.79	0.71
福建	9.78	0.43	10.18	0.51	6.68	0.42	0.94	0.92	0.76
江西	18.24	0.76	19.31	0.90	14.00	0.98	0.84	0.82	0.58
山东	8.42	0.40	8.88	0.44	4.98	0.32	0.96	0.92	0.88
河南	14.07	0.59	15.06	0.66	10.14	0.65	0.78	0.58	0.39
湖北	10.41	0.44	11.94	0.58	7.51	0.49	0.86	0.72	0.54
湖南	14.63	0.64	17.11	0.73	10.56	0.58	0.76	0.51	0.26
广东	8.62	0.32	7.41	0.33	5.20	0.31	0.97	0.92	0.85
广西	15.24	0.68	14.59	0.73	8.44	0.49	0.87	0.78	0.55
海南	13.17	0.52	11.09	0.56	7.20	0.54	0.77	0.70	0.46
重庆	8.99	0.45	9.10	0.54	6.32	0.58	0.97	0.95	0.81
四川	9.45	0.40	13.06	0.63	10.65	0.61	0.81	0.63	0.35
贵州	9.89	0.43	13.13	0.63	9.67	0.60	0.91	0.91	0.78
云南	10.75	0.49	11.56	0.64	7.76	0.49	0.82	0.74	0.63
西藏	9.91	0.61	9.15	0.64	7.68	0.52	0.86	0.62	0.50
陕西	7.29	0.33	6.40	0.35	4.73	0.41	0.90	0.82	0.68
甘肃	9.69	0.46	9.19	0.55	6.50	0.63	0.97	0.90	0.72
青海	8.25	0.38	10.17	0.43	6.93	0.36	0.77	0.72	0.44
宁夏	7.55	0.37	7.19	0.37	4.93	0.34	0.92	0.91	0.78
新疆	11.21	0.47	12.58	0.62	9.51	0.59	0.95	0.92	0.86
欠发达地区	9.07	0.45	10.22	0.50	7.37	0.47	0.90	0.77	0.58

表 3-3　　**2018 年全国各地分城乡小学教育信息化基础设施建设水平全国排名**

	城　区			镇　区			乡　村		
	Scr	Tcr	Mcr	Scr	Tcr	Mcr	Scr	Tcr	Mcr
北京	1	1	1	1	1	14	1	1	3
天津	4	13	5	4	8	12	8	8	7

续表

	城　区			镇　区			乡　村		
	Scr	Tcr	Mcr	Scr	Tcr	Mcr	Scr	Tcr	Mcr
河北	14	14	20	11	11	21	12	9	17
山西	22	23	21	10	14	20	5	19	24
内蒙古	16	22	8	9	18	4	11	28	14
辽宁	5	6	16	8	13	22	4	12	22
吉林	23	27	31	21	30	31	24	31	30
黑龙江	13	25	17	18	27	15	21	29	23
上海	2	3	3	3	3	2	10	4	2
江苏	6	7	10	12	9	13	17	10	15
浙江	3	2	2	2	2	1	2	2	1
安徽	11	9	18	14	7	18	18	13	13
福建	19	16	12	20	15	7	15	14	11
江西	31	31	24	31	31	17	31	30	19
山东	10	11	9	13	12	8	7	5	4
河南	28	26	27	29	26	29	28	27	28
湖北	24	17	23	24	20	24	20	15	21
湖南	29	29	30	30	29	30	29	21	31
广东	12	4	7	7	4	5	9	3	6
广西	30	30	19	28	28	19	25	17	20
海南	27	24	29	22	19	26	19	20	26
重庆	15	18	6	15	16	3	13	22	8
四川	17	12	26	26	23	27	30	25	29
贵州	20	15	14	27	22	10	27	24	10
云南	25	21	25	23	24	22	23	16	18
西藏	21	28	22	16	25	28	22	18	25
陕西	7	5	15	5	5	16	3	11	16
甘肃	18	19	4	17	17	11	14	26	12
青海	9	10	28	19	10	25	16	7	27
宁夏	8	8	13	6	6	9	6	6	9
新疆	26	20	11	25	21	6	26	23	5

(二)城乡师机比的情况

从师机比上看，全国城区、镇、乡村的平均水平为0.4：1、0.5：1、0.48：1，也就是说每位教师拥有的教学用的计算机数量从高到低的排列顺序为：城区、乡村、镇，镇教师拥有的教学用计算机数量最少。经济欠发达地区的情况与全国整体情况一致，并且经济欠发达地区城区师机比高于全国平均值，也就是说，经济欠发达地区城区义务教育学校平均每个教师拥有的计算机数量要低于全国平均水平，镇区义务教育学校平均每个教师拥有的教学用计算机数量与全国平均值持平，乡村教师平均拥有的教学用计算机数量稍高于全国平均水平。其中，江西、河南、湖南的城区师机比都在0.55：1以上，江西高达0.76：1为全国城区师机比最高；江西、河南、湖南、四川、新疆在镇区师机比中都在0.6：1以上，江西则是0.9：1，为全国最低水平。

从城区师机比的全国排名上看，经济欠发达地区的浙江(全国排名第2)、广东(全国排名第4)、陕西(全国排名第5)、辽宁(全国排名第6)、宁夏(全国排名第8)、安徽(全国排名第9)6个省区进入全国前10名；新疆(全国排名第20)、内蒙古(全国排名第22)、海南(全国排名第24)、河南(全国排名第26)、湖南(全国排名第29)、江西(全国排名第31)6个省区排名在全国20名及以后，后4个省份的排名进入全国倒数10名行列，江西、湖南位列全国倒数第1名和第3名。

镇区的师机比排名方面，浙江(全国排名第2)、广东(全国排名第4)、陕西(全国排名第5)、宁夏(全国排名第6)、安徽(全国排名第7)、天津(全国排名第8)6个省份进入全国前10名；湖北(全国排名第20)、新疆(全国排名第21)、四川(全国排名第23)、河南(全国排名第26)、湖南(全国排名第29)、江西(全国排名第31)6个省份排在全国20名及以后，江西、湖南排在全国倒数第1名和第3名。

乡村师机比排名方面，浙江(全国排名第2)、广东(全国排名第3)、山东(全国排名第5)、宁夏(全国排名第6)、天津(全国排名第8)5个省区的排名进入全国前10；海南(全国排名第20)、湖南(全国排名第21)、重庆(全国排名第22)、新疆(全国排名第23)、四川(全国排名第25)、河南(全国排名第27)、内蒙古(全国排名第28)、江西(全国排名第30)8个省区排在全国20名及以后，后6个省区进入全国倒数10名之列，江西、内蒙古、河南分别排在全国倒数的第2名、第4名和第5名。

(三)城乡网络多媒体教室占普通教室的比例情况

从网络多媒体教室占普通教室的比例上看，全国城区、镇区和乡村的平均水平为90%、78%和60%，城区分别高出镇区12个百分点，高出乡村30个百分点，镇区高出乡村18个百点。经济欠发达地区的基本情况与全国整体情况一致，城区高于镇区、镇区高于乡村，除了城区网络多媒体教室占普通教室的比例与全国平均水平持平外，镇区和乡村都低于全国平均水平，而且镇区与城区、乡村与城区及乡村与镇区的差异都大于全国平均水平。其中，经济欠发达地区中的安徽(88%)、江西(84%)、河南(78%)、湖北(86%)、湖南(76%)、海南(77%)、四川(81%)7个省份的城区网络多媒体教室占普通教室的比例低于全国及经济欠发达地区的平均水平，湖南位列全国倒数第2，经济欠发达地区倒数第

1；辽宁(74%)、河南(58%)、湖北(72%)、湖南(51%)、海南(70%)、四川(63%)6个省份镇区网络多媒体教室占普通教室的比例低于全国及经济欠发达地区的平均水平，湖南位列全国倒数第2，经济欠发达地区倒数第1；辽宁(53%)、河南(39%)、湖北(54%)、湖南(26%)、海南(46%)、四川(35%)6个省份乡村小学网络多媒体教室占普通教室的比例低于全国及经济欠发达地区的平均水平，湖南位列全国及经济欠发达地区的倒数第1名。

从城区网络多媒体教室占普通教室比例的全国排名上看，经济欠发达地区的浙江(全国排名第2)、天津(全国排名第5)、重庆(全国排名第6)、广东(全国排名第7)、内蒙古(全国排名第8)、山东(全国排名第9)6个省区市排名进入全国前10名；江西(全国排名第24)、河南(全国排名第27)、湖北(全国排名第23)、湖南(全国排名第30)、海南(全国排名第29)、四川(全国排名第26)6个省份排在全国20名以后，其中湖南、海南、河南、四川分列全国倒数第2名、第3名、第4名、第5名。

从镇区网络多媒体教室占普通教室比例的全国排名来看，经济欠发达地区的浙江(全国排名第1)、重庆(全国排名第3)、内蒙古(全国排名第4)、广东(全国排名第5)、新疆(全国排名第6)、福建(全国排名第7)、山东(全国排名第8)、宁夏(全国排名第9)8个省份进入全国前10名；辽宁(全国排名第22)、湖北(全国排名第24)、海南(全国排名第26)、四川(全国排名第27)、河南(全国排名第29)、湖南(全国排名第30)6个省份排名在全国20名以后，其中湖南、河南分列全国倒数第2名和第3名。

从乡村网络多媒体教室占普通教室比例的全国排名来看，经济区欠发达地区的浙江(全国排名第1)、山东(全国排名第4)、新疆(全国排名第5)、广东(全国排名第6)、天津(全国排名第7)、重庆(全国排名第8)、宁夏(全国排名第9)7个省区市排名在全国前10名；湖北(全国排名第21)、辽宁(全国排名第22)、海南(全国排名第26)、河南(全国排名第28)、四川(全国排名第29)、湖南(全国排名第31)6个省份位列全国20名以后，其中湖南、四川、河南分列全国倒数第1名、第3名和第4名。

(四)城乡生均、师均电子图书情况

表3-4较为全面地反映了2018年全国各地区小学分城乡的生均、师均电子图书情况，表3-5反映的是分城乡的生均、师均电子图书在全国的排名情况。整体上看，2018年全国及经济欠发达地区生均、师均电子图书拥有量方面，乡村高于城区，城区高于镇区，而且城区、镇区与乡村的差距很大；无论是城区、镇区还是乡村，小学生均和师均拥有的电子图书数量都高于全国平均水平。

从城区来看，生均电子图书方面，天津、湖南、广东、陕西4个省市高于全国平均水平和经济欠发达地区的平均水平，而经济欠发达地区的其他省份都低于全国和经济欠发达地区的整体水平，并且包括湖南在内的其他地区都低于经济不发达地区的河北、青海，特别是江西只有0.24册，为全国最低；从全国排名来看，天津(全国排名第1)、广东(全国排名第2)、陕西(全国排名第3)、湖南(全国排名第6)、福建(全国排名第9)、浙江(全国排名第10)6个省份进入全国前10名；新疆(全国排名第23)、湖北(全国排名第24)、四川(全国排名第25)、、山东(全国排名第26)、海南(全国排名第28)、江西(全国排名

第29)6个省份排在全国20名以后，并且是全国倒数10名之列，海南、江西分列全国倒数第4名和第3名。

城区的师均电子图书方面，也是天津、湖南、广东和陕西4个省份高于全国及经济欠发达地区的整体水平，其中广东、天津排在全国的前两位，分别为85.53册和78.49册，但其他经济欠发达地区都低于全国及经济欠发达地区的平均水平，江西为经济欠发达地区中最低，不足6册。从全国排名上看，天津(排名全国第1)、广东(全国排名第2)、陕西(全国排名第3)、湖南(全国排名第6)、福建(全国排名第9)、浙江(全国排名第10)6个省份进入全国前10名；新疆(全国排名第23)、湖北(全国排名第24)、四川(全国排名第25)、山东(全国排名第26)、海南(全国排名第28)、江西(全国排名第29)6个省份排名在全国20名以后，这6个省份在全国的排名都在倒数10名之列，江西、海南分列全国倒数的第3名和第4名。

从镇区来看，生均电子图书方面，经济欠发达地区的天津、浙江、广东、重庆4个省份生均电子图书拥有量超过了全国及经济欠发达地区的平均水平，而其余省份都低于全国及经济欠发达地区的平均水平，其中新疆和宁夏生均电子图书不足0.6册，位列全国倒数第1名和第2名。从全国排名上看，广东(全国排名第1)、天津(全国排名第2)、重庆(全国排名第4)、浙江(全国排名第5)进入全国排名前10名；四川(全国排名第20)、山东(全国排名第21)、河南(全国排名第22)、湖南(全国排名25名)、江西(全国排名第26)、辽宁(全国排名第28)、宁夏(全国排名第31)、新疆(全国排名第30)8个省份排在全国20名及以后，7个省份排在全国倒数10名内，宁夏、新疆、辽宁分列全国倒数第1名、第2名和第4名。

镇区师均电子图书方面，天津、浙江、广东、重庆4个省市高于全国及经济欠发达地区平均水平，而其他省份都低于全国和经济欠发达地区的平均水平，宁夏和新疆师均不足1.1册，排在全国倒数的第1名和第2名。全国排名方面，广东(全国排名第1)、天津(全国排名第2)、浙江(全国排名第5)、重庆(全国排名第4)、安徽(全国排名第10)5个省份进入全国前10名；河南(全国排名第20)、山东(全国排名第21)、湖南(全国排名第22)、内蒙古(全国排名第23)、江西(全国排名第25)、辽宁(全国排名第28)、宁夏(全国排名第31)、新疆(全国排名第30)8个省份排在全国20名及以后，全国倒数10名中，经济欠发达地区占了6个位置，宁夏、新疆、辽宁分别位列全国倒数的第1名、第2名和第4名。

表3-4　　**2018年全国各地分城乡小学教育信息化基础建设水平**

	城　区		镇　区		乡　村	
	Sebr	Tebr	Sebr	Tebr	Sebr	Tebr
全国平均	1.24	27.22	0.67	13.47	3.65	55.63
北京	0.68	12.11	0.08	1.26	0.24	2.63
天津	4.66	78.49	2.99	48.07	0.29	3.86

续表

	城　区		镇　区		乡　村	
	Sebr	Tebr	Sebr	Tebr	Sebr	Tebr
河北	1. 89	40. 31	0. 65	12. 96	0. 88	13. 74
山西	0. 55	10. 87	0. 34	5. 45	1. 51	13. 77
内蒙古	0. 59	10. 69	0. 27	3. 82	1. 36	12. 67
辽宁	0. 88	17. 40	0. 10	1. 59	0. 73	8. 55
吉林	1. 31	22. 20	0. 70	9. 88	1. 06	8. 17
黑龙江	0. 51	8. 53	0. 12	1. 74	2. 50	22. 47
上海	0. 38	6. 76	2. 37	43. 02	0. 03	0. 52
江苏	1. 13	22. 07	0. 98	20. 52	3. 74	65. 32
浙江	0. 91	19. 43	1. 21	23. 14	2. 81	48. 38
安徽	0. 60	13. 94	0. 46	10. 81	1. 15	19. 39
福建	0. 98	22. 12	0. 31	6. 17	0. 73	11. 53
江西	0. 24	5. 79	0. 13	2. 86	0. 24	3. 36
山东	0. 40	8. 35	0. 22	4. 42	0. 50	7. 76
河南	0. 71	16. 75	0. 20	4. 55	0. 77	11. 97
湖北	0. 45	10. 72	0. 28	5. 84	2. 65	40. 67
湖南	1. 57	36. 03	0. 18	4. 12	0. 52	9. 47
广东	3. 19	85. 53	4. 30	96. 31	41. 42	687. 47
广西	0. 15	3. 42	0. 36	7. 20	1. 87	31. 96
海南	0. 35	8. 89	0. 43	8. 50	1. 27	16. 85
重庆	0. 70	13. 97	1. 60	27. 01	3. 07	33. 69
四川	0. 41	9. 72	0. 26	5. 39	0. 23	3. 98
贵州	0. 86	19. 77	0. 30	6. 25	0. 80	12. 80
云南	0. 56	12. 07	0. 20	3. 65	0. 10	1. 61
西藏	0. 04	0. 70	0. 19	2. 67	0. 19	2. 78
陕西	2. 39	52. 47	0. 29	5. 23	3. 48	40. 40
甘肃	0. 70	14. 68	0. 90	15. 11	2. 36	24. 34
青海	1. 87	41. 09	0. 59	13. 89	2. 73	53. 18
宁夏	0. 56	11. 38	0. 05	1. 03	0. 30	4. 44
新疆	0. 49	11. 66	0. 05	1. 07	0. 22	3. 60
欠发达地区	1. 38	31. 65	0. 72	14. 93	5. 09	79. 43

表 3-5　　**2018 年全国分城乡小学教育信息化基础设施建设水平全国排名**

	城区		镇区		乡村	
	Sebr	Tebr	Sebr	Tebr	Sebr	Tebr
北京	16	17	29	29	25	29
天津	1	2	2	2	24	25
河北	4	5	9	9	16	14
山西	21	21	14	17	11	13
内蒙古	18	23	19	23	12	16
辽宁	11	12	28	28	19	20
吉林	7	7	8	11	15	21
黑龙江	22	26	27	27	8	10
上海	27	28	3	3	31	31
江苏	8	9	6	6	2	2
浙江	10	11	5	5	5	4
安徽	17	16	11	10	14	11
福建	9	8	15	15	20	18
江西	29	29	26	25	26	27
山东	26	27	21	21	22	22
河南	13	13	22	20	18	17
湖北	24	22	18	18	7	5
湖南	6	6	25	22	21	19
广东	2	1	1	1	1	1
广西	30	30	13	13	10	8
海南	28	25	12	12	13	12
重庆	15	15	4	4	4	7
四川	25	24	20	18	27	24
贵州	12	10	16	14	17	15
云南	20	18	22	24	30	30
西藏	31	31	24	26	29	28
陕西	3	3	17	19	3	6
甘肃	14	14	7	7	9	9
青海	5	4	10	8	6	3
宁夏	19	20	31	31	23	23
新疆	23	19	30	30	28	26

从乡村来看，生均电子图书方面，只有广东省超过了全国及经济区欠发达地区的整体水平，高达41.42册。天津、辽宁、福建、江西、山东、河南、湖南、四川、宁夏、新疆等10个省份的生均电子图书不到1册，新疆为全国倒数第四，只有0.22册。从全国排名上看，广东(全国排名第1)、浙江(全国排名第2)、陕西(全国排名第3)、湖北(全国排名第7)、重庆(全国排名第10)5个省份的排名进入全国前10；福建(全国排名第20)、湖南(全国排名第21)、山东(全国排名第22)、宁夏(全国排名第23)、天津(全国排名第24)、江西(全国排名第26)、四川(全国排名第27)、新疆(全国排名第28)8个省份排在全国20名及以后，6个省份排名在全国倒数10名之列，新疆、四川、江西分列全国倒数第4名、第5名、第6名。

乡村师均电子图书方面，也只有广东省超过了全国及经济欠发达地区的平均水平，高达687.5册。天津、江西、新疆、四川、宁夏不及全国平均水平的1/10。从全国排名上看，广东(全国排名第1)、浙江(全国排名第4)、湖北(全国排名第5)、陕西(全国排名第6)、重庆(全国排名第7)5个省份进入全国前10名；辽宁(全国排名第20)、山东(全国排名第22)、宁夏(全国排名第23)、四川(全国排名第24)、天津(全国排名第25)、新疆(全国排名第26)、江西(全国排名第27)7个省份位列全国20名及以后。

三、小学教育信息化基础设施建设水平的综合排名

由上面的分析可以看出，从反应小学信息化基础设施建设水平的生机比、师机比、生均电子图书、师均电子图书以及网络多媒体教室占普通教室的比例指标来看，经济欠发达地区小学的教育信息化基础设施建设水平仍然较低，而且经济欠发达地区小学教育信息化基础设施建设水平两极分化较严重。为了更加全面了解2018年经济欠发达地区小学教育信息化基础设施建设水平地区间的分布情况，按照5项指标在全国前10名和后20名出现的频次，对经济欠发达地区小学教育信息化基础设施建设水平的地区分布加以粗略分析。

由表3-6可以发现，①从衡量整体发展水平的五项指标的全国排名情况来看，18个经济欠发达地区排名在全国前10名的频次为32，而在全国20名以后的排名频次为33，这说明经济欠发达地区小学教育信息化发展的整体水平处于及格线，还需要大力提升。②从分城乡的五项指标上看，经济区欠发达地区18个省份在城区、镇区、乡村的全国排名前10的频次依次为30、30、28，城区、镇区、乡村全国后20名的频次依次为31、33、34，城区、镇区和乡村都呈现出全国前10名的频次低于全国20名以后的频次的情况，这说明经济欠发达地区城区、镇区、乡村的教育信息化基础设施建设水平都有待进一步提高。③从排名频次的分布来看，整体发展水平中排名全国前10名的地区中，广东、浙江各为5次，天津、陕西各为4次，山东、重庆各为3次，辽宁、宁夏各为2次，新疆、湖北、安徽、内蒙古各为1次，只有12个省份进入到全国前10名的行列，广东、浙江就占据了近1/3，广东、浙江、天津、陕西四个省份的频次为总频次的56%以上，这表明经济欠发达地区只有较少数的地区在小学教育信息化基础设施建设中有较好的表现；排名在全国后20名的分布情况是江西、河南、四川3个省份各5次，新疆3次，宁夏、海南、湖南、湖北、山东、辽宁6个省份各2次，福建1次，也就是说，在经济欠发达地区中有11个

省份小学教育信息化基础设施建设水平较低，江西、河南、四川 3 个省份是最差的，新疆次之，这充分说明，经济欠发达地区小学教育信息化基础设施建设水平较高的省份主要集中在个别省份，发展水平较低的省份相对数量较多也呈现出较为集中的特点。由此，不难做出如下判断：经济欠发达地区小学教育信息化基础设施建设的整体水平较低，地区发展的不均衡状态十分严重。

表 3-6　**2018 年经济欠发达地区全国排名频次**

	整体发展水平		城　区		镇　区		乡　村	
	前 10 名	后 20 名	前 10 名	后 20 名	前 10 名	后 20 名	前 10 名	后 20 名
天津	4		4		4		3	2
内蒙古	1	3	1	1	2	1		1
辽宁	2		2		1	3	1	2
浙江	5		5		5		5	
安徽	1		1		2			
福建		1	2	1	1			1
江西		5		5		4		4
山东	3	2	2	2	1	2	3	2
河南		5		3		5		3
湖北	1	2		4		2	2	2
湖南		2	2	3		5		4
广东	5		4		5		5	
海南		2		5		1		1
重庆	3		1		3		3	1
四川		5		3		4		5
陕西	4		4		2		2	
宁夏	2	2	2		3	2	3	2
新疆	1	4		4	1	4	1	4
总计	32	33	30	31	30	33	28	34

从具体的省份来看，经济欠发达地区只有浙江、广东、安徽、陕西 4 个省份在所有指标的排名中没有出现全国后 20 名的情况，只有浙江一个省份在整体发展水平和分城乡的发展水平的五项指标中的排名全部在全国前 10 名，其次是广东，共有 19 次排名在全国前

10名，陕西在全国前10名的频次为12，安徽为4次。所有指标的排名全部在全国20名以后的有江西(18次)、四川(17次)、河南(16次)、四川(15次)，这说明这4个省份无论是整体水平还是分城乡的小学教育信息化基础设施水平还较低，需要在教学用计算机、电子图书和网络多媒体教室方面的建设下更大的力气。

对于其他省份而言，可以针对表3-6的频次情况，结合全面具体的分析，有针对性的提升对应指标的水平，进而提升小学教育信息化基础设施建设的整体水平。如天津在整体发展水平、城区和镇区没有全国20名以后的情况，在乡村小学教育信息化基础设施建设有2次排名在全国20名以后(乡村生均和师均电子图书排在全国的第24名和第25名)，这就需要天津在乡村小学教育信息化基础设施建设上要精准施策，要购买更多的电子图书供学生和教师使用。

第二节　经济欠发达地区普通初中教育信息化基础设施建设水平

为了较为准确地反映经济欠发达地区普通初中教育信息化基础设施建设水平，从整体水平和分城乡的发展水平两个层面展开分析。

一、普通初中教育信息化基础设施建设的整体水平

表3-7准确地反映了2018年全国普通初中教育信息化基础设施建设的整体水平(灰色底纹代表的是全国排名)。

(一)生机比的情况

从生机比来看，全国平均水平为6.45∶1，也就是说，全国6.45个初中学生才拥有一台计算机，经济欠发达地区这一数值为6.43∶1，这说明，在生机比方面，经济欠发达地区高于全国平均值，也就是说，经济欠发达地区每位初中学生拥有的教学用计算机数要高于全国平均数。在经济欠发达地区中，浙江、天津、内蒙古、辽宁、山东、广东、陕西、宁夏、新疆9个省区市的生机比低于全国及经济欠发达地区的平均值，其余9个省区市都高于全国平均值，福建、江西、河南、湖南、海南、重庆6个省区市的生机比超过了8∶1，特别是江西、福建、重庆三个省份的生机比超过了10∶1，江西更是达到了11.74∶1；而经济不发达地区中甘肃、青海2个省份的生机比都低于全国和经济欠发达地区的平均值，只有广西、西藏两个省区的生机比超过了10∶1。

从生机比的全国排名上看，经济欠发达地区18个省区市中，浙江(全国排名第3)、辽宁(全国排名第4)、广东(全国排名第5)、山东(全国排名第7)、陕西(全国排名第8)、宁夏(全国排名第9)6个省区市进入到全国前10名；四川(全国排名第20)、湖北(全国排名第21)、海南(全国排名第24)、湖南(全国排名第25)、河南(全国排名第26)、福建(全国排名第28)、重庆(全国排名第29)、江西(全国排名第31)8个省区市排在全国20名及以后，后6个省区市进入全国排名倒数十名之列，并且，江西、重庆、福建分别排名全国倒数的第1名、第3名、第4名。

表 3-7　**2018 年全国各地区普通初中教育信息化基础设施建设水平**

	Scr		Tcr		Sebr		Tebr		Mcr	
全国总计	6.45		0.49		1.43		18.94		0.82	
北京	3.06	2	0.35	4	1.01	17	8.72	23	0.93	10
天津	5.93	12	0.54	15	3.40	2	37.51	2	0.91	12
河北	7.63	22	0.51	12	2.33	6	34.71	3	0.82	17
山西	6.53	16	0.62	22	0.96	18	10.17	19	0.78	22
内蒙古	6.32	13	0.56	17	1.17	14	13.36	15	0.95	2
辽宁	4.20	4	0.41	9	0.91	19	9.31	20	0.79	21
吉林	6.73	18	0.68	26	2.25	7	22.39	7	0.56	3
黑龙江	6.48	15	0.63	23	0.66	22	6.80	25	0.81	19
上海	2.78	1	0.25	1	1.22	12	13.43	14	0.94	7
江苏	4.58	6	0.36	5	2.49	4	31.59	5	0.90	13
浙江	3.39	3	0.26	2	1.69	8	21.69	8	0.97	1
安徽	6.58	17	0.48	11	1.35	10	18.56	11	0.79	20
福建	10.03	28	0.75	29	0.60	24	8.06	24	0.93	9
江西	11.74	31	0.69	27	0.21	30	3.56	28	0.81	18
山东	5.11	7	0.40	7	1.51	9	19.38	9	0.92	11
河南	9.64	26	0.65	25	0.59	25	8.79	22	0.69	28
湖北	7.45	21	0.58	19	1.17	13	14.97	13	0.78	23
湖南	9.09	25	0.64	24	0.75	21	10.62	18	0.59	30
广东	4.57	5	0.34	3	4.92	1	66.76	1	0.94	4
广西	11.68	30	0.73	28	1.13	15	18.17	12	0.88	14
海南	8.43	24	0.60	21	1.33	11	18.67	10	0.75	25
重庆	10.84	29	0.76	30	0.89	20	12.80	16	0.94	5
四川	7.32	20	0.55	16	0.24	28	3.18	30	0.67	29
贵州	7.18	19	0.51	13	0.64	23	8.98	21	0.86	15
云南	8.24	23	0.59	20	0.24	29	3.30	29	0.75	24
西藏	10.01	27	0.77	31	0.12	31	1.54	31	0.71	27
陕西	5.15	8	0.45	10	2.43	5	27.74	6	0.82	16
甘肃	5.90	11	0.53	14	1.09	16	12.05	17	0.95	3
青海	5.56	10	0.40	8	2.51	3	34.58	4	0.73	26
宁夏	5.41	9	0.37	6	0.46	26	6.69	26	0.94	6
新疆	6.37	14	0.56	18	0.40	27	4.50	27	0.93	8
欠发达地区	6.43		0.48		1.43		19.25		0.81	

(二)师机比的情况

从师机比上看，全国平均水平为49：100，也就是说平均49个教师拥有100台教学用的电脑，经济欠发达地区为48：100，稍高于全国平均水平。但经济欠发地区中，天津、内蒙古、福建、江西、河南、湖北、湖南、海南、重庆、四川、新疆等11个省区市的师机比都高于全国和经济欠发达地区的平均值，安徽的师机比与经济欠发达地区平均值持平，福建、江西、河南、湖南、海南、重庆的生机比达到了60：1及以上，重庆的师机比达到了77：100，为全国31个省区市第2高；而经济不发达地区中青海的师机比低于全国及经济欠发达地区的平均值。

从师机比的全国排名来看，经济欠发达地区的浙江(全国排名第2)、广东(全国排名第3)、宁夏(全国第6名)、山东(全国排名第7)、辽宁(全国排名第9)、陕西(全国排名第10)6个省区进入了全国前10名；海南(全国排名第21)、湖南(全国排名第24)、河南(全国排名第25)、江西(全国排名第27)、福建(全国排名第29)、重庆(全国排名第30)6个省区市排在全国20名以后，后5个省区市进入全国排名倒数10名之列，重庆、福建分别排在全国倒数第2名和第3名。

(三)生均电子图书的情况

从生均电子图书上看，全国平均值为1.43：1，也就是说，平均每个小学生拥有1.43册电子图书，经济欠发达地区也为1.43：1，与全国平均水平持平。经济欠发达地区的广东、天津、浙江、山东、陕西5个省区市的生均电子图书高于全国平均值，其余13个省区市的生均电子图书都低于全国平均值，江西最低，只有0.21：1，并且为全国倒数第2。

从生均电子图书的全国排名来看，经济欠发达地区的广东(全国排名第1)、天津(全国排名第2)、陕西(全国排名第5)、浙江(全国排名第8)、山东(全国排名第9)5个省区市进入全国前10名；重庆(全国排名第20)、湖南(全国排名第21)、福建(全国排名第24)、河南(全国排名第25)、宁夏(全国排名第26)、新疆(全国排名第27)、四川(全国排名第28)、江西(全国排名第30)8个省区市位列全国倒数20名之列，后6个省份进入全国倒数10名之列，江西、四川、新疆、宁夏、河南、福建分列全国倒数第2名、第4名、第5名、第6名、第7名和第8名。

(四)师均电子图书的情况

从师均电子图书上看，全国平均值为18.94：1，也就是说平均每个普通初中教师拥有18.94册电子图书，经济欠发达地区的平均值为19.25：1，高于全国平均水平。经济欠发达地区的广东、天津、浙江、山东、陕西5个省市的师均电子图书高于全国和经济欠发达地区的平均值，其余13个省区市都低于全国和经济欠发达地区的平均水平，四川最低，只有3.18：1，为全国倒数第2名。

从全国排名上看，广东(全国排名第1)、天津(全国排名第2)、陕西(全国排名第

6)、浙江(全国第8名)、山东(全国排名第9)、海南(全国排名第10)6个省区市进入全国前10名行列；辽宁(全国排名第20)、河南(全国排名第22)、福建(全国排名第24)、宁夏(全国排名第26)、新疆(全国排名第27)、江西(全国排名第28)、四川(全国排名第30)7个省区市排在全国20名及以后，后6个省区市进入全国倒数10名之列，四川、江西、新疆、宁夏分列全国倒数第2名、第4名、第5名和第6名。

(五)网络多媒体教室占普通教室的比例

从网络多媒体教室占普通教室的比例来看，全国平均值为82%，经济欠发达地区为81%，低于全国平均水平。其中，天津、内蒙古、浙江、福建、山东、广东、重庆、宁夏、新疆9个省区市高于全国平均水平，陕西与全国平均值持平。但辽宁、安徽、河南、湖北、湖南、海南、四川7个省份都低于经济欠发达地区的平均水平，湖南最低，只有59%，为全国倒数第二。

从全国排名上看，浙江(全国排名第1)、内蒙古(全国排名第2)、广东(全国排名第4)、重庆(全国排名第5)、宁夏(全国排名第6)、新疆(全国排名第8)、福建(全国排名第9)7个省份进入了全国前10名的行列，安徽(全国排名第20)、辽宁(全国排名第21)、湖北(全国排名第23)、海南(全国排名第25)、河南(全国排名第28)、四川(全国排名第29)、湖南(全国排名第30)7个省份排在全国20名及以后，后5个省份进入全国倒数10名的行列，湖南、四川、河南分列全国倒数第2名、第3名和第4名。

二、分城乡的普通初中教育信息化基础设施建设水平

表3-8反映的是2018年全国各地初中分城乡的生机比、师机比和网络多媒体教室占普通教室比例的情况，表3-9反映的则是分城乡的三项指标在全国的排名情况。

(一)城乡生机比的情况

从生机比上看，全国城区、镇区和乡村的平均水平为5.97∶1、7.16∶1和5.68∶1，从全国平均水平上看，镇区生机比高于城区，城区高于乡村，也就是说，从生机比上看，乡村小学生均拥有的计算机数要高于城区和镇区，而镇区小学生均计算机数为最低。经济欠发达地区的基本情况与全国整体情况一致，也是乡村小学生均计算机数高于城区和镇区的学校；经济欠发达地区城区普通学生拥有的计算机数要低于全国平均水平，镇区和乡村普通初中学生拥有的计算机数量要高于全国平均水平。其中福建、江西、湖南、海南、重庆等5个省市城区生机比都在10以上，远远高于除了广西以外的其他经济不发达地区的水平，重庆高达12.56∶1，为全国城区最低水平；镇区生机比方面福建、江西、河南、重庆4个省份的生机比超过了10∶1，江西为全国镇区最低水平；达到了12.47∶1；乡村生机比方面江西、河南、湖南、重庆、新疆5个省区市都超过了7∶1，江西为经济欠发达地区中的最低水平，在全国位列倒数第3。

表 3-8　　2018 年全国各地区城乡普通初中教育信息化基础设施建设水平(一)

	城　区		镇　区		乡　村		城区	镇区	乡村
	Scr	Tcr	Scr	Tcr	Scr	Tcr	Mcr	Mcr	Mcr
全国平均	5.97	0.43	7.16	0.54	5.68	0.49	0.88	0.80	0.73
北京	3.42	0.38	1.90	0.26	1.74	0.28	0.94	0.90	0.86
天津	6.44	0.58	5.19	0.46	4.72	0.44	0.93	0.90	0.85
河北	7.95	0.54	7.93	0.52	6.33	0.47	0.88	0.82	0.77
山西	8.99	0.68	5.87	0.60	4.41	0.57	0.82	0.79	0.73
内蒙古	7.50	0.59	5.93	0.55	3.80	0.44	0.96	0.96	0.90
辽宁	4.62	0.42	3.94	0.41	3.23	0.37	0.86	0.72	0.73
吉林	7.65	0.66	6.68	0.70	5.04	0.67	0.69	0.51	0.44
黑龙江	6.99	0.65	6.71	0.64	4.44	0.57	0.84	0.81	0.72
上海	2.91	0.25	2.00	0.25	2.32	0.21	0.94	0.92	0.98
江苏	4.29	0.34	4.97	0.38	4.04	0.35	0.94	0.88	0.83
浙江	3.33	0.25	3.57	0.28	3.06	0.25	0.97	0.97	0.98
安徽	6.74	0.45	7.21	0.50	5.00	0.45	0.84	0.77	0.79
福建	10.69	0.67	11.54	0.92	6.13	0.59	0.94	0.94	0.90
江西	12.48	0.68	12.47	0.71	9.22	0.64	0.83	0.82	0.77
山东	4.85	0.35	5.37	0.45	5.10	0.38	0.94	0.91	0.88
河南	9.40	0.60	10.32	0.67	8.26	0.65	0.78	0.69	0.62
湖北	7.01	0.51	8.45	0.68	6.09	0.53	0.84	0.75	0.72
湖南	10.69	0.69	9.83	0.68	6.07	0.52	0.74	0.58	0.49
广东	4.39	0.30	5.14	0.41	3.91	0.34	0.96	0.91	0.94
广西	10.96	0.65	12.50	0.78	9.78	0.65	0.85	0.90	0.86
海南	11.59	0.75	7.89	0.60	4.98	0.38	0.75	0.76	0.72
重庆	12.56	0.81	10.11	0.75	7.91	0.60	0.94	0.96	0.89
四川	7.48	0.51	8.39	0.63	4.61	0.42	0.78	0.67	0.59
贵州	6.31	0.42	7.69	0.56	6.73	0.52	0.79	0.89	0.86
云南	9.43	0.62	8.85	0.63	6.72	0.51	0.80	0.75	0.73
西藏	8.03	0.55	9.52	0.86	15.84	0.90	0.83	0.69	0.64
陕西	6.49	0.46	4.60	0.45	3.83	0.46	0.89	0.81	0.73
甘肃	6.27	0.46	6.49	0.58	4.25	0.53	0.97	0.96	0.92
青海	6.15	0.44	6.25	0.44	3.85	0.30	0.81	0.76	0.62

续表

	城区		镇区		乡村		城区	镇区	乡村
	Scr	Tcr	Scr	Tcr	Scr	Tcr	Mcr	Mcr	Mcr
宁夏	6.20	0.38	5.57	0.39	3.63	0.30	0.97	0.94	0.89
新疆	6.30	0.48	5.90	0.48	7.36	0.82	0.95	0.94	0.90
欠发达地区	6.02	0.42	7.11	0.53	5.62	0.48	0.89	0.78	0.72

从城区生机比的全国排名上看，经济欠发达地区的浙江(全国排名第2)、广东(全国排名第5)、辽宁(全国排名第6)、山东(全国排名第7)、宁夏(全国排名第9)5个省区市进入全国前10名；河南(全国排名第24)、福建(全国排名第26)、湖南(全国排名第27)、海南(全国排名第29)、江西(全国排名第30)、重庆(全国排名第31)6个省区市排在全国20名以后，位列全国倒数10名之列，重庆、江西、海南分别位列全国倒数第1名、第2名和第3名。

表3-9　**2018年分城乡普通初中教育信息化基础设施建设水平全国排名(一)**

	城区			镇区			乡村		
	Scr	Tcr	Mcr	Scr	Tcr	11	Scr	Tcr	Mcr
北京	3	6	8	1	2	13	1	3	11
天津	13	19	13	8	11	17	15	13	14
河北	21	17	15	21	14	20	23	16	17
山西	23	28	23	11	19	2	12	22	22
内蒙古	19	20	5	13	15	26	6	12	7
辽宁	6	9	16	4	7	31	4	8	19
吉林	20	25	31	16	26	18	8	29	31
黑龙江	16	23	18	17	22	8	13	23	22
上海	1	2	9	2	1	15	2	1	2
江苏	4	4	10	6	4	1	10	7	15
浙江	2	1	1	3	3	21	3	2	1
安徽	15	11	19	18	13	7	17	14	16
福建	26	26	12	29	31	16	22	24	5
江西	30	27	21	30	27	10	29	26	18
山东	7	5	7	9	10	28	19	10	10
河南	24	21	27	28	23	24	28	28	27
湖北	17	16	20	23	25	30	21	21	24

续表

	城区			镇区			乡村		
	Scr	Tcr	Mcr	Scr	Tcr	11	Scr	Tcr	Mcr
湖南	27	29	30	26	24	9	20	19	30
广东	5	3	4	7	6	12	9	6	3
广西	28	24	17	31	29	23	30	27	12
海南	29	30	29	20	18	4	16	9	25
重庆	31	31	11	27	28	29	27	25	9
四川	18	15	28	22	20	14	14	11	29
贵州	12	8	26	19	16	25	25	18	13
云南	25	22	25	24	21	27	24	17	21
西藏	22	18	22	25	30	19	31	31	26
陕西	14	13	14	5	9	3	7	15	20
甘肃	10	12	3	15	17	22	11	20	4
青海	8	10	24	14	8	5	8	5	28
宁夏	9	7	2	10	5	6	5	4	8
新疆	11	14	6	12	12	11	26	30	6

镇区的生机比排名方面，浙江(全国排名第3)、辽宁(全国排名第4)、陕西(全国排名第5)、广东(全国排名第7)、天津(全国排名第8)、山东(全国排名第9)、宁夏(全国排名第10)7个省区市进入全国前10名；海南(全国排名第20)、四川(全国排名第22)、湖北(全国排名第23)、湖南(全国排名第26)、重庆(全国排名第27)、河南(全国排名第28)、福建(全国排名第29)、江西(全国排名第30)8个省市排在全国20名及以后，后6个省份的排名进入全国倒数10名的行列，江西、福建、河南、重庆、湖南分列全国倒数第2名、第3名、第四名、第5名。

乡村生机比排名方面，浙江(全国排名第3)、辽宁(全国排名第4)、宁夏(全国排名第5)、内蒙古(全国排名第6)、陕西(全国排名第7)、广东(全国排名第9)6个省区的排名进入全国前10；湖南(全国排名第20)、湖北(全国排名第21)、福建(全国排名第22)、新疆(全国排名第26)、重庆(全国排名第27)、河南(全国排名第28)、江西(全国排名第29)7个省区市排在全国20名及以后，后5个省区市进入全国倒数10名的行列，江西、河南、重庆、新疆分列全国倒数的第3名、第4名、第5名、第6名。

(二)城乡师机比的情况

从师机比上看，全国城区、镇区、乡村的平均水平为0.43∶1、0.54∶1、0.49∶1，也就是说每位普通初中教师拥有的教学用的计算机数量从高到低的排列顺序为：城区、乡村、镇区，镇区教师拥有的教学用计算机数量最少。经济欠发达地区的情况与全国整体情况一致，经济欠发达地区城区师机比都略低于全国平均值，也就是说，经济欠发达地区城区、镇区和乡村普通初中平均每个教师拥有的计算机数量要高于全国平均水平。其中，福建、江西、河南、湖南、海南、重庆6个省市城区师机比都在0.6∶1以上，重庆高达0.81∶1，为全国城区师机比最高；福建、江西、重庆3个省市镇区师机比都在0.7∶1以上，福建高达0.92∶1，为全国最低水平。江西、河南、重庆、新疆4个省区的乡村师机比都在0.6∶1及以上，新疆高达0.82∶1。

从城区师机比的全国排名上看，经济欠发达地区的浙江(全国排名第1)、广东(全国排名第3、山东(全国排名第5)、宁夏(全国排名第7)、辽宁(全国排名第9)5个省区排名在全国前10名；内蒙古(全国排名第20)、河南(全国排名第21)、福建(全国排名第26)、江西(全国排名第27)、湖南(全国排名第29)、海南(全国排名第30)、重庆(全国排名第31)7个省区市排在全国20名及以后，重庆、海南、湖南、江西、福建分列全国倒数第1名、第2名、第3名、第5名和第6名。

镇区的师机比排名方面，浙江(全国排名第3)、宁夏(全国排名第5)、广东(全国排名第6)、辽宁(全国排名第7)、陕西(全国排名第9)、山东(全国排名第10)6个省区进入全国前10名；四川(全国排名第20)、河南(全国排名第23)、湖南(全国排名第24)、湖北(全国排名第25)、江西(全国排名第27)、重庆(全国排名第28)、福建(全国排名第31)7个省市全国排名在20名及以后，后6个省份排名在全国倒数10名之列，福建、重庆、江西分列全国倒数第1名、第4名和第5名。

乡村师机比排名方面，浙江(全国排名第2)、宁夏(全国排名第4)、广东(全国排名第6)、辽宁(全国排名第8)、海南(全国排名第9)、山东(全国排名第10)6个省区进入全国前10名；湖北(全国排名第21)、福建(全国排名第24)、重庆(全国排名第25)、江西(全国排名第26)、河南(全国排名第28)5个省市排在全国20名以后，其中河南为全国倒数第4名。

(三)城乡网络多媒体教室占普通教室的比例情况

从网络多媒体教室占普通教室的比例上看，全国城区、镇区和乡村的平均水平为88%、80%和73%，城区分别高出镇区18个百分点，高出乡村15个百分点，镇区高出乡村7个百点。经济欠发达地区的基本情况与全国整体情况一致，城区高于镇区、镇区高于乡村，除了城区网络多媒体教室占普通教室的比例稍高于全国平均水平外，镇区和乡村都低于全国平均水平，而且镇区与城区、乡村与城区及乡村与镇区的差异都大于全国平均水平。其中，经济欠发达地区中的湖南(74%)、海南(75%)、河南(78%)、四川(78%)、江西(83%)、安徽(84%)、湖北(84%)、辽宁(86%)8个省份城区网络多媒体教室占普通教室的比例低于全国和经济区欠发达地区的平均水平，湖南为全国倒数第2，经济欠发达地区倒数第1；湖南(58%)、四川(67%)、河南(69%)、辽宁(72%)、湖北(75%)、海南(76%)、安徽(77%)7个省份镇区网络多媒体教室占普通教室的比例低于全国和经济欠发达地区的平均水平，湖南位列全国倒数第2，经济欠发达地区倒数第1；河南(62%)、四川(59%)、湖南(49%)3个省份乡村网络多媒体教室占普通教室的比例低于全国及经济欠发达地区的平均水平，湖南位列全国倒数第2，经济欠发达地区的倒数第1名。

从城区网络多媒体教室占普通教室比例的全国排名上看，经济欠发达地区的浙江(全国排名第1)、宁夏(全国排名第2)、广东(全国排名第4)、内蒙古(全国排名第5)、新疆(全国排名第6)、山东(全国排名第7)6个省区排名进入全国前10名；湖北(全国排名第20)、江西(全国排名第21)、河南(全国排名第27)、四川(全国排名第28)、海南(全国排名第29)、湖南(全国排名第30)6个省份全国排名20名及以后，后4个省份进入全国排名倒数10名之列，湖南、海南、四川、河南分列全国倒数第2名、第3名、第4名、第5名。

镇区网络多媒体教室占普通教室比例的全国排名来看，经济欠发达地区的浙江(全国排名第3)、宁夏(全国排名第5)、广东(全国排名第6)、辽宁(全国排名第7)、陕西(全国排名第9)5个省区全国排名进入前10名；四川(全国排名第20)、河南(全国排名第23)、湖南(全国排名第24)、湖北(全国排名第25)、江西(全国排名第27)、重庆(全国排名第28)、福建(全国排名第31)7个省市排在全国20名及以后，6个省份排名在全国倒数10名之列，福建、重庆、江西分列全国倒数第1名、第4名和第5名。

乡村网络多媒体教室占普通教室比例的全国排名(见表3-10)来看，经济发达地区的浙江(全国排名第1)、广东(全国排名第3)、福建(全国排名第5)、新疆(全国排名第6)、内蒙古(全国排名第7)、宁夏(全国排名第8)、重庆(全国第9)7个省区市进入全国前10名；湖北(全国排名第24)、海南(全国排名第25)、河南(全国排名第27)、四川(全国排名第29)、湖南(全国排名第30)5个省份排在全国20名以后，并且在全国倒数10名之列，湖南、四川、河南分列全国倒数第2名、第3名和第5名。

表3-10 **2018年全国各地区城乡普通初中教育信息化基础设施建设水平(二)**

	城区		镇区		乡村	
	Sebr	Tebr	Sebr	Tebr	Sebr	Tebr
全国平均	1.50	20.97	1.06	14.05	2.57	29.68
北京	0.67	6.10	4.13	29.98	1.55	9.72
天津	3.82	42.07	3.44	39.03	0.22	2.33
河北	1.95	28.95	2.06	31.61	4.02	54.14
山西	0.61	8.06	0.62	6.09	3.33	25.73
内蒙古	1.55	19.49	0.78	8.45	1.97	17.23
辽宁	1.06	11.70	0.50	4.77	1.43	12.33
吉林	2.58	29.79	1.45	13.92	3.23	24.29
黑龙江	0.70	7.56	0.31	3.30	1.89	14.60
上海	0.71	8.07	6.61	53.50	0.04	0.40
江苏	1.63	20.49	2.03	26.35	17.77	203.96

续表

	城区		镇区		乡村	
	Sebr	Tebr	Sebr	Tebr	Sebr	Tebr
浙江	0.86	11.31	2.77	35.00	2.01	24.25
安徽	1.74	25.85	0.63	9.02	3.09	34.61
福建	0.60	9.63	0.15	1.89	2.12	21.93
江西	0.09	1.58	0.27	4.71	0.22	3.20
山东	1.28	17.79	1.32	15.68	3.59	47.82
河南	0.72	11.29	0.26	4.00	1.42	17.92
湖北	0.19	2.64	0.80	9.88	5.93	67.88
湖南	0.61	9.48	0.55	7.92	1.63	19.11
广东	5.54	80.61	3.92	49.76	4.66	53.57
广西	0.47	7.88	1.47	23.48	0.77	11.58
海南	1.21	18.79	0.40	5.25	5.18	68.44
重庆	0.10	1.52	1.28	17.27	3.28	43.29
四川	0.15	2.16	0.24	3.23	0.43	4.76
贵州	0.54	8.25	0.39	5.38	1.89	24.67
云南	0.14	2.18	0.21	2.98	0.35	4.61
西藏	0.01	0.12	0.23	2.52	0.00	0.04
陕西	1.37	19.35	1.50	15.48	105.81	131.99
甘肃	0.68	9.36	0.58	6.56	3.38	27.28
青海	0.03	0.35	0.71	10.01	11.13	140.93
宁夏	0.30	4.81	0.39	5.62	1.17	14.11
新疆	0.45	6.01	0.02	0.21	0.90	8.16
欠发达地区平均	1.68	24.17	0.97	12.96	2.37	27.51

(四)城乡生均、师均电子图书情况

表3-10较全面地反映了2018年全国各地区普通初中分城乡的生均、师均电子图书情况，表3-11反映的是分城乡的生均、师均电子图书在全国的排名情况。整体上看，2018年全国及经济欠发达地区生均、师均电子图书拥有量方面，乡村高于城区，城区高于镇区，而且城区、镇区与乡村的差距很大；经济欠发达地区城区普通初中生均和师均电子图书水平高于全国平均水平，而镇区和乡村的生均师均电子图书拥有量方面都低于全国平均水平。

表 3-11　　**2018 年分城乡普通初中教育信息化基础设施建设水平全国排名(二)**

	城区		镇区		乡村	
	Sebr	Tebr	Sebr	Tebr	Sebr	Tebr
北京	17	22	2	6	20	24
天津	2	2	4	3	29	29
河北	4	4	6	5	7	6
山西	18	19	17	19	10	12
内蒙古	7	7	14	16	16	19
辽宁	11	11	20	23	21	22
吉林	3	3	10	12	12	14
黑龙江	17	21	24	26	17	20
上海	14	18	1	1	30	30
江苏	6	6	7	7	1	1
浙江	12	12	5	4	15	15
安徽	5	5	16	15	13	10
福建	20	14	30	30	14	16
江西	29	28	25	24	28	28
山东	9	10	11	10	8	8
河南	13	13	26	25	22	18
湖北	25	25	13	14	4	5
湖南	19	15	19	17	19	17
广东	1	1	3	2	6	7
广西	22	20	9	8	25	23
海南	10	9	21	22	5	4
重庆	28	29	12	9	11	9
四川	26	27	27	27	26	26
贵州	21	17	23	21	18	13
云南	27	26	29	28	27	27
西藏	31	31	28	29	31	31
陕西	8	8	8	11	2	3
甘肃	16	16	18	18	9	11
青海	30	30	15	13	3	2
宁夏	24	24	23	20	23	21
新疆	23	23	31	31	24	25

从城区来看，生均电子图书方面，广东、天津、安徽3个省市高于全国和经济欠发达地区平均水平，其中广东城区普通初中生均电子图书高达5.54册，位列全国第一，其余14个省区市(内蒙古高于全国平均水平但低于经济欠发达地区平均水平)普通初中的生均电子图书拥有量都低于全国和经济欠发达地区的平均水平，也就是说，经济欠发达地区中有14个省区市城区普通初中生均电子图书拥有量低于全国平均水平，有15个省区市低于经济欠发达地区的平均水平，江西为经济欠发达地区中水平最低的，城区普通初中生均电子图书仅有0.09册，为全国倒数第2。从全国排名来看，广东(全国排名第1)、天津(全国排名第2)、内蒙古(全国排名第7)、安徽(全国排名第5)、陕西(全国排名第8)、山东(全国排名第9)6个省区市排名全国前10名之列；福建(全国排名第20)、新疆(全国排名第23)、宁夏(全国排名第24)、湖北(全国排名第25)、四川(全国排名第26)、重庆(全国排名第28)、江西(全国排名第29)7个省区市排在全国20名及以后，后6个省区市排在全国倒数10名之列，江西、重庆分列全国倒数第3名和第4名。

城区的师均电子图书方面，也是广东、天津、安徽3个省区市高于全国及经济欠发达地区的整体水平，其中广东、天津排在全国的前两位，分别为80.61册和42.07册，但其他经济欠发达地区的都低于全国及经济欠发达地区的平均水平，重庆为经济欠发达地区中最低，只有1.52册，位列全国倒数第3。从全国排名上看，广东(全国排名第1)、天津(排名全国第2)、安徽(全国排名第5)、内蒙古(全国排名第7)、陕西(全国排名第8)、海南(全国排名第9)、山东(全国排名第10)7个省区市进入全国前10名；新疆(全国排名第23)、宁夏(全国排名第24)、湖北(全国排名第25)、四川(全国排名第27)、江西(全国排名第28)、重庆(全国排名第29)6个省区市排在全国20名以后，并且为全国倒数10名之列，重庆、江西、四川分列全国倒数的第3名、第4名和第5名。

从镇区来看，生均电子图书方面，经济欠发达地区的天津、浙江、山东、广东、重庆、陕西6个省市生均电子图书拥有量超过了全国及经济欠发达地区的平均水平，其余12个省区市都低于全国及经济欠发达地区的平均水平，其中新疆镇区普通初中生均电子图书只有0.02册，位列全国倒数第1名。从全国排名上看，广东(全国排名第3)、天津(全国排名第4)、浙江(全国排名第5)、陕西(全国排名第8)4个省市排在全国前10名之列；辽宁(全国排名第20)、海南(全国排名第21)、宁夏(全国排名第23)、河南(全国排名第26)、四川(全国排名第27)、新疆(全国排名第31)6个省区市排在全国20名及以后，新疆、福建分列全国倒数第1名和第2名。

镇区师均电子图书方面，经济欠发达地区的天津、浙江、山东、广东、重庆、陕西6个省市师均电子图书超过了全国和经济欠发达地区的平均水平，广东为全国最高，达到了49.76册，其余12个省区市都低于全国和经济欠发达地区的平均水平，新疆为全国最低，只有0.21册。全国排名方面，广东(全国排名第2)、天津(全国排名第3)、浙江(全国排名第4)、重庆(全国排名第9)、山东(全国排名第10)5个省区市排在全国前10名之列；宁夏(全国排名第20)、海南(全国排名第22)、辽宁(全国排名第23)、江西(全国排名第24)、河南(全国排名第25)、四川(全国排名第27)、福建(全国排名第30)、新疆(全国排名第31)8个省区市排在全国20名及以后，后6个省区市进入全国排名倒数10名的行列。

从乡村来看，生均电子图书方面，经济欠发达地区的安徽、山东、湖北、广东、海南、重庆、陕西7个省市超过了全国及经济欠发达地区的平均水平，湖北最高，达到了5.93册，其余11个省区市的生均电子图书都低于全国和经济欠发达地区的平均水平，四川和天津分别只有0.43册和0.22册，天津为经济欠发达地区最低，位列全国倒数第3名。全国排名方面，陕西(全国排名第2)、湖北(全国排名第4)、海南(全国排名第5)、广东(全国排名第6)、山东(全国排名第8)5个省份进入全国前10名；辽宁(全国排名第21)、河南(全国排名第22)、宁夏(全国排名第23)、新疆(全国排名第24)、四川(全国排名第26)、江西(全国排名第28)、天津(全国排名第29)7个省区市排在全国20名以后，后5个省区市排在全国倒数10名之列，天津、江西分列全国倒数第3名和第4名。

乡村师均电子图书方面，经济欠发达地区的安徽、山东、湖北、广东、海南、重庆、陕西7个省市超过了全国和经济欠发达地区的平均值，陕西在经济欠发达地区中最高，为131.99册，接近经济区欠发达地区平均水平的5倍，其余11个省区市的师均电子图书都低于全国和经济欠发达地区的平均水平，天津和江西分别只有2.33册和3.2册，天津位列全国倒数第3名。从全国排名上看，陕西(全国排名第3)、海南(全国排名第4)、湖北(全国排名第5)、广东(全国排名第7)、山东(全国排名第8)、重庆(全国排名第9)、安徽(全国排名第10)7个省市进入全国前10名；宁夏(全国排名第21)、辽宁(全国排名第22)、新疆(全国排名第25)、四川(全国排名第26)、福建(全国排名第28)、天津(全国排名第29)6个省区市排在全国20名以后，后5个省区市的排名在全国倒数10名之列。

三、普通初中教育信息化基础设施建设水平的综合排名

为了较为全面了解2018年经济欠发达地区普通初中教育信息化基础设施建设水平地区间的分布情况，按照5项指标在全国前10名和后20名出现的频次，对经济欠发达地区普通初中教育信息化基础设施建设水平的地区分布加以粗略分析。

由表3-12可以发现，①从衡量整体发展水平的五项指标的全国排名情况来看，18个经济欠发达地区排名在全国前10名的频次为30，而在全国20名以后的排名频次为35，这说明经济欠发达地区普通初中教育信息化基础设施建设的整体水平刚好处于及格线，还需要大力提升。②从分城乡的五项指标上看，经济区欠发达地区18个省区市在城区、镇区、乡村的全国排名前10的频次依次为29、28、31，城区、镇区、乡村全国后20名的频次依次为32、35、30，除了农村外，城区、镇区都是全国前10名的频次都低于全国20名以后的频次，这说明经济欠发达地区普通初中教育信息化基础设施建设在城区和镇区的水平有待进一步提高。③从排名频次的分布来看，整体发展水平中排名全国前10名的地区中，广东、浙江各为5次，山东、陕西各为4次，宁夏为3次，天津和辽宁各为2次，新疆、重庆、海南、福建、内蒙古各为1次，只有12个省区市进入普通初中教育信息化基础设施建设的整体水平排名全国前10名的行列，广东、浙江就占据了1/3，广东、浙江、山东、陕西四个省份的频次为总频次的60%，这表明经济欠发达地区只有极少数的地区在普通初中教育信息化基础设施建设中有较好的表现；排名在全国后20名的分布情况是福建、江西、河南、湖南、四川5个省份各4次，重庆、海南各3次，新疆、宁夏、湖北、辽宁各2次，安徽1次，也就是说，在经济欠发达地区中有12个省区市的普通初中

教育信息化基础设施建设水平较低，福建、江西、河南、湖南、四川5个省份是最差的，重庆、海南次之，这充分说明，经济欠发达地区普通初中教育信息化基础设施建设水平较高的省区市比较集中，水平较低的省区市相对数量较多也呈现出较集中的特点。由此，不难做出如下判断：经济欠发达地区普通初中教育信息化基础设施建设的整体水平较低，地区发展的不均衡状态十分严重。

表3-12　**2018年经济欠发达地区普通初中教育信息化基础设施建设全国排名频次**

	整体发展水平		城　区		镇　区		乡　村	
	前10名	后20名	前10名	后20名	前10名	后20名	前10名	后20名
天津	2		2		3			2
内蒙古	1		3	1			2	
辽宁	2	2	2		3	2	2	2
浙江	5		3		5		3	
安徽		1	2				1	
福建	1	4		3	1	3	1	3
江西		4		5		4		3
山东	4		5		3		3	
河南		4		3		5		4
湖北		2		3		3	2	3
湖南		4		3		3		2
广东	5		5		5		5	
海南	1	3	1	3		3	3	1
重庆	1	3		4	1	3	2	2
四川		4		3		5		3
陕西	4		2		4		3	
宁夏	3	2	3	2	3	2	3	2
新疆	1	2	1	2		2	1	3
总计	30	35	29	32	28	35	31	30

从具体的省份来看，经济欠发达地区只有广东、浙江、山东和陕西在所有指标中的排名中没有出现全国后20名的情况，只有广东一个省份在整体发展水平和分城乡的发展水平的五项指标中的排名全部在全国前10名，其次是浙江，共有16次排名在全国前10名，山东在全国前10名的排名中的频次为15，陕西在全国前10名的频次为13。在所有指标的排名全部在全国20名以后的有江西（16次）、河南（16次）、湖南（15次）、四川（15

次），这说明这 4 个省份无论是整体水平还是分城乡的普通初中教育信息化基础设施建设水平还较低，需要在教学用计算机、电子图书和网络多媒体教室建设方面下更大的力气。

对于其他省区市而言，可以针对表 3-12 的频次情况，结合前面的具体分析，有针对性地提升对应指标的水平，进而提升普通初中教育信息化基础设施建设的整体水平。如天津在整体发展水平、城区和镇区没有全国 20 名以后的情况，在乡村普通初中教育信息化基础设施建设中有 2 次排名在全国 20 名以后（乡村生均和师均电子图书排在全国的倒数第 3 名），这就需要天津在乡村普通初中教育信息化发展上精准施策，要购买更多的电子图书供学生和教师使用。

四、湖北省部分县市义务教育信息化基础设施建设情况

为了了解湖北省经济欠发达地区义务教育信息化发展的情况，2015 年和 2016 年在湖北省教育厅和县、市教育装备站及相关学校的大力支持下，通过现场发放问卷、实地调查、访谈的形式，对湖北省巴东县的官渡口小学、阳光小学、光明小学（民办）、官渡口中学、京信友谊中学和恩施市的恩施州民族小学、龙凤镇初级中学、小渡船中学发放了《湖北省义务教育信息化调查问卷（学校卷）》和《湖北省义务教育信息化调查问卷（教师卷）》（见附录 1、附录 2，以下分别简称《学校卷》和《教师卷》），对通山县的大畈镇大畈中学、洪港镇杨林中学、通山县实验小学、通山县杨芳林乡中心小学，蕲春县的漕河镇第一小学和大河口中学发放了《教师卷》，同时对所有样本学校进行了有分管教育信息化的教育局副局长、教育装备站站长参加的教师座谈会（访谈提纲见附录 3），现场查看了学校信息化建设的基本情况并收回问卷，见表 3-13。

表 3-13　**湖北省义务教育信息化调研问卷发放回收情况**　单位：份

	《教师卷》发放		《教师卷》回收有效问卷		发放问卷总数	回收有效问卷数
	小学	初中	小学	初中		
巴东县	50	30	47	27	473	386
恩施市	66	167	50	155		
通山县	60	40	39	27		
蕲春县	30	30	20	21		

《学校卷》共发放 8 份，回收 8 份，有效问卷 8 份，问卷有效率 100%；《教师卷》共发放了 473 份，回收有效问卷 386 份，有效问卷率为 81. 6%。以下按照设计的《学校卷》《教师卷》和访谈的相关内容加以分析和说明。

（一）样本学校计算机配备情况

巴东县和恩施市 8 所样本学校教育信息化基础设施建设中最基本也是最重要的硬件设施——计算机的情况反映在表 3-14 中。

巴东县计算机配备的基本情况：

小学的生机比和师机比的基本情况是：官渡口中心小学的生机比为42.56：1，也就是说4256名小学生才拥有100台计算机，光明小学的生机比为28.83：1，也就是说2883个小学生才拥有100台计算机，表现最差的阳光小学，学生用的计算机数为0。从师机比上看，官渡口小学的师机比为2.19：1，有也就是说219个小学老师才拥有100台计算机，光明小学为4.2：1，也就是420个小学教师才拥有100台计算机，阳光小学为2.67：1，也就是说267名小学教师才拥有100台计算机。

表3-14 **2015年巴东县、恩施市部分义务教育学校计算机、电子图书的基本情况**

	在校生数（人）	专任教师数（人）	学生用计算机（台）	教师用计算机（台）	生机比	师机比
官渡口中心小学	2043	70	48	32	42.56	2.19
光明小学	2191	84	76	20	28.83	4.20
阳光小学	346	24	0	9	0	2.67
官渡口中学	1392	109	40	60	34.80	1.82
京信友谊中学	1947	166	150	50	12.98	3.32
小渡船中学	2480	167	88	180	28.18	0.93
龙凤镇初级中学	1858	150	285	150	6.52	1.00
恩施州民族小学	3945	160	100	160	39.45	1.00

从初中的生机比和师机比来看，官渡口中学的生机比为34.8：1，也就是说，3480个初中生才拥有100台计算机，京信友谊中学的生机比为12.98，也就是说1298名初中生才有100台计算机。师机比方面，管渡口中学为1.82：1，也就是说182名初中教师拥有100台计算机，京信友中学为3.32：1，也就是说，332个教师才拥有100台计算机。

样本学校的生机比和师机比总体上看，5个学校在生机比方面表现由差到好的排列顺序依次是：阳光小学，官渡口中心小学，官渡口中学，光明小学，京信友谊中学；师机比方面由差到好的排列顺序依次是：光明小学，京信友谊中学，阳光小学，官渡口中心小学，管渡口中学，在生机比方面表现较好的光明小学师机比为5所学校最高。

从绝对数据上看，恩施市无论是小学还是初中，也无论是学生还是教师所拥有的计算机数量明显高于巴东县的水平。小学生机比方面，恩施州民族小学的生机比低于官渡口小学而高于光明小学和阳光小学，如果从公办小学的层面比较，则恩施州民族小学的生机比要低于巴东县的小学；从师机比上看，恩施州民族小学为1：1，也就是说，每个教师都有一台计算机，教师拥有的计算机数明显高于巴东三所样本小学。从初中的生机比上看，恩施市龙凤镇初级中学为6.52：1，是京信友谊中学的1/2，小渡船中学的近1/5，也就是说，龙凤镇初级中学教师拥有的计算机数量是京信友谊中学的2倍，小渡船中学的5倍。

（二）样本学校教育信息化教室建设情况

表3-15反映的是2015年巴东县和恩施市样本学校信息化建设的情况。

从多媒体教室(这里的多媒体教室并不是网络多媒体教室，而仅仅是有多媒体的教室，由多媒体计算机、投影机、数字视频展示台、投影屏幕、音响设备等组成)占普通教室的比例上看，巴东县除了阳光小学(只有2.5%)以外，另外两所小学的多媒体教室占普通教室的比例都在68%以上，两所初中的多媒体教室占普通教室的比例都超过了80%，京信友谊中学达到了90%；数字化阅览室和录播教室巴东县样本学校都没有开始建设，信息化备课室建设方面，光明小学和阳光小学都没有，只有两所初中各有一间。

恩施市样本学校的情况是：恩施州民族小学的多媒体教室占普通教室的比例为75%，高于巴东县样本小学近7个百分点，普通初中的多媒体教室占普通教室的比例在87%以上，龙凤镇初级中学达到了91.18%，分别高出官渡口中学近9个百分点，京信友谊中学近2个百分点。恩施市样本学校数字化阅览室、信息化备课室、录播教室至少每个学校都保持有一间。

表3-15　**2015年巴东县、恩施市部分义务教育学校信息化教室的基本情况**　单位：间

	多媒体教室占普通教室的比例	数字化阅览室	信息化备课室	录播教室
官渡口中心小学	68.42%	0	1	0
光明小学	68.2%	0	0	0
阳光小学	2.5%	0	0	0
官渡口中学	82.14%	0	1	0
京信友谊中学	90%	1	1	0
小渡船中学	86.96%	3	2	1
龙凤镇初级中学	91.18%	3	2	1
恩施州民族小学	75%	1	3	1

(三)样本学校信息资源建设情况

表3-16反映的是巴东县和恩施市样本学校教育信息化资源建设的基本情况。

从电子图书方面看，巴东县样本学校除了官渡口中学有2000册外，其余3个学校为0册；而恩施市样本学校不仅3个学校都有电子图书，数量最低的龙凤镇初级中学也有9000册，恩施州民族小学更是高达100000册。

从共享公开示范课来看，巴东县阳光小学和京信友谊中学为0节，光明小学、官渡口中心小学、官渡口中学分别为30节、21节和8节；而恩施市3个样本学校都有共享公开示范课，恩施州民族小学为20节、小渡船中学为64节，龙凤镇初级中学为118节。

从视频资源方面看，巴东县样本学校的阳光小学、官渡口中学和京信友谊中学都为0G，官渡口小学为5G，光明小学为200G；恩施市样本学校的视频资源都在500G及以上。

从多媒体课件方面看，样本学校都有多媒体课件，除了光明小学外，巴东县样本学校的多媒体课件都低于恩施市样本学校的容量，阳光小学、官渡口小学不足10G，而恩施州

民族小学为60G，巴东县两所初中都不足15G，而恩施市两所初中都为200G。

从电子教案来看，所有样本学校都有电子教案，除了光明小学达到了50G以外，巴东县样本小学和初中的拥有量都低于恩施市样本学校。

表3-16　　**2015年巴东县、恩施市部分义务教育学校信息资源建设情况**

	电子图书	共享公开示范课	视频资源	多媒体课件	电子教案
官渡口中心小学	0册	21节	5G	8G	5G
光明小学	0册	30节	200G	300G	50G
阳光小学	0册	0节	0G	3G	3G
官渡口中学	2000册	8节	0G	10G	10G
京信友谊中学	0册	0节	0G	12G	12G
小渡船中学	20000册	64节	500G	200G	20G
龙凤镇初级中学	9000册	118节	800G	200G	50G
恩施州民族小学	100000册	20节	540G	60G	40G

(四)义务教育信息化其他应用服务建设情况

从办公自动化系统、多媒体网络教室系统、校园公告系统、校园卡系统和家校通平台建设方面来看，巴东县样本学校明显落后于恩施市，除了有两个学校(官渡口中心小学、光明小学)的网络多媒体教学系统和官渡口中学的校园卡系统已经建设外，两校其他应用设施及其他学校的系统都处于规划，有的甚至还未纳入建设规划。具体情况参见表3-17。

表3-17　　**2015年巴东县、恩施市部分学校教育信息化其他应用服务建设情况**

	办公自动化系统	网络多媒体教学系统	校园公告系统	校园卡系统	家校通平台
官渡口中心小学	尚未规划	已经建设	正在建设	正在规划	正在规划
光明小学	尚未规划	已经建设	已经建设	尚未规划	正在规划
阳光小学	尚未规划	正在规划	正在建设	正在规划	正在规划
官渡口中学	尚未规划	尚未规划	尚未规划	已经建设	正在规划
京信友谊中学	尚未规划	尚未规划	已经建设	尚未规划	正在规划
小渡船中学	已经建设	已经建设	已经建设	已经建设	已经建设
龙凤镇初级中学	已经建设	正在建设	已经建设	已经建设	已经建设
恩施州民族小学	已经建设	已经建设	已经建设	已经建设	已经建设

(五)样本学校教师对本校教育信息化基础设施建设的看法

表3-18反映的是样本县市小学和初中教师对本校教育信息化建设的硬件、信息资源及应用服务方面的满意度情况表。

从整体情况上看，除了恩施市，其他3个样本县教师对硬件设备满意度方面的具体情况为：11.6%的教师比较满意，25.97%的教师不太满意，62.43%的教师不满意；对信息资源及应用服务建设方面的满意度为：9.94%的教师比较满意，28.18%的教师不太满意，不满意的教师占61.88%。无论是对硬件设备还是信息资源及应用服务建设的满意度都低于恩施市，特别是认为比较不满意和不满意的教师占比都在80%以上，而恩施市却是比较满意的教师占比在80%以上，而且相比之下，广大教师对硬件设备建设的满意度要低于信息资源和应用服务方面的建设。

表3-18 **样本学校教师教育信息化基础设施建设的满意度** 单位:%

		巴东县		恩施市		通山县		蕲春县	
		小学	初中	小学	初中	小学	初中	小学	初中
硬件设备的满意度	比较满意	17.02	22.22	80.0	86.45	2.56	7.41	5.0	14.29
	不太满意	21.28	59.26	16.0	6.45	20.51	18.52	20.0	19.05
	不满意	61.7	18.52	4.0	7.10	76.92	74.07	75.0	66.66
信息资源及应用服务建设的满意度	比较满意	8.51	18.52	86.0	90.32	5.13	11.11	10.0	9.52
	不太满意	25.53	25.53	8.0	5.16	25.64	25.93	20.0	28.57
	不满意	65.96	37.04	6.0	4.52	69.23	62.96	70.0	61.90

从小学教师的满意度方面来看，除了恩施市，其他3个样本县的小学教师对硬件设备满意度方面的具体情况为：9.43%的教师比较满意，20.75%的教师不太满意，69.81%的教师不满意；对信息资源及应用服务建设方面的满意度为：7.55%的教师比较满意，24.53%的教师不太满意，不满意的教师占67.92%。可以看出，3个样本县的小学教师对硬件设备和信息资源及应用服务方面的建设满意度都远远低于恩施市，不太满意和不满意的比例都在90%以上。

从初中教师的满意度方面来看，除了恩施市，3个样本县的初中教师对硬件设备满意度方面的具体情况为：14.64%的教师比较满意，33.33%的教师不太满意，52%的教师不满意；对信息资源及应用服务建设方面的满意度为：13.33%的教师比较满意，33.33%的教师不太满意，不满意的教师占53.33%。可以看出，3个样本县的初中教师对硬件设备和信息资源及应用服务方面的建设满意度都远远低于恩施市，不太满意和不满意的比例都在85%以上。

从具体的县市来看，3个样本县的小学教师对硬件设备满意度的由比较满意到不满意的排序为：巴东县、蕲春县、通山县；对信息资源及应用服务建设满意度的由比较满意到不满意的排序为：蕲春县、巴东县、通山县。可见，通山县小学教师对本县小学教育信息化基础设施建设的满意度最低。3 个样本县的初中教师对硬件设备满意度的由比较满意到不满意的排序为：巴东县、蕲春县、通山县；对信息资源及应用服务建设满意度的由比较满意到不满意的排序为：巴东县、通山县、蕲春县，可以看出，巴东县初中教师对本县初中教育信息化基础设施建设的满意度较高。

第三节 经济欠发达地区义务教育信息化基础设施建设存在的问题

本章第一节和第二节分别对小学和普通初中教育信息化基础设施建设水平进行了分析，发现了一些问题。本节主要是从整体水平、分城乡两个层面对全国 31 个省区市的义务教育信息化基础设施建设方面存在的共性问题展开综合分析。

一、义务教育信息化基础设施建设整体水平方面的问题

为了较全面地分析经济欠发达地区义务教育信息化基础设施建设方面的问题，还是从 2018 年各地区在生机比、师机比、生均电子图书、师均电子图书和网络多媒体教室占普通教室五项指标的全国排名加以比较说明。

（一）义务教育信息化基础设施建设的全国排名情况

表 3-19 反映的是 2018 年 18 个经济欠发达地区小学和普通初中教育信息化基础设施建设在全国的排名情况。

1. 小学五项指标的全国排名的基本情况

生机比方面，有 7 个省份排在全国前 10 名，6 个省份排在全国倒数 10 名之列；师机比方面 6 个省份排在全国前 10 名，4 个省份排在全国倒数 10 名之列；生均电子图书方面，5 个省份排在全国前 10 名，7 个省份排在全国倒数 10 名之列；师均电子图书方面，4 个省份排在全国前 10 名之列，6 个省份排在全国倒数 10 名之列；网络多媒体教室占普通教室的比例方面，有 7 个省份排在全国前 10 名，3 个省份排在全国倒数 10 名之列。

表 3-19 经济欠发达地区义务教育信息化基础设施建设全国排名

	小学					普通初中				
	Scr	Tcr	Sebr	Tebr	Mcr	Scr	Tcr	Sebr	Tebr	Mcr
天津	4	12	2	2	4	12	15	2	2	12
内蒙古	13	21	23	24	8	13	17	14	15	2
辽宁	7	9	14	16	18	4	9	19	20	21
浙江	3	2	8	6	1	3	2	8	8	1
安徽	14	10	13	13	17	17	11	10	11	20
福建	20	14	15	15	11	28	29	24	24	9

续表

	小　学					普 通 初 中				
	Scr	Tcr	Sebr	Tebr	Mcr	Scr	Tcr	Sebr	Tebr	Mcr
江西	31	31	30	30	20	31	27	30	28	18
山东	8	8	25	25	5	7	7	9	9	11
河南	29	28	24	20	29	26	25	25	22	28
湖北	23	15	12	10	21	21	19	13	13	23
湖南	30	29	16	12	31	25	24	21	18	30
广东	9	4	1	1	7	5	3	1	1	4
海南	24	19	19	17	25	24	21	11	10	25
重庆	18	16	5	7	6	29	30	20	16	5
四川	27	20	27	26	28	20	16	28	30	29
陕西	5	5	4	4	15	8	10	5	6	16
宁夏	6	6	26	27	12	9	6	26	26	6
新疆	25	25	28	28	9	14	18	27	27	8

2. 普通初中五项指标的全国排名情况

生机比方面有 6 个省份排在全国前 10 名之列，6 个省份排在全国倒数 10 名之列；师机比方面 5 个省份排在全国前 10 名，5 个省份排在全国倒数 10 名之列；生均电子图书方面，5 个省份排在全国前 10 名，6 个省份排在全国倒数 10 名之列；师均电子图书方面，5 个省份排在全国前 10 名之列，5 个省份排在全国倒数 10 名之列；网络多媒体教室占普通教室的比例有方面，7 个省份排在全国前 10 名，5 个省份排在全国倒数 10 名之列。

（二）义务教育信息化基础设施建设整体层面存在的问题

结合前面列示的经济欠发达地区小学和初中教育信息化基础设施建设整体水平的全国排名情况，以及上面对湖北省"三县一市"教育信息化基础设施建设基本情况的分析不难发现，经济欠发达地区义务教育信息化基础设施建设整体层面上存在如下几个方面的问题：

1. 义务教育信息化基础设施建设的整体水平不高

从小学和普通初中教育信息化在全国前 10 名和倒数 10 名的排名分布来看，排在全国前 10 名的总频次只有 57 次，占全国前 10 名的排名不足 60%，18 个省份中仅有 31.7%的省份排名在全国前 10 名。对湖北省"三县一市"的分析也充分说明，特别是经济欠发达的巴东县、通山县和蕲春县的硬件设备和信息资源及应用服务方面的建设都十分落后。

2. 义务教育信息化基础设施建设水平的地区差异较大

小学和普通初中五项指标均排在全国前 10 名的只有广东和浙江两个省份，其次是陕西，除了网络多媒体教室占普通教室的比例排在全国的后 10 名外（小学网络多媒体教室占普通教室的比例排在全国的第 15 名，初中则排在全国的 16 名），其余指标排名均在全国前10名之列，再就是山东，除了小学的生均和师均电子图书排在全国的第25名外，其余指标都排在全国前10名，而其余省份都有3项及以上指标未进入全国排名前10的行列。即便扩大到全国前20名，也只有广东、浙江、陕西、安徽、天津5个省份(进展经济欠发达地区总数的27.8%)的小学和普通初中的教育信息化基础建设五项指标排名全部在全国前20名之列。对湖北省“三县一市”的分析也充分说明，巴东县、通山县和蕲春县的义务教育信息化基础设施建设远远落后于恩施市，而且巴东县、通山县、蕲春县三县之间也存在较大差异。

3. 义务教育信息化基础设施建设存在较大的层级差异

从经济欠发达地区五项指标的全国排名上看，小学和普通初中教育信息化基础设施建设水平方面存在较为明显的差异，不存在一个省份小学和初中在全国的排名基本上保持在同一水平上。从小学和普通初中教育信息化基础建设五项指标的排名都在全国前10名的广东来看，广东省在教学用计算机指标方面的小学生生机比和师机比在全国的排名分别为第9名和第4名，而普通初中的生机比和师机比在全国的排名分别为第5名和第3名；网络多媒体教室占普通教室的比例方面，小学在全国的排名为第7名，初中则为第4名。这说明，广东省在义务教育信息化基础设施建设方面偏向于初中，或者说广东省的普通初中教育信息化基础设施建设水平要高于小学。内蒙古的义务教育信息化基础设施建设也与广东省有相同的表现，内蒙古的小学生均比、师机比分别排名为全国的第13名和第21名，普通初中则为13名和17名；小学的生均、师均电子图书全国排名分别为23名和24名，而普通初中则为14名和15名；小学网络多媒体教室占普通教室的比例全国排名为第8，而普通初中为全国第2名，整体上来看，内蒙古的初中义务教育信息化基础设施建设水平要高于小学。

天津的情况则与广东和内蒙古相反，天津小学的生机比和师机比全国排名分别为第4名和第12名，普通初中的排名则为12名和15名；小学和普通初中的生均、师均电子图书全国排名持平，都是全国第2名，网络多媒体教室占普通教室的比例方面，小学全国排名第4，而普通初中则为全国第12名，这说明天津在义务教育信息化基础设施建设方面较为重视小学，或者说天津小学教育信息化基础设施建设水平要高于初中。

对湖北省“三县一市”的分析也充分说明，无论是恩施市，还是巴东县、通山县和蕲春县，普通初中的教育信息化建设水平(包括教师的满意度)都要高于小学。

4. 义务教育信息化基础设施建设存在较大的项目差异

从教学用计算机、电子图书和网络多媒体教室建设方面来看，18个经济欠发达地区没有一个省份做到齐头并进的，所有的省份在教学用计算机、电子图书和网络多媒体建设方面都存在较大差异。以广东省为例，生均、师均电子图书都排在全国第1名，而教学用计算机的小学生均水平排在全国第9名，普通初中排在全国第5名，网络多媒体教室占普通教室的比例小学排在全国排名第7，普通初中的全国排名为第4，这除了说明小学和初中教育信息化基础设施建设存在差异外，也表明在具体项目建设上也存在较大差异。对湖北省“三县一市”的分析也充分说明，在硬件设备和信息资源及应用服务建设方面较多偏向后者，同时对于巴东县、通山县和蕲春县在电子图书、网络多媒体教室、公开示范课、录播室等信息资源及应用方面的建设也存在不均衡的状况。

二、义务教育信息化基础设施建设城乡层面的问题

（一）城乡信息化基础设施建设现状

表 3-20、表 3-21、表 3-22 分别反映的是 2018 年 18 个经济欠发达地区小学和普通初中分城区、镇区和乡村的教育信息化基础设施建设水平在全国的排名情况。

表 3-20 经济欠发达地区城区义务教育信息化基础设施建设全国排名

	城区小学					城区普通初中				
	Scr	Tcr	Sebr	Tebr	Mcr	Scr	Tcr	Sebr	Tebr	Mcr
天津	4	13	1	2	5	13	19	2	2	13
内蒙古	16	22	18	23	8	19	20	7	7	5
辽宁	5	6	11	12	16	6	9	11	11	16
浙江	3	2	10	11	2	2	1	12	12	1
安徽	11	9	17	16	18	15	11	5	5	19
福建	19	16	9	8	12	26	26	20	14	12
江西	31	31	29	29	24	30	27	29	28	21
山东	10	11	26	27	9	7	5	9	10	7
河南	28	26	13	13	27	24	21	13	13	27
湖北	24	17	24	22	23	17	16	25	25	20
湖南	29	29	6	6	30	27	29	19	15	30
广东	12	4	2	1	7	5	3	1	1	4
海南	27	24	28	25	29	29	30	10	9	29
重庆	15	18	15	15	6	31	31	28	29	11
四川	17	12	25	24	26	18	15	26	27	28
陕西	7	5	3	3	15	14	13	8	8	14
宁夏	8	8	19	20	13	9	7	24	24	2
新疆	26	20	23	19	11	11	14	23	23	6

1. 城区义务教育信息化基础设施建设的全国排名情况

城区小学的排名情况：生机比方面，有 5 个省份排在全国前 10 名，6 个省份排在全国倒数 10 名之列；师机比方面，有 6 个省份排在全国前 10 名，4 个省份排在全国倒数 10 名之列；生均电子图书方面，6 个省份排在全国前 10 名，6 个省份排在全国倒数 10 名之列；师均电子图书方面，5 个省份排在全国前 10 名之列，5 个省份排在全国倒数 10 名之列；网络多媒体教室占普通教室的比例方面，有 6 个省份排在全国前 10 名，6 个省份排在全国倒数 10 名之列。

城区普通初中的排名情况：生机比方面，有5个省份排在全国前10名之列，6个省份排在全国倒数10名之列；师机比方面，5个省份排在全国前10名，5个省份排在全国倒数10名之列；生均电子图书方面，7个省份排在全国前10名，6个省份排在全国倒数10名之列；师均电子图书方面，7个省份排在全国前10名之列，6个省份排在全国倒数10名之列；网络多媒体教室占普通教室的比例有方面，6个省份排在全国前10名，4个省份排在全国倒数10名之列。

表3-21　　**经济欠发达地区镇区义务教育信息化基础设施建设全国排名**

	镇区小学					镇区普通初中				
	Scr	Tcr	Sebr	Tebr	Mcr	Scr	Tcr	Sebr	Tebr	Mcr
天津	4	8	2	2	12	8	11	4	3	17
内蒙古	9	18	19	23	4	13	15	14	16	26
辽宁	8	13	28	28	22	4	7	20	23	31
浙江	2	2	5	5	1	3	3	5	4	21
安徽	14	7	11	10	18	18	13	16	15	7
福建	20	15	15	15	7	29	31	30	30	16
江西	31	31	26	25	17	30	27	25	24	10
山东	13	12	21	21	8	9	10	11	10	28
河南	29	26	22	20	29	28	23	26	25	24
湖北	24	20	18	18	24	23	25	13	14	30
湖南	30	29	25	22	30	26	24	19	17	9
广东	7	4	1	1	5	7	6	3	2	12
海南	22	19	12	12	26	20	18	21	22	4
重庆	15	16	4	4	3	27	28	12	9	29
四川	26	23	20	18	27	22	20	27	27	14
陕西	5	5	17	19	16	5	9	8	11	3
宁夏	6	6	31	31	9	10	5	23	20	6
新疆	25	21	30	30	6	12	12	31	31	11

2. 镇区义务教育信息化基础设施建设的全国排名情况

镇区小学的排名情况：生机比方面，有7个省份排在全国前10名，6个省份排在全国倒数10名之列；师机比方面，有6个省份排在全国前10名，4个省份排在全国倒数10名之列；生均电子图书方面，4个省份排在全国前10名，5个省份排在全国倒数10名之列；师均电子图书方面，5个省份排在全国前10名之列，5个省份排在全国倒数10名之列；网络多媒体教室占普通教室的比例方面，有8个省份排在全国前10名，5个省份排在全国倒数10名之列。

镇区普通初中的排名情况：生机比方面，有 7 个省份排在全国前 10 名之列，6 个省份排在全国倒数 10 名之列；师机比方面，5 个省份排在全国前 10 名，6 个省份排在全国倒数 10 名之列；生均电子图书方面，4 个省份排在全国前 10 名，6 个省份排在全国倒数 10 名之列；师均电子图书方面，5 个省份排在全国前 10 名之列，6 个省份排在全国倒数 10 名之列；网络多媒体教室占普通教室的比例有方面，5 个省份排在全国前 10 名，6 个省份排在全国倒数 10 名之列。

表 3-22　　**经济欠发达地区乡村义务教育信息化基础设施建设全国排名**

	乡村小学					乡村普通初中				
	Scr	Tcr	Sebr	Tebr	Mcr	Scr	Tcr	Sebr	Tebr	Mcr
天津	8	8	24	25	7	15	13	29	29	14
内蒙古	11	28	12	16	14	6	12	16	19	7
辽宁	4	12	19	20	22	4	8	21	22	19
浙江	2	2	5	4	1	3	2	15	15	1
安徽	18	13	14	11	13	17	14	13	10	16
福建	15	14	20	18	11	22	24	14	16	5
江西	31	30	26	27	19	29	26	28	28	18
山东	7	5	22	22	4	19	10	8	8	10
河南	28	27	18	17	28	28	28	22	18	27
湖北	20	15	7	5	21	21	21	4	5	24
湖南	29	21	21	19	31	20	19	19	17	30
广东	9	3	1	1	6	9	6	6	7	3
海南	19	20	13	12	26	16	9	5	4	25
重庆	13	22	4	7	8	27	25	11	9	9
四川	30	25	27	24	29	14	11	26	26	29
陕西	3	11	3	6	16	7	15	2	3	20
宁夏	6	6	23	23	9	5	4	23	21	8
新疆	26	23	28	26	5	26	30	24	25	6

3. 乡村义务教育信息化基础设施建设的全国排名情况

乡村小学的排名情况：生机比方面，有 7 个省份排在全国前 10 名，5 个省份排在全国倒数 10 名之列；师机比方面，有 5 个省份排在全国前 10 名，5 个省份排在全国倒数 10 名之列；生均电子图书方面，5 个省份排在全国前 10 名，5 个省份排在全国倒数 10 名之列；师均电子图书方面，5 个省份排在全国前 10 名之列，5 个省份排在全国倒数 10 名之列；网络多媒体教室占普通教室的比例方面，有 7 个省份排在全国前 10 名，4 个省份排在全国倒数10名之列。

乡村普通初中的排名情况：生机比方面，有6个省份排在全国前10名之列，4个省份排在全国倒数10名之列；师机比方面，6个省份排在全国前10名，5个省份排在全国倒数10名之列；生均电子图书方面，5个省份排在全国前10名，5个省份排在全国倒数10名之列；师均电子图书方面，6个省份排在全国前10名之列，4个省份排在全国倒数10名之列；网络多媒体教室占普通教室的比例有方面，7个省份排在全国前10名，5个省份排在全国倒数10名之列。

（二）义务教育信息化基础设施建设城乡层面存在的问题

表3-23反映的是经济欠发达地区分城乡的义务教育信息化基础设施建设在全国排名分布情况。结合前面列示的经济欠发达地区分城区、镇区和乡村的小学和初中教育信息化基础设施建设的全国排名情况，不难发现，在城乡层面上，经济欠发达地区义务教育信息化基础设施建设主要存在如下几个方面的问题：

表3-23　**2018年分城乡经济欠发达地区义务教育信息化基础设施排名分布**

	城区			镇区			乡村		
	1~10名	11~20名	21~31名	1~10名	11~20名	21~31名	1~10名	11~20名	21~31名
天津	6	7	0	7	3	0	3	3	4
内蒙古	4	4	2	2	6	2	2	7	1
辽宁	4	6	0	3	2	5	3	4	3
浙江	7	3	0	9	0	1	8	2	0
安徽	3	7	0	3	7	0	1	9	0
福建	2	6	2	1	5	4	1	7	2
江西	0	0	10	1	1	8	0	2	8
山东	7	1	2	4	3	3	7	1	2
河南	0	4	6	0	1	9	0	3	7
湖北	0	4	6	0	5	5	4	2	4
湖南	2	2	6	1	2	7	0	5	5
广东	9	1	0	9	1	0	10	0	0
海南	2	0	8	1	5	4	3	5	2
重庆	1	5	4	4	3	3	5	2	3
四川	0	4	6	0	4	6	0	2	8
陕西	6	4	0	6	4	0	6	4	0
宁夏	5	3	2	6	1	3	6	0	4
新疆	1	5	4	1	3	6	2	0	8

1. 城乡义务教育信息化基础设施建设水平较低

18 个经济欠发达地在分城乡所有指标的全国排名的频次分布情况是，1～10 名共 178 次，占比 59.33%；11～20 名共 180 次，占比 60%；21～31 名共 185 次，占比 61.67%。这说明，经济欠发达地区分城乡的义务教育信息化基础设施建设水平还较低。

2. 义务教育信息化基础设施建设存在一定的城乡差异

从分城乡小学和普通初中教育信息化基础设施建设在全国前 10 名和倒数 10 名的排名分布来看(见图 3-1)，城区在全国前 10 名的频次为 59 次、镇区为 58 次，乡村为 61 次，乡村比城区多 2 个频次，比镇区多 3 频次，城区比镇区多 1 个频次；在全国倒数 10 名的频次依次为：城区 54 次、镇区 55 次、乡村 42 次，城区高于乡村 12 次，镇区比城区、乡村依次高出 1 次和 13 次。所以，综合起来看，乡村义务教育基础设施建设水平要高于城区和镇区，城区高于镇区，镇区义务教育信息化基础设施建设较差。对湖北省"三县一市"的分析也充分说明，相比之下，城区义务教育信息化基础设施建设水平要高于镇区和农村，就巴东县而言，位于城区的京信友谊中学在学生用计算机、多媒体教室、数字化阅览室、多媒体课件、电子教案等方面都要高于位于镇区的官渡口中学的建设水平。黎建锋、张强(2017)对湖北省 2015 年基础教育信息化发展的研究表明，教育信息化发展水平不均衡。城乡之间、校际的教育信息化应用水平差距还很大，武汉、宜昌、随州、潜江等地实现了班班通设备全覆盖，恩施、十堰等地的教育信息化网络环境还无法完全满足教学的需要。城市学校、农村学校、教学点教室多媒体设施配备不均，教学点班级多媒体教室比例仅为 42%，农村学校多媒体教室的比例为 80%(本书按照上述文章提供的图形 3-2 添加)，而城市学校班级多媒体教室比例达 96%。①

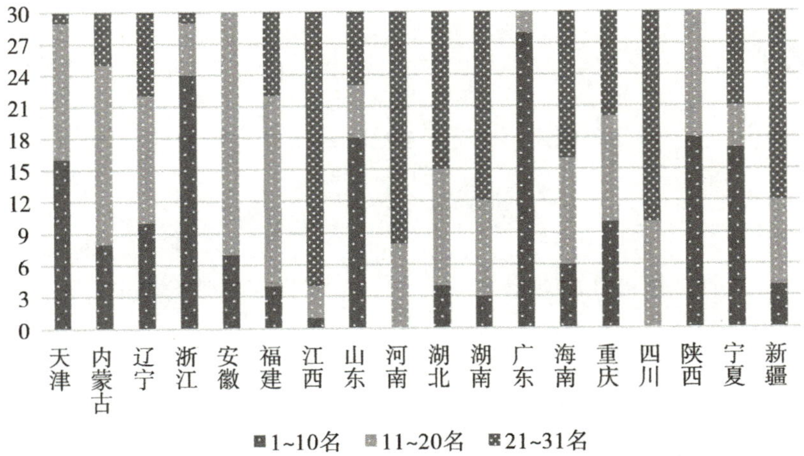

图 3-1　经济欠发达地区分城乡义务教育信息化基础设施建设全国排名分布图

① 黎建锋、张强：《湖北省基础教育信息化班级多媒体设施现状分析与发展策略》，《软件导刊》2017 年第 1 期。

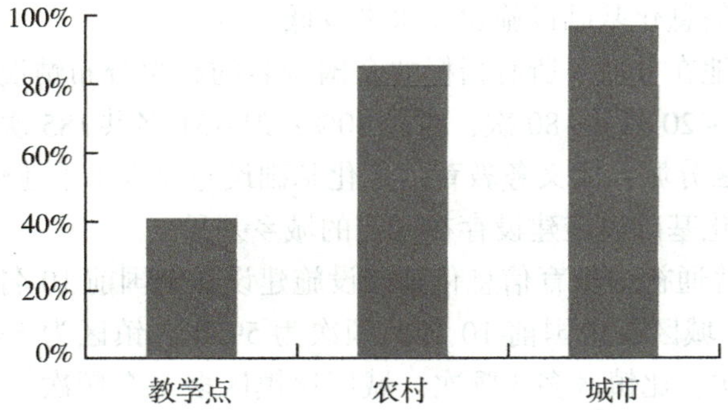

图 3-2　2015 年湖北省教学点、农村学校、城市学校班级多媒体对比①

3. 城乡层面的义务教育信息化基础设施建设水平的地区差异较大

由表 3-23 和图 3-1 不难看出：18 个经济欠发达地区中，没有一个省份所有指标的排名都在全国前 10 名。发展水平相对较好的有：广东(28 次排在 1~10 名，2 次排在 11~20 名之列)、陕西(18 次排在 1~10 名，12 次排在 11~20 名之列)、安徽(有 7 次排在 1~10 名，23 次排在 11~20 名之列)所有指标的排名都在全国前 20 名之列；浙江(24 次排在 1~10 名，5 次排在 11~20 名，1 次排在 21~31 名)。发展水平较低的有河南、四川、江西、湖南、新疆、湖北等，特别是河南和四川 2 个省份没有一项指标排名进入全国前 10 名的行列，河南，在分城乡的义务教育信息化基础设施建设中的各项指标都排在全国后 10 位，江西除了镇区初中网络多媒体教室占普通教室的比例排在全国的第 10 名以后，分城乡的其余各项指标都排在全国 10 名以后。

① 转引自黎建锋、张强：《湖北省基础教育信息化班级多媒体设施现状分析与发展策略》，《软件导刊》2017 年第 1 期。

第四章 经济欠发达地区义务教育信息化经费投入现状分析

本章主要对经济欠发达地区义务教育信息化经费投入的现状展开分析，按照构建的教育信息化供给适度的指标体系，教育信息化经费方面的指标应该包括信息化建设经费占总经费投入的比例、生均信息化建设经费占生均经费的比例、财政性信息化建设经费占财政性教育经费的比例、信息化建设经费来源的占比、教师信息化培训经费占信息化建设经费的比例等。但是，由于教育信息化建设经费到目前为止没有专列在教育经费支出项目中，官方发布的《教育经费统计年鉴》《教育信息化月报》都没有准确列示国家及各地区教育信息化经费支出的数据，在2011年教育部办公厅下发的《教育信息化十年发展规划(2011—2020年)(征求意见稿第三版)》(教技厅函【2011】97号)提出：“发挥国家和各级政府在教育信息化经费投入中的主体作用。各级政府在教育经费中按不低于8%的比例列支教育信息化经费，保障教育信息化拥有持续、稳定的政府财政投入。”但在正式发布的《教育信息化十年发展规划(2011—2020年)》却删除了“8%”的表达，各省市自治区在发布的本地区教育信息化发展规划中对经费保障这一内容中也只有原则性的表达而没有明确的硬性规定，无法分离出各地的各级教育、分城乡的小学和初中教育信息化经费投入的准确数据。因此，只能参照国家整体水平加以推算，教师信息化经费更无从剥离。

有鉴于此，本章主要对小学(分小学和农村小学)、初中(分普通初中和农村初中)的生均教育信息化经费和生均教育信息化经费占生均经费支出的比例来分析经济欠发达地区义务教育信息化经费投入的情况。

由表4-1可以发现，2013—2018年，我国教育信息化建设经费的总投入是逐年增长的，从占教育总经费的比例上2018年以前基本上维持在6.4%~6.5%之间，2018年占比达到了6.69%，从教育信息化经费占国家财政性经费的比例上看，基本上保持在8.0%的水平，因为义务教育经费的免费性特征，除了国家财政性教育经费收入外，其他收入相对较少可以忽略不计，据此，我们按照教育信息化经费占财政性教育经费的8.0%来推算全国31个省区市义务教育信息化的投入水平。

表4-1 全国教育信息化经费投入基本情况 单位：亿元

	2013年	2014年	2015年	2016年	2017年	2018年
教育经费总投入	30365	32806	36129	38888	42562	46143
国家财政性教育经费	24488.22	26420.58	29221.45	31625.4	34141	36852
教育信息化经费	1959	2114	2338	2530	2731	3132

续表

	2013 年	2014 年	2015 年	2016 年	2017 年	2018 年
教育信息化经费占总经费的比	6.45%	6.44%	6.47%	6.51%	6.42%	6.79%
教育信息化经费占国家财政性教育经费的比	8.0%	8.0%	8.0%	8.0%	8.0%	8.5%

数据来源：教育经费总投入和国家财政性教育经费来源于《中国教育经费统计年鉴 2019》，教育信息化经费来源于《2018 年政府对教育信息化的投入只增不减》，搜狐新闻 www.sohu.com/a/214104580_426518。

第一节　经济欠发达地区义务教育信息化经费投入情况

一、小学教育信息化经费投入的基本情况

表 4-2 反映了 2018 年全国 31 个省区市全部小学、农村小学和城镇小学生均财政性教育信息化经费(以下简称为生均教育信息化经费)和生均教育信息化经费占生均经费的比例的情况(灰色底纹代表的是全国排名)。

表 4-2　　小学教育信息化经费投入情况

	ICTP(元)		CICTP(元)		ICTP/SJF(%)		CICTP/CSJF(%)	
全国	922.80		2191.31		7.25		18.53	
北京	2818.70	1	7296.65	3	7.29	17	14.02	28
天津	1709.08	4	2754.40	16	7.63	15	14.53	27
河北	673.20	30	1439.01	29	7.23	19	15.42	24
山西	884.64	22	3149.37	13	7.38	16	23.75	8
内蒙古	1418.94	6	8579.00	2	7.71	14	37.96	1
辽宁	974.84	17	2976.76	14	7.97	12	22.76	12
吉林	1251.25	9	4209.23	9	7.91	13	22.84	11
黑龙江	1341.99	7	6977.30	4	8.27	11	36.67	2
上海	2380.77	3	11500.43	1	14.39	2	33.72	4
江苏	1078.83	13	4428.42	7	3.16	29	35.15	3
浙江	1259.09	8	4848.23	6	8.43	9	25.48	7
安徽	829.29	25	1992.63	25	4.37	26	17.56	20
福建	885.55	20	2710.80	17	4.36	27	22.92	10

续表

	ICTP(元)		CICTP(元)		ICTP/SJF(%)		CICTP/CSJF(%)	
江西	792.38	27	2183.66	21	6.78	20	21.30	14
山东	802.78	26	1963.95	26	6.58	21	20.03	16
河南	553.19	31	1102.40	31	2.69	30	14.74	26
湖北	853.67	24	2302.02	19	8.31	10	21.29	15
湖南	711.30	28	2056.67	24	6.57	22	22.60	13
广东	926.91	19	2097.44	23	4.87	25	17.53	21
广西	705.11	29	1392.50	30	8.87	7	14.85	25
海南	1122.81	11	3426.33	11	9.71	6	18.38	18
重庆	1205.65	10	4892.73	5	12.36	3	30.41	6
四川	931.42	18	2848.01	15	6.26	23	23.13	9
贵州	885.44	21	2182.43	22	2.41	31	19.05	17
云南	1109.55	12	1712.72	27	11.80	5	12.27	30
西藏	2523.07	2	3586.50	10	15.33	1	12.27	29
陕西	883.68	23	4365.92	8	5.67	24	33.16	5
甘肃	1038.86	14	2458.85	18	8.48	8	17.43	22
青海	1427.30	5	3286.61	12	12.27	4	16.88	23
宁夏	1024.47	15	2282.58	20	7.23	18	18.30	19
新疆	997.32	16	1509.59	28	3.21	28	10.96	31
欠发达地区	872.46		2191.35		7.60		21.53	

	UICTP(元)		UICTP/USJF(%)	
全国总计	481.99		7.25	
北京	2480.54	1	7.37	23
天津	1528.98	3	7.87	8
河北	265.95	29	7.81	10
山西	349.76	21	7.37	22
内蒙古	433.65	19	7.87	7
辽宁	634.64	8	7.97	4
吉林	550.41	11	7.81	9
黑龙江	571.61	10	7.98	3
上海	2131.03	2	7.10	26
江苏	653.64	7	7.47	19

续表

	UICTP(元)		UICTP/USJF(%)	
浙江	717.40	5	6.63	30
安徽	292.87	25	7.34	24
福建	455.19	16	7.48	18
江西	271.98	27	7.49	16
山东	445.81	18	7.56	14
河南	244.79	31	7.51	15
湖北	462.14	15	7.38	21
湖南	287.89	26	7.05	27
广东	687.45	6	6.46	31
广西	254.80	30	7.40	20
海南	419.88	20	6.91	29
重庆	572.81	9	7.72	13
四川	314.16	23	6.96	28
贵州	267.49	28	7.49	17
云南	451.30	17	7.92	5
西藏	1206.77	4	8.55	1
陕西	349.05	22	7.15	25
甘肃	306.43	24	8.00	2
青海	469.54	14	7.92	6
宁夏	536.93	12	7.77	11
新疆	500.92	13	7.74	12
欠发达地区	454.54		7.52	

ICTP：表示生均财政性信息化经费，CICTP：表示乡村学校生均财政性信息化经费，UICTP：表示城镇学校生均财政性信息化经费，ICTP/SJF：表示生均财政性信息化经费占生均经费的比例，CICTP/CSJF：表示乡村学校生均财政性信息化经费占乡村学校生均经费支出的比例，UCICTP/USJF：表示城镇学校生均财政性信息化经费占城镇生均经费的比例。表中数据相同，但排名不同，是精确到小数点后4位的结果，表中只显示了小数点后两位数，以下不再一一说明。

（一）普通小学教育信息化经费投入情况

从小学生均信息化经费来看，全国平均水平为922.8元，经济欠发达地区的平均水平为872.46元，比全国平均水平低近50元。18个经济欠发达地区中的内蒙古、辽宁、广东、海南、重庆、四川、宁夏、新疆8个省区市高于全国和经济欠发达地区的平均水平；

安徽、福建、山东、河南、湖北5个省份低于全国和经济欠发达地区的平均水平，河南生均教育信息化经费为全国和经济欠发达地区最低，只有553.19元，分别比全国和经济欠发达地区的平均水平低近370元和320元。从全国排名上看，天津(全国排名第4)、内蒙古(全国排名第6)、浙江(全国排名第8)、重庆(全国排名第10)4个省区市进入全国前10名的行列；福建(全国排名第20)、山西(全国排名第22)、陕西(全国排名第23)、湖北(全国排名第24)、安徽(全国排名第25)、山东(全国排名第26)、湖南(全国排名第28)、河南(全国排名第31)8个省份排在全国20名及以后，后6个省份进入全国倒数10名之列，河南、湖南分列全国倒数第1名和第4名。

从小学生均信息化经费占生均经费的比例上看，全国平均值为7.25%，经济欠发达地区为7.6%，经济欠发达地区高于全国平均水平。经济欠发达地区中的内蒙古、辽宁、浙江、湖北、海南、重庆6个省份高于全国和经济欠发达地区的平均水平，安徽、福建、山东、河南、湖南、广东、四川、陕西、宁夏、新疆10个省份都低于全国和经济欠发达地区的平均水平，河南在经济欠发达地区中最低只有2.69%，并且为全国倒数第2。从全国排名上看，经济欠发达地区的重庆(全国排名第3)、海南(全国排名第6)、浙江(全国排名9)、湖北(全国排名第10)4个省份排在全国前10名；江西(全国排名第20)、山东(全国排名第21)、湖南(全国排名第22)、四川(全国排名第23)、陕西(全国排名第24)、广东(全国排名第25)、安徽(全国排名第26)、福建(全国排名第27)、新疆(全国排名第28)、河南(全国排名第30)10个省份排在全国20名及以后，后7个省份进入全国倒数10名行列，河南、新疆、福建分列全国倒数的第2名、第4名、第5名。

(二)农村小学教育信息化经费投入的基本情况

从农村小学生均信息化经费来看，全国平均水平为2191.31元，经济欠发达地区的平均水平为2191.35元，稍高于全国平均水平。18个经济欠发达地区中的天津、内蒙古、辽宁、浙江、福建、湖北、海南、重庆、四川、陕西、宁夏11个省区市高于全国和经济欠发达地区的平均水平；安徽、江西、山东、河南、湖南、广东、新疆7个省区低于全国和经济欠发达地区的平均水平，河南生均教育信息化经费为全国和经济欠发达地区最低，只有1102.40元，比全国和经济欠发达地区的平均水平低近1090元。从全国排名上看，内蒙古(全国排名第2)、重庆(全国排名第5)、浙江(全国排名第6)、陕西(全国排名第8)4个省份进入全国前10名的行列；宁夏(全国排名第20)、江西(全国排名第21)、广东(全国排名第23)、湖南(全国排名第24)、安徽(全国排名第25)、山东(全国排名第26)、新疆(全国排名第28)、河南(全国排名第31)8个省份排在全国20名及以后，后6个省份进入全国倒数10名之列，河南、新疆分列全国倒数第1名和第4名。

从农村小学生均信息化经费占生均经费的比例上看，全国平均值为18.53%，经济欠发达地区为21.53%，经济欠发达地区高于全国平均水平。经济欠发达地区中的内蒙古、辽宁、浙江、福建、湖南、重庆、四川、陕西8个省份高于全国和经济欠发达地区的平均水平，天津、安徽、河南、广东、海南、宁夏、新疆7个省份都低于全国和经济欠发达地区的平均水平，新疆在经济欠发达地区中最低只有10.96%，并且为全国倒数第1。从全国排名上看，经济欠发达地区的内蒙古(全国排名第1)、陕西(全国排名第5)、重庆(全国排名第6)、浙江(全国排名7)、福建(全国排名第10)、四川(全国排名第9)、6个省份进入全国前10名行列；安徽(全国排名第20)、广东(全国排名第21)、河南(全国排名第26)、天津(全国排名第27)、新疆(全国排名第31)5个省份的排名进入全国20名及以后，后3个省份进入全国倒数10名之列，新疆、天津、河南分列全国倒数第1名、第5名和第6名。

(三)城镇小学教育信息化经费投入的基本情况

从城镇小学生均信息化经费来看，全国平均水平为481.99元，经济欠发达地区的平均水平为454.54元，低于全国平均水平。18个经济欠发达地区中的天津、辽宁、浙江、广东、重庆、宁夏、新疆7个省区市高于全国和经济欠发达地区的平均水平；内蒙古、安徽、江西、山东、河南、湖南、海南、四川、陕西9个省区低于全国和经济欠发达地区的平均水平，河南城镇小学生均教育信息化经费为全国和经济欠发达地区最低，只有244.79元。

从全国排名上看，天津(全国排名第3)、浙江(全国排名第5)、广东(全国排名第6)、辽宁(全国排名第8)、重庆(全国排名第9)5个省市进入全国前10名的行列；海南(全国排名第20)、陕西(全国排名第22)、四川(全国排名第23)、安徽(全国排名第25)、湖南(全国排名第26)、江西(全国排名第27)、河南(全国排名第31)7个省份排在全国20名及以后，后6个省份进入全国排名倒数10名之列，河南、江西、湖南、安徽分列全国倒数第1名、第5名、第6名和第7名。

从城镇小学生均信息化经费占生均经费的比例上看，全国平均值为7.25%，经济欠发达地区为7.52%，经济欠发达地区高于全国平均水平。经济欠发达地区中的天津、内蒙古、辽宁、山东、重庆、宁夏、新疆7个省份高于全国和经济欠发达地区的平均水平，广东、湖南、海南、四川、陕西5个省份低于全国和经济欠发达地区的平均水平，广东在经济欠发达地区中最低只有6.46%，并且为全国倒数第1。从全国排名上看，经济欠发达地区的辽宁(全国排名第4)内蒙古(全国排名第7)、天津(全国排名第8)3个省份进入全国前10名行列；湖北(全国排名第21)、安徽(全国排名第24)、陕西(全国排名第25)、湖南(全国排名第7)、四川(全国排名第28)、海南(全国排名第29)、浙江(全国排名第30)、广东(全国排名第31)8省份排在全国20名以后，广东、浙江、海南、四川分列全国倒数第1名、第2名、第3名和第4名。

二、初中教育信息化经费投入的基本情况

表4-3和表4-4反映了2018年全国31个省区市全部普通初中、农村初中和城镇初中生均教育信息化经费和生均教育信息化经费占生均经费的比例的情况(灰色底纹代表的是全国排名)。

(一)普通初中教育信息化投入基本情况

从普通初中生均信息化经费来看，全国平均水平为1253.39元，经济欠发达地区的平均水平为1218元，比全国平均水平低近36元。18个经济欠发达地区中的天津、内蒙古、

辽宁、浙江、福建、湖北、广东、海南、重庆、宁夏、新疆 11 个省区市高于全国和经济欠发达地区的平均水平；安徽、江西、河南、湖南、四川 5 个省份低于全国和经济欠发达地区的平均水平，河南生均教育信息化经费为全国和经济欠发达地区最低，只有 812.41 元，分别比全国和经济欠发达地区的平均水平低近 441 元和 406 元。从全国排名上看，天津(全国排名第 4)、浙江(全国排名第 6)、内蒙古(全国排名第 8)、海南(全国排名第 9)、新疆(全国排名第 10)5 个省份进入全国前 10 名的行列；山东(全国排名第 20)、陕西(全国排名第 21)、四川(全国排名第 23)、安徽(全国排名第 24)、湖南(全国排名第 27)、江西(全国排名第 28)、河南(全国排名第 31)7 个省份排在全国 20 名及以后，后 5 个省份进入全国倒数 10 名之列，河南、江西、湖南分列全国倒数第 1 名、第 4 名和第 5 名。

表 4-3　　**初中教育信息化经费投入情况**

	ICTP(元)		CICTP(元)		ICTP/SJF(%)		CICTP/CSJF(%)	
全国总计	1253.39		5219.59		6.77		32.14	
北京	5234.70	1	17707.89	3	6.80	19	16.62	30
天津	2616.91	4	7041.59	11	6.93	13	24.29	26
河北	851.40	30	3556.18	29	6.42	27	28.43	21
山西	1019.82	26	4978.76	22	6.07	30	29.80	20
内蒙古	1610.05	8	17764.28	2	7.44	8	77.53	2
辽宁	1370.21	15	5486.93	19	7.68	4	34.98	15
吉林	1375.13	14	5085.47	21	6.79	20	24.03	27
黑龙江	1377.63	13	6842.38	12	7.41	9	35.69	13
上海	3424.73	2	17114.33	4	6.53	24	37.56	11
江苏	1704.83	7	19730.13	1	6.47	26	83.07	1
浙江	1770.68	6	10446.22	7	6.40	28	39.29	8
安徽	1071.84	24	4146.49	25	5.91	31	23.70	28
福建	1329.45	16	5707.43	18	6.71	22	30.00	19
江西	951.93	28	3714.80	27	6.91	14	27.71	23
山东	1248.23	20	8174.00	10	6.85	17	48.59	5
河南	812.41	31	2872.33	31	6.51	25	25.68	25
湖北	1297.70	18	6052.07	15	6.82	18	33.92	16
湖南	975.93	27	3934.27	26	6.62	23	28.21	22
广东	1386.68	12	5900.46	16	6.20	29	35.59	14
广西	885.78	29	4928.19	23	7.23	10	42.53	6
海南	1607.99	9	9042.77	9	7.04	12	38.64	9

续表

	ICTP(元)		CICTP(元)		ICTP/SJF(%)		CICTP/CSJF(%)	
重庆	1432.22	11	10909.01	6	6.87	15	55.10	4
四川	1185.72	23	6208.60	13	7.08	11	38.43	10
贵州	1060.77	25	5420.90	20	7.48	6	41.28	7
云南	1295.53	19	3582.63	28	7.73	3	22.96	29
西藏	2812.52	3	9503.99	8	7.82	2	30.98	18
陕西	1225.82	21	11951.90	5	6.86	16	68.35	3
甘肃	1210.66	22	4738.91	24	7.87	1	31.05	17
青海	1799.70	5	6117.45	14	7.45	7	26.70	24
宁夏	1298.30	17	5785.84	17	7.61	5	37.06	12
新疆	1516.20	10	3116.15	30	6.78	21	15.35	31
欠发达地区	1218		5178		6.85		37.91	

表4-4　**初中教育信息化经费投入情况**

	UICTP(元)		UICTP/USJF(%)	
全国总计	611.13		7.03	
北京	4459.32	1	7.21	17
天津	2148.88	3	7.61	8
河北	330.67	26	7.00	20
山西	421.53	21	6.84	25
内蒙古	627.29	17	7.75	6
辽宁	891.76	8	7.92	3
吉林	650.28	13	7.44	11
黑龙江	667.06	12	7.77	5
上海	3076.26	2	6.94	21
江苏	965.05	6	7.21	18
浙江	985.26	5	6.29	31
安徽	330.19	27	6.72	27
福建	644.77	15	6.90	23
江西	328.27	29	7.28	15
山东	614.95	19	7.44	10
河南	328.42	28	7.44	12

续表

	UICTP(元)		UICTP/USJF(%)	
湖北	626.30	18	6.88	24
湖南	334.35	25	6.49	29
广东	959.93	7	6.53	28
广西	260.61	31	7.25	16
海南	692.26	11	7.30	13
重庆	647.78	14	6.94	22
四川	388.28	23	6.40	30
贵州	296.87	30	7.11	19
云南	405.85	22	7.30	14
西藏	1047.34	4	7.52	9
陕西	481.22	20	6.82	26
甘肃	366.61	24	8.04	2
青海	777.99	10	8.42	1
宁夏	637.40	16	7.79	4
新疆	785.00	9	7.70	7
欠发达地区	593.23		7.23	

从普通初中生均信息化经费占生均经费的比例上看，全国平均值为6.77%，经济欠发达地区为6.85%，经济欠发达地区高于全国平均水平。经济欠发达地区中的天津、内蒙古、辽宁、江西、海南、重庆、四川、陕西、宁夏9个省份高于全国和经济欠发达地区的平均水平，山东(与经济欠发达地区持平)；浙江、安徽、福建、河南、湖南、广东6个省份都低于全国和经济欠发达地区的平均水平，安徽为全国最低只有5.91%。从全国排名上看，经济欠发达地区仅有辽宁(全国排名第4)、宁夏(全国排名第5)、内蒙古(全国排名第8)3个省份排在全国前10名；新疆(全国排名第21)、福建(全国排名第22)、湖南(全国排名第23)、河南(全国排名第25)、浙江(全国排名第28)、广东(全国排名第29)、安徽(全国排名第31)7个省份排在全国20名及以后，后5个省份进入全国倒数10名行列，安徽、广东、浙江分列全国倒数的第1名、第3名、第4名。

(二)农村初中教育信息化投入情况

从农村初中生均信息化经费来看，全国平均水平为5219.59元，经济欠发达地区的平均水平为5178元，低于全国平均水平约42元。18个经济欠发达地区的天津、内蒙古、辽宁、浙江、福建、山东、湖北、广东、海南、重庆、四川、陕西、宁夏13个省份高于全国和经济欠发达地区的平均水平；安徽、江西、河南、湖南、新疆5个省份低于全国和经济欠发达地区的平均水平，河南农村初中生均教育信息化经费为全国和经济欠发达地区最低，只有2872.33元，比全国和经济欠发达地区的平均水平低2347元和2306元。从全国排名上看，内蒙古(全国排名第2)、陕西(全国排名第5)、重庆(全国排名第6)、浙江(全国排名第7)、海南(全国排名第9)、山东(全国排名第10)6个省份排在全国前10名；安徽(全国排名第25)、湖南(全国排名第26)、江西(全国排名第27)、新疆(全国排名第30)、河南(全国排名第31)排在全国20名及以后，并且5个省份的排名都在全国倒数10名之列，河南、新疆分列全国倒数第1名和第2名。

从农村初中生均信息化经费占生均经费的比例上看，全国平均值为32.14%，经济欠发达地区为37.91%，经济欠发达地区高于全国平均水平。经济欠发达地区中的内蒙古、浙江、山东、海南、重庆、四川、陕西7个省份高于全国和经济欠发达地区的平均水平，天津、安徽、福建、江西、河南、湖南、新疆7个省份都低于全国和经济欠发达地区的平均水平，新疆在经济欠发达地区中最低只有15.53%，并且为全国倒数第1。从全国排名上看，经济欠发达地区的内蒙古(全国排名第2)、陕西(全国排名第3)、重庆(全国排名第4)、山东(全国排名5)、浙江(全国排名8)、海南(全国排名9)、四川(全国排名第10)7个省份进入全国前10名行列；湖南(全国排名22)、江西(全国排名23)、河南(全国排名第25)、安徽(全国排名第28)、新疆(全国排名第31)5个省份的排名进入全国20名以后，后4个省份进入全国倒数10名之列，新疆、安徽分列全国倒数第1名和第4名。

(三)城镇初中教育信息化投入情况

从城镇初中生均信息化经费来看，全国平均水平为611.13元，经济欠发达地区的平均水平为593.23元，低于全国平均水平约20元。18个经济欠发达地区的天津、内蒙古、辽宁、浙江、福建、山东、湖北、广东、海南、重庆、宁夏、新疆12个省份高于全国和经济欠发达地区的平均水平；安徽、江西、河南、湖南、四川、陕西6个省份低于全国和经济欠发达地区的平均水平，江西城镇初中生均教育信息化经费为经济欠发达地区最低，只有328.27元，分别比全国和经济欠发达地区的平均水平低283元和265元。从全国排名上看，天津(全国排名第3)、浙江(全国排名第5)、辽宁(全国排名第8)、广东(全国排名第7)、新疆(全国排名第9)5个省份排名在全国前10名；陕西(全国排名第20)、四川(全国排名第23)、湖南(全国排名第25)、安徽(全国排名第27)、河南(全国排名第28)、江西(全国排名第29)6个省份排在全国20名及以后，后5个省份排在全国倒数10名之列，江西、河南、安徽分列全国倒数第3名、第3名和第3名。

从城镇初中生均信息化经费占生均经费的比例上看，全国平均值为7.03%，经济欠发达地区为7.23%，经济欠发达地区高于全国平均水平。经济欠发达地区中的天津、内蒙古、辽宁、江西、山东、河南、海南、宁夏、新疆9个省份高于全国和经济欠发达地区的平均水平，浙江、安徽、福建、湖北、湖南、广东、重庆、四川、陕西9个省份都低于全国和经济欠发达地区的平均水平，浙江为全国和经济欠发达地区中最低只有6.29%，并且为全国倒数第1。从全国排名上看，经济欠发达地区的辽宁(全国排名第3)、宁夏(全国排名第4)、新疆(全国排名第7)、内蒙古(全国排名第6)、天津(全国排名第8)、山东(全国排名第10)6个省份进入全国前10名行列；重庆(全国排名第22)、福建(全国排名第23）、湖北（全国排名第24）、陕西（全国排名第26）、安徽（全国排名第27）、广东（全国排名第28）、湖南（全国排名29）、浙江（全国排名第31）8个省份的排名进入全国20名以后，并且全部在全国倒数10名之列，浙江、湖南、广东、安徽、陕西分列全国倒数第1名、第3名、第4名、第5名和第6名。

三、湖北省巴东县义务教育信息化投入情况

表4-5反映的是调研的巴东县5所学校的教育信息化投入的基本情况。从5所样本学校平均每年教育信息化投入水平来看，京信友谊中学、官渡口中心小学和官渡口中学的经费在5万元以上，而光明小学和阳光小学的信息化建设经费投入不足7000元，还不够买一套电脑的钱，5所样本学校年生均教育信息化分别为：官渡口中心小学，67.06元；光明小学，3.01元；阳光小学，9.54元；管渡口中学，43.1元；京信友谊中学，51.36元。即便是官渡中心小学，年生均教育信息化经费仅有67.06元外，年生均教育信息化经费不足100元；从教育信息化经费占学校总投入的比例来看，官渡口中学不到1%，只有0.6%，最高的官渡口中学达到了学校总投入的25%。

表4-5　**2015年湖北省巴东县义务教育信息化建设投入情况**

	平均每年投入	年生均教育信息化经费	占学校总投入的比例
官渡口中心小学	13.7万元	67.06元	25%
光明小学	0.66万元	3.01元	10%
阳光小学	0.33万元	9.54元	5%
官渡口中学	6万元	43.1元	0.6%
京信友谊中学	10万元	51.36元	12%

可见，总体上看，巴东县义务教育信息化经费投入十分欠缺，无法购买基本的教育信息化设施设备，巴东县教育装备站站长也表示，全县在推进义务教育信息化工作进程中，资金缺口比较大，要推进全县“三通两平台”的建设，资金缺口达3000多万元。5个样本学校对教育信息化的投入水平各有差异，不均衡十分突出，这也可以看出，巴东县义务教育信息化建设缺乏统一部署和统一要求，“自求生路”不可能实现教育信息化的均衡发展。从年生均教育信息化经费来，光明小学和阳关小学的年生均教育信息化太低，不足10元，特别是光明小学这所民办学校太低，只有3.01元。

巴东县教育装备站站长介绍，巴东县自2014年来，在全县实施薄弱改造工程，地方配套资金仍然有910万左右的资金没有落实，全县推进“三通两平台”建设也有接近3000万左右的资金缺口，“改薄”工程至今仍然无法完全完成，在2015年推进教育信息化过程中，计划建“班班通”教室120间，计划投资120×1.5万元=180万元；建微机教室60个，计划投资60×14万元=840万元；建录播教室37个，计划投资37×12万元=444万元；备课办公电脑2100台，计划投资2100×0.35万元=735万元；合计计划投资需要2199万元，但由于资金缺口巨大，无法完全按照计划实施。

与教育局和装备站的领导以及学校校长的访谈结果也显示，所有人都认为制约经济欠发达地区特别是经济不发达地区义务教育信息化发展以及均衡发展的最重要的因素，就是信息化建设经费极为短缺，中央和省的专项经费需要地方配套，而地方财力有限，而且有限的经费优先考虑满足地方普通高中的需要，义务教育信息化建设只能“看菜吃饭”，不能实现同步建设和均衡发展。

第二节　经济欠发达地区义务教育信息化投入存在的问题

一、义务教育信息化经费投入在全国排名的基本情况

为了较为全面分析经济欠发达地区义务教育信息化投入方面的问题，还是从 2018 年各地区生均教育信息化经费和生均教育信息化经费占生均经费支出的比例在全国的排名加以比较说明。

(一) 小学和普通初中投入的全国排名情况

表 4-6 反映的是 2018 年 18 个经济欠发达地区小学和普通初中教育信息化投入在全国的排名情况。

表 4-6　　经济欠发达地区义务教育信息化投入全国排名

	小　学		普通初中	
	ICTP	ICTP/SJF	ICTP	ICTP/SJF
天津	4	15	11	13
内蒙古	6	14	2	8
辽宁	17	12	19	4
浙江	8	9	7	28
安徽	25	26	25	31
福建	20	27	18	22
江西	27	20	27	14
山东	26	21	10	17
河南	31	30	31	25
湖北	24	10	15	18
湖南	28	22	26	23
广东	19	25	16	29
海南	11	6	9	12
重庆	10	3	6	15

续表

	小　学		普通初中	
	ICTP	ICTP/SJF	ICTP	ICTP/SJF
四川	18	23	13	11
陕西	23	24	5	16
宁夏	15	18	17	5
新疆	16	28	30	21

1. 小学两项指标的全国排名的基本情况

生均教育信息化经费方面，有4个省份排在全国前10名，6个省份排在全国倒数10名之列；生均教育信息化经费占生均经费的比方面，有3个省份排在全国前10名，8个省份排在全国倒数10名之列。

2. 普通初中两项指标的全国排名情况

生均教育信息化经费方面，有6个省份排在全国前10名之列，5个省份排在全国倒数10名之列；生均教育信息化经费占生均经费的比方面，有3个省份排在全国前10名，6个省份排在全国倒数10名之列。

(二)农村小学和农村初中教育信息化投入的全国排名情况

表4-7反映的是2018年18个经济欠发达地区农村小学和农村初中教育信息化投入全国的排名情况。

表4-7　　**经济欠发达地区农村小学和初中教育信息化投入全国排名**

	农村小学		农村初中	
	ICTP	ICTP/SJF	ICTP	ICTP/SJF
天津	16	27	11	26
内蒙古	2	1	2	2
辽宁	14	12	19	15
浙江	6	7	7	8
安徽	25	20	25	28
福建	17	10	18	19
江西	21	14	27	23
山东	26	16	10	5
河南	31	26	31	25
湖北	19	15	15	16

续表

	农村小学		农村初中	
	ICTP	ICTP/SJF	ICTP	ICTP/SJF
湖南	24	13	26	22
广东	23	21	16	14
海南	11	18	9	9
重庆	5	6	6	4
四川	15	9	13	10
陕西	8	5	5	3
宁夏	20	19	17	12
新疆	28	31	30	31

1. 农村小学两项指标的全国排名的基本情况

生均教育信息化经费方面，有 4 个省份排在全国前 10 名，6 个省份排在全国倒数 10 名之列；生均教育信息化经费占生均经费的比方面，有 6 个省份排在全国前 10 名，3 个省份排在全国倒数 10 名之列。

2. 农村初中两项指标的全国排名情况

生均教育信息化经费方面，有 6 个省份排在全国前 10 名之列，5 个省份排在全国倒数 10 名之列；生均教育信息化经费占生均经费的比方面，有 6 个省份排在全国前 10 名，6 个省份排在全国倒数 10 名之列。

(三) 城镇小学和城镇初中教育信息化投入的全国排名情况

表 4-8 反映的是 2018 年 18 个经济欠发达地区城镇小学和城镇初中教育信息化投入在全国的排名情况。

表 4-8　　经济欠发达地区城镇小学和初中教育信息化投入全国排名

	城镇小学		城镇初中	
	ICTP	ICTP/SJF	ICTP	ICTP/SJF
天津	3	8	3	8
内蒙古	19	7	17	6
辽宁	8	4	8	3
浙江	5	30	5	31
安徽	25	24	27	27

续表

	城镇小学		城镇初中	
	ICTP	ICTP/SJF	ICTP	ICTP/SJF
福建	16	18	15	23
江西	27	16	29	15
山东	18	14	19	10
河南	31	15	28	12
湖北	15	21	18	24
湖南	26	27	25	29
广东	6	31	7	28
海南	20	29	11	13
重庆	9	13	14	22
四川	23	28	23	30
陕西	22	25	20	26
宁夏	12	11	16	4
新疆	13	12	9	7

1. 城镇小学两项指标的全国排名的基本情况

生均教育信息化经费方面，有 5 个省份排在全国前 10 名，6 个省份排在全国倒数 10 名之列；生均教育信息化经费占生均经费的比方面，有 3 个省份排在全国前 10 名，7 个省份排在全国倒数 10 名之列。

2. 城镇初中两项指标的全国排名情况

生均教育信息化经费方面，有 5 个省份排在全国前 10 名之列，5 个省份排在全国倒数 10 名之列；生均教育信息化经费占生均经费的比方面，有 6 个省份排在全国前 10 名，9 个省份排在全国倒数 10 名之列。

二、义务教育信息化经费投入存在的问题

结合前面列示的经济欠发达地区小学(包括农村小学、城镇小学)和初中(包括农村初中、城镇初中)教育信息化投入的全国排名情况，以及对湖北省巴东县教育信息化经费投入基本情况的分析，不难发现，经济欠发达地区义务教育信息化投入上存在如下几个方面的问题：

(一)义务教育信息化经费投入的整体水平不高

从小学和普通初中教育信息化在全国前 10 名和倒数 10 名的排名分布来看，排在全国

前10名的总频次只有16次，占全国前10名的排名仅为40%，18个省份中仅有44.4%的省份排名在全国前10名。对湖北省巴东县的分析也充分说明，经济欠发达地区的义务教育投入水平还十分低下。胡清(2015)的研究表明，湖北省城镇、乡村的高中小学的教育信息化基建投入资金一直处于低下水平，信息化程度也不高，这其中，城市学校基础教育信息化投入资金短缺率达到58%，县镇学校基础教育信息化投入资金短缺率达到74%，而农村学校基础教育信息化投入资金短缺率更是高达78%。①

(二)义务教育信息化经费投入水平的地区差异较大

没有一个省区市的小学和普通初中教育信息化经费投入的2项指标均排在全国前10名的；情况稍好一点是内蒙古和浙江：内蒙古(小学生均教育信息化经费占生均经费的比排在全国第14名)在小学的生均教育信息化经费、普通初中的生均教育信息化经费和生均教育信息化经费占生均经费的比例排名在全国前10名，浙江(初中生均信息化经费占生均经费的比排在全国第28名)则是在小学的生均信息化经费和生均信息化经费占生均教育经费的比例、普通初中的生均信息化经费排名在全国前10名；而安徽、河南的小学和初中的两项指标排名均在全国倒数10名之列。

(三)义务教育信息化经费投入存在较大的层级差异

从经济欠发达地区小学和普通初中的2项指标的全国排名上看，小学和普通初中教育信息化经费投入方面存在较为明显的差异，不存在一个省份小学和初中在全国的排名基本上保持在同一水平上。整体上看，小学生均信息化有4个省份排在全国前10名，小学生均信息化经费占生均经费的比也有4个省份排在全国前10名，而普通初中生均信息化经费有6个省份排在全国前10名，生均信息化经费占生均经费的比有3个省份排在全国前10名，可见，相对而言，经济欠发达地区的教育系信息化经费投入更加偏向于普通初中，代表性的省份有内蒙古、山东、湖北、四川、陕西等，这与前面分析的基础设施建设方面存在的问题存在一定的一致性。

(四)义务教育信息化投入的城乡差异较大

表4-9反映的是18个经济欠发达地区义务教育信息化投入全国排名在城镇和乡村的分布情况，城镇前10名的频次是17次，乡村前10名的频次为23次；城镇11~20名的频次为28次，乡村则为30次；城镇21~30名的频次为27次，乡村则为19次。可以明显发现，城镇在全国前10名和前20名的频次要低于乡村，而全国后20名的频次高于乡村，由此可以简单地推论，经济前发达地区整体上比较注重乡村义务教育信息化经费的投入，这一点与湖北巴东县义务教育信息化经费投入的分析也是一致的，巴东县的阳光小学为城区小学，但其生均教育信息化明显低于位于镇区官渡口小学和乡村的光明小学。这可能是由于国家改薄工程等方面的政策引导的结果。

---

① 胡清：《湖北省基础教育信息化投资效益分析》，华中师范大学硕士毕业论文，2015年4月。

表 4-9　　2018 年分城乡经济欠发达地区义务教育信息化经费投入排名分布

	城镇			乡村		
	1~10 名	11~20 名	21~31 名	1~10 名	11~20 名	21~31 名
天津	4	0	0	0	2	2
内蒙古	2	2	0	4	0	0
辽宁	4	0	0	0	4	0
浙江	2	0	2	4	0	0
安徽	0	0	4	0	3	1
福建	0	3	1	1	3	0
江西	0	2	2	0	1	3
山东	1	3	0	2	1	1
河南	0	2	2	0	0	4
湖北	0	3	1	0	4	0
湖南	0	0	4	0	1	3
广东	0	2	2	0	3	1
海南	0	3	1	2	2	0
重庆	1	2	1	4	0	0
四川	0	0	4	2	2	0
陕西	0	1	3	4	0	0
宁夏	1	3	0	0	4	0
新疆	2	2	0	0	0	4

(五)义务教育信息化经费缺乏保障

图 4-1 反映的是 2015 年湖北省巴东县义务教育经费来源情况，其中上级拨款占比 58%，自筹经费占 26%，企业捐助占 9%，爱心捐助占 5%，个人捐助占 2%。从巴东县义务教育信息化经费来源看，至少有 16%的经费无法在以后的建设中得以保障，可见，义务教育信息化经费主要来源于上级拨款和自筹，自筹经费对于实行全面免费的经济欠发达地区而言，只能挤占财政拨付的公用经费(因为教师工资福利、奖助学金等人员经费支出相对比较固定)，本来就捉襟见肘的公用经费更是雪上加霜，我们在实地考察时，发现许多的学校学生用的练习本还是上一年级学生留下的旧练习本。所以，绝大部分经济欠发达县市的义务教育信息化的建设经费完全是财政拨付，如湖北省宜昌市秭归县 2010 年 1 月至 2016 年 12 月投入的教育信息化的经费 5147 万元中，中央拨付 694 万元，占 13.5%；

省级拨付 2557 万元，占 49.7%，县级配套 1896 万元，占 36.8%。① 当然，这也带来了另一个问题就是对于经济欠发达地区财力薄弱的省级特别是县级政府，教育信息化建设经费的保障十分艰难。

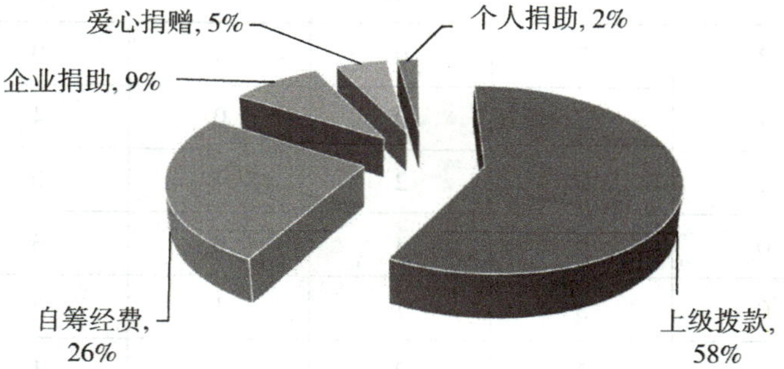

图 4-1 2015 年巴东县义务教育经费来源

此外，各地对义务教育信息化建设经费来源缺乏统一口径和比例，如恩施州的规定为：州、县市政府要把教育信息化纳入年度财政预算，将 20%～30%教育费附加和地方教育发展费用于推进教育信息化建设；各级各类学校把办公经费的 10%用于教育信息化建设。② 襄阳市市政府规定，教育信息化所需经费列入各级财政预算并逐年增加，明确农村义务教育公用经费的 15%用于教育信息化。③ 俞佳君等(2020)对咸宁市的调研表明：全市有 31.89% 的学校信息化建设经费单列专项预算，45.95% 的学校纳入学校相关部门预算，还有 22.16%的学校无信息化经费预算。在访谈过程中，教师和相关领导也表示，经费仍然是限制学校信息化发展进程的重要因素，希望各级教育主管部门能够进一步加大经费投入。④ 湖北省武汉市硚口区的做法是：区教育局设立教育信息化专项经费，作为每年预算的重要任务，“十二五”期间硚口区教育信息化经费投入达到 1.1 亿元。除了市级、区级教育信息化专项资金保障外，教育局鼓励和要求各级各类学校利用学校公用经费购买信息化设备和服务，满足学校信息技术建设的需求。⑤

① 宋秀琼、熊慧：《秭归教育信息化现状及对策分析》，《软件导刊》2018 年第 7 期。

② 段昌平、肖承雄、廖福智、向兴东：《恩施州教育信息化发展现状与对策思考》，《中国教育信息化》2014 年第 23 期。

③ 襄阳市教育局：《扎实推进机制创新 保障教育信息化可持续发展》，《第十七届中国教育信息化创新与发展论坛 论文集》2017 年。

④ 俞佳君、袁尚会、周显鹏：《区域中小学信息化建设现状调查研究——以湖北省 X 市为例》，《中国教育信息化》2020 年第 9 期。

⑤ 郑学军：《区域推进教育信息化工作的几点做法》，《成才》2016 年第 12 期。

第五章　经济欠发达地区义务教育信息化潜件现状分析

本章主要从义务教育教育信息化制度建设、教育信息化领导力、教师信息素养等方面，对影响经济欠发达地区义务教育信息化的潜件供给的现状加以分析。

第一节　教育信息化制度建设现状分析

一、教育信息化制度建设的现状

(一)国家层面的教育信息化政策

教育信息化政策是指国家相关部门以规划、意见、通知、纪要、决定、办法等形式下发的用于指导或监督在一定历史时期内的教育信息化的目标取向、行为活动，监测教育信息化发展过程中出现的问题，并为实施解决方法提供理论指导和标准的政策。[①] 钟志贤等(2017)将我国教育信息化政策的演进过程划分为三个阶段：初步起始阶段(1989—2000年)，这一阶段主要由教育部(国家教委)制定和发布教育信息化政策，基本是一年发布一两项政策，政策文本共计13个；迅速发展阶段(2001—2010年)，教育信息化政策的制定部门走向多元化，包括国务院、教育部和中央电化教育馆等，政策文本数量达到55个；全面推进阶段(2011—2016年)：教育信息化政策制定和发文部门增加了包括教育信息化推进办公室等多达14个部门，政策文本数量增加至128本。[②]以下将自1999年以来国家发布的与义务教育相关的比较重要的政策与规划内容摘编在表5-1中。

表5-1　国家层面的教育信息化相关政策

政策与规划	发布时间	主要内容或要求
《面向21世纪教育振兴行动计划》	1999年	实施现代远程教育工程；形成开放式教育网络，构建终身学习体系

① 参见曾睿：《我国教育信息化政策演进分析研究(1989—2016)》，江西师范大学硕士学位论文，2017年6月。

② 钟志贤、曾睿、张晓梅：《我国教育信息化政策演进(1989—2016年)研究》，《电化教育研究》2017年第9期。

续表

政策与规划	发布时间	主要内容或要求
《关于深化教育改革全面推进素质教育的决定》	1999年	在有条件的初中、小学普及计算机操作和信息技术教育，使教育科研网络逐步进入中小学。采取有效措施，大力开发优秀的教育教学软件。
《加快中小学信息技术课程建设的指导意见(草案)》	2003年	小学阶段：(1)了解信息技术的应用环境和信息的一些表现形式。(2)建立对计算机的感性认识，了解信息技术在日常生活中的应用，培养学生学习、使用计算机的兴趣和意识。(3)初步学会用计算机处理文字、图形的技能。(4)养成良好的计算机使用习惯。初中阶段(1)增强学生的信息意识，了解信息技术的发展及其对社会的影响。(2)了解计算机基本工作原理和学会文字、图形的处理技能，初步掌握信息获取、处理的基本方法。(3)树立正确的知识产权意识，培养学生的合作精神。 课时安排：小学、初中信息技术课程，一般不少于68学时。上机课时不应少于总学时的70%。
《教育部关于开展教育信息化试点工作的通知》	2012	需求导向，注重应用。建立区域综合试点100个左右；中小学学校试点1000所左右。中小学学校试点，重点在信息技术与教育教学的深度融合、优质资源共享与应用、教育教学模式创新。
《教育信息化十年发展规划(2011—2020年)》	2012年	2020年基础教育信息化发展水平框架 信息技术环境下学生使用信息技术学习的意愿；运用信息技术发现、分析和解决问题的能力；健康使用信息技术的自律性等自主学习能力的提升。 在各级各类学校设立信息化主管。 国务院教育行政部门负责统筹规划、部署、指导全国教育信息化工作；各级政府是教育信息化工作的责任主体。教育信息化以省级政府为主统筹推进。地方各级教育行政部门和各级各类学校是教育信息化的实施主体。明确政府在教育信息化经费投入中的主体作用。鼓励企业和社会力量投资、参与教育信息化建设与服务，形成多渠道筹集教育信息化经费的投入保障机制。
《教育信息化2.0行动计划》	2018年	普遍施行由校领导担任首席信息官(CIO)的制度，并明确责任部门，全面统筹本校信息化的规划与发展。将教育信息化纳入本地区教育现代化指标体系。开展面向区域教育信息化的督导评估和第三方评测。 各地要切实落实国家关于财政教育经费可用于购买信息化资源和服务的政策，加大教育信息化投入力度。要充分发挥政府和市场两个方面的作用，积极鼓励企业投入资金，提供优质的信息化产品和服务，实现多元投入、协同推进。 各地要始终坚持试点先行、典型引路的推进机制，要将全面提升“人”的能力作为推进教育信息化2.0行动计划的核心基础，大力开展各级各类学校教师、校长和管理者培训，扩大培训规模、创新培训模式、增强培训实效。

由表 5-1，不难发现，作为国家和地方教育信息化发展的指针，不同年份发布的教育信息化政策，对当时的义务教育信息化发展起到了航标的作用。关于教育信息化政策演化的特征，曾睿(2017)认为，外部的数量特征：年发布数量起伏很大，发展不稳定；制定主体特征：由单一走向多元化，主体部门权力交叉。内部特征主要表现为：动态性、继承性和价值性。具体而言，国家层面的义务教育信息化政策主要体现了如下各方面的特征：

1. 时代性

教育信息化政策的时代性，主要体现在教育部及相关部门紧跟信息化发展的时代脚步，及时对我国义务教育信息化发展的目标、内容、组织管理和保障措施加以调整，保障了政策层面的不落后。如面对人工智能、大数据、区块链等技术的迅猛发展，在国家发布《新一代人工智能发展规划》的背景下，适时发布了《教育信息化 2.0 行动计划》，主动对接和适应新技术浪潮给义务教育带来的新机遇和新挑战。钟志贤等(2017)的研究也表明：教育信息化政策的价值指向充分体现了"适时性"。一是从注重社会需求到个人需求，到社会需求与个人需求并重。二是从促进教育公平到均衡发展。三是从过度关注"物"转变为关注"人"……前期的教育信息化政策对"物"的关注多一些，主要表现在信息化基础设施、信息化资源、信息化管理等方面，后期的教育信息化政策开始关注"人"，关注以教师等教育工作者为主的信息化人才的培养或培训。①②

2. 针对性

教育信息化发展政策的针对性，主要是指国家相关部门发布的规划及政策是根据我国义务教育信息化发展的实际情况，特别是针对发展中基础设施建设、经费投入、信息化与学科教学的整合(融合)、教师素养和学生信息素养、教师信息化培训和学校领导力等方面存在的问题，提出了较为明确的具有一定可操作性的改进措施和具体要求。比如《加快中小学信息技术课程建设指导意见(草案)》中就具体明确了小学生和初中生应具备的基本信息能力，明确小学和初中信息技术开设的课时安排；针对过去义务教育信息化建设存在的各级政府责任边界不清晰的问题，《教育信息化十年发展规划(2011—2020 年)》明确提出了"国务院教育行政部门负责统筹规划、部署、指导全国教育信息化工作；各级政府是教育信息化工作的责任主体。教育信息化以省级政府为主统筹推进。地方各级教育行政部门和各级各类学校是教育信息化的实施主体。"

3. 自主性

自主性是宏观政策的重要特性之一，教育信息化发展政策的自主性是指国家制定相关政策和规划时考虑到教育信息化发展存在地区差异性这一实际情况，对教育信息化发展的时间进度安排等方面并没有一刀切，而是注重各地区的自主性，"以我为主"发展本地区义务教育信息化。比如，《教育信息化十年发展规划(2011—2020 年)》在指导思想和工作方针中明确指出：统筹规划，分类推进。根据各级各类教育的特点和不同地区经济社会发

① 曾睿：《我国教育信息化政策演进分析研究(1989—2016)》，江西师范大学硕士学位论文，2017 年 6 月。

② 钟志贤、曾睿、张晓梅：《我国教育信息化政策演进(1989—2016 年)研究》，《电化教育研究》2017 年第 9 期。

展水平，统筹做好教育信息化的整体规划和顶层设计，明确发展重点，坚持分类指导，鼓励形成特色。

4. 较强的可操作性

教育信息发展政策和规划的较强的可操作性，是指国家层面的教育信息化政策和规划从全球信息化发展趋势的高度对包括硬件、软件、潜件方面建设提出的标准及相应的建设措施等具有指导性意义，具有较强的可操作性。比如，《教育信息化十年发展规划(2011—2020年)》提出的“2020年基础教育信息化发展水平框架”中的提升学校信息化建设基本配置与应用水平；学校教育教学方式变革取得突破；信息化环境下的学生自主学习能力全面提升等三个方面的内容具体，为各地区和各学校提供了具体建设的内容，也可以成为地方和学校检测教育信息化发展水平的重要指标。

(二)部分经济欠发达地区的教育信息化政策

经济欠发达地区在国家教育信息化政策和规划的指导下，也纷纷制定了本省的教育信息发展的政策和规划，如湖北省2009年发布了《湖北省信息化促进条例》、浙江省2010年发布了《浙江省信息化促进条例》、广东省2014年发布了《广东省信息化条例》，等等。部分县市也依据本省的政策和规划制定了县市教育信息化发展的政策和规划，如浙江省杭州市2018年制定发布了《杭州市教育信息化第二轮三年行动计划(2018—2020年)》湖北省恩施州2013年发布了《恩施州教育信息化发展规划(2013—2020年)》，等等。表5-2是部分经济欠发达地区省市的教育信息化十三五发展规划。

结合表5-1和表5-2，可以看出，各地区制定的教育信息化发展规划具有如下几个方面的特征：

表5-2　**部分经济欠发达地区教育信息政策和规划**

政策与规划	发布时间	主要内容或要求
《浙江省教育信息化“十三五”发展规划》	2016年	发展策略：创新驱动、技术引领，深度融合、破解难点，鼓励实践、整体推进，完善机制、长效发展。 通过“互联网+教育”，缩小城乡、区域教育差距，促进高水平均衡。建设浙江智慧教育服务平台——智慧学习广场，深化在线开放课程、微课等数字资源建设，探索推进游戏化学习资源建设和优质资源的数字出版，建设在线智慧教材，加快教材数字化步伐；加强名师网络工作室、学科网络教研建设和应用，构建网络研修共同体。深化信息技术与教育教学的融合，促进个性化学习。实施全省中小学教师信息技术应用能力提升工程，分层分批开展全员培训，开展信息技术专业人员专项培训。完善“一把手”责任制，明确由教学和管理业务主管部门统筹信息技术与教育教学的应用、融合和创新。发挥政府主导作用，组织实施浙江省智慧教育工程，切实加大教育信息化投入，将教育信息化建设、应用、培训和运维经费纳入预算。鼓励经费有困难的地区和学校通过融资、租赁等方式引导和吸引社会力量参与，形成多渠道经费保障机制。加强对农村和偏远地区和学校的支持。加强经费投入绩效评价，提高经费使用效益。

续表

政策与规划	发布时间	主要内容或要求
《广东省教育信息化发展“十三五”规划》	2017年	发展策略：深化应用，服务全局；融合创新，育人为本；统筹协调，一体发展；智能泛在，开放共享。教育宽带网络提速扩容工程：广东省教育和科研计算机网到各地市骨干网络带宽拓宽至60G，各市教育城域网到校接入网带宽不低于1G或城镇中小学以上学校班均接入带宽不低于50M，农村学校(含教学点)班均不低于30M。优质数字教育资源共享工程：中小学课程数字化率达80%以上，基本满足信息化教学常态化应用的需要；建成不少于1000门省级优质在线课程和不少于2万节市级优质在线课程。智慧教育示范工程：省级建成100所智慧校园和300个“未来教室”，培育500个智慧教育项目；各地市建成不少于10所“智慧校园”示范学校、30间未来教室样板、30个智慧教育示范项目。教师信息技术应用能力提升工程：完成中小学教师、校(园)长、教研员、电教专业技术人员的全员培训。 经费保障：坚持政府主导，加大财政投入，制定教育信息化建设和运行维护保障经费标准等政策措施，将基础设施和重点项目建设资金列入各级财政教育经费预算，可在生均公用经费中据实安排用于教育信息化建设和应用服务。健全“基础性服务政府买单、个性化服务市场运营”的长效建设机制。加大省级财政对粤东西北地区教育信息化的投入力度，引导地方加强对农村、边远地区教育信息化的经费支持力度。鼓励基础电信企业建立对各级各类学校的网络使用资费优惠机制。
湖北省教育信息化发展规划(2014—2020年)》	2014年	发展策略：把握方向，遵循规律。分类推进，特色引领。应用驱动，机制创新。义务教育校校通、班班通建设工程。实现宽带网络的全面覆盖。到2015年，城区义务教育阶段学校接入带宽不低于100Mbps，县镇学校不低于20Mbps，农村学校、教学点不低于10Mbps。完成网络条件下的基本教学环境建设。到2015年，教师信息化教学终端普及率达50%以上，学生信息化学习终端普及率达15%以上。实现优质资源“班班通”。实现班级使用优质资源开展课堂教学，教师具备基本信息化教学能力。开展“专递课堂”、“名师课堂”和“名校网络课堂”的建设与应用。中小学信息化应用能力提升工程。探索教学点“数字教育资源全覆盖”应用模式。到2015年，实现省内所有农村教学点“优质数字教育资源全覆盖”，开齐开好规定课程。选择不同经济和教育发展水平的区域，建设一批基础教育信息化试点区、校。 经费保障：省、市、县各级政府将教育信息化重点工作列入财政预算，提高公用经费中用于信息化建设的比例，学校公用经费新增部分主要用于信息化建设，教师培训经费优先用于教师信息技术应用能力提升。坚持市场导向，鼓励企业和社会力量投资、参与教育信息化建设与服务。鼓励学校自筹资金加强信息化建设。

1. 与国家政策保持一致

从公共政策的角度不难理解这一特征，省级政府是代表中央政府贯彻执行相关政策的二级政府，因此，省级政府教育信息化政策与发展规划必须与国家的相关政策和规划保持一致。所有省份制定的教育信息化发展规划都是在《教育信息化十年发展规划(2011—2020年)》《教育信息化2.0行动计划》指导下制定发布的。

2. 明显的地方特色和差异性

从表中所列三个省份制定的教育信息化发展规划来看，都是基于本省基础教育信息化发展的实际包括已经取得的成绩和面临的不足而确定的发展策略、任务目标和保障机制。

如《浙江省教育信息化“十三五”发展规划》开篇指出：经过“十二五”期间的建设，目前“全省中小学校全面普及班级多媒体，99%以上的中小学校实现千兆到校、百兆到达教室和教师办公室；全省73%的中小学教师开通个人网络空间，基本形成覆盖各级各类教育的数字资源体系。完成全省中小学教师教育技术能力全员培训，启动教师信息技术应用能力提升工程，开展数字校园示范建设和创新实验室建设，形成国家、省、市、县(市、区)、校五级示范建设体系。但与‘互联网+’的发展趋势和全面实现教育现代化的要求仍有明显差距，主要表现为：对教育信息化重要作用的认识还有待深化；信息化教育教学环境有待进一步完善；教育信息化公共服务水平有待进一步提升；信息技术引领教育教学变革和创新的作用有待进一步发挥。”

《湖北省教育信息化发展规划(2014—2020年)》的表达为：“全省中小学已有5.7万个多媒体教室建成并投入使用，5000多所中小学已经接入互联网，教师信息化教学终端设备配置率约为39%，覆盖全省的教师、学生、学校三大基础信息数据库初步建成。然而作为教育信息化试点省份，全省仍有约40%的中小学尚未接入互联网，学生信息化学习终端设备配置率不到10%，利用信息技术扩大优质教育资源覆盖面的有效机制尚不完善，区域、城乡、校际之间发展水平差距较大，教育信息化管理体制机制尚未理顺，教育信息化总体发展水平相对较低，还不能满足湖北教育现代化建设需求，对产业的拉动效应尚未充分显现。”

3. 总体目标的一致性

各地制定的教育信息化发展政策和规划都具有明显的地方特色和差异性，但是各地总体的目标是一致的：大力发展教育信息化，最终实现教育现代化。在具体的发展目标上也存在一致性，都是着眼教育信息化基础设施建设、信息技术与学科教学的融合、教师信息素养和学校领导力方面的提升、加大教育信息化经费投入等保障机制的完善等方面。

4. 针对性和可操作性强

地方教育信息化发展的政策是在对本地教育信息化发展的实际情况特别是面临的困难进行了研判的基础上而制定的，相对国家政策和发展规划而言，针对性更强，目标更明确、更具体，具有很强的可操作性，地方制定的教育信息化发展多为阶段性目标，有具体的完成期限和针对性的措施。如《湖北省教育信息化发展规划(2014—2020年)》确定的基础设施建设目标就十分具体明确，参见表5-3。

表 5-3　　湖北省教育信息化基础设施建设阶段性目标

	2015 年	2017 年	2020 年
基础设施	1. 城区义务教育阶段学校网络带宽不低于 100Mbps，县镇中小学不低于 20Mbps，农村学校、教学点不低于 10Mbps。 2. 中小学教师信息化教学终端普及率达 50%以上，学生信息化学习终端普及率达 15%以上。 3. 义务教育阶段学校、教学点所有自然班普及多媒体教室等信息化教学环境。	1. 城区义务教育阶段学校网络带宽不低于 100Mbps，并基本普及校内无线网；县镇学校网络带宽不低于 50Mbps，农村学校、教学点不低于 20Mbps。 2. 教师信息化教学终端普及率达 80%以上，学生信息化学习终端普及率达 30%以上。	1. 省内中小学和职业学校普及数字校园。高校宽带网络接入水平为每万名师生共享带宽不低于 2Gbps。各级各类学校全面实现校内无线宽带网全覆盖。 2. 师生信息化终端设备全面普及。

二、教育信息化制度建设和方面存在的问题

(一)政策和规划制定主体方面的问题

曾睿(2017)对我国 1989—2016 年教育信息化政策制定主体的分析表明，排除与中共中央和教育部联合制定的相关部门以及重复的部门，实际上只有 10 个可独立制定教育信息化政策的权威部门。其中教育部(国家教委)的政策制定主体数占 32.67%，教育部(国家教委)与联合其他部门及其下属行政部门的政策制定主体数占 22.77%，两者相加占 55.44%，中央电化教育馆的政策制定主体数占 28.71%。可见，教育部和中央电化教育馆是组成教育信息化政策制定主体的两大部门。① 同时，我们搜集查询了部分经济欠发达地区发布的教育信息化发展规划，制定和发布部门基本上是省级政府、省教育厅。教育信息化特别是义务教育信息化需要多部门共同合作、协同发力才能实现其发展目标，除了各政府权力部门，是否需要提供技术装备设备的企业等利益相关者参与，是一个十分重要的问题。此外，对湖北省“三县一市”的调研发现，还有两个县没有制定义务教育信息化发展规划，14 所学校无一制定了本校的教育信息化发展规划，当问及对《湖北省教育信息化发展规划(2014—2020)》的了解程度时，除了教育装备站外，其余人的回答基本上是“有所了解”，而当问及具体内容时，答案基本上是“记不得了”“不清楚”；问及如何开展教育信息化建设时，回答基本上就是，按照教育局和教育装备站的要求来建设，语气充满“自信”和无奈，学校在义务教育信息化建设中始终处于被动地位。

俞佳君等(2020)对湖北省咸宁市的调研也表明，19.73% 的学校已经发布了学校信息化建设规划，63.24% 的学校尚在制定中，还有 17.03% 的学校表示无计划。从各县区来看，咸安区和赤壁市有 32% 和 27% 的学校已发布信息化建设规划，而其他 4 县区比例为

① 曾睿：《我国教育信息化政策演进分析研究(1989—2016)》，江西师范大学硕士学位论文，2017 年 6 月。

5%～16%。①

（二）政策内容方面的问题

无论是国家还是地方层面的教育信息化政策和规划，在内容上基本上都大致相同，包括指导思想、发展总目标、不同类型和层级教育信息化发展的目标，教育信息化建设经费保障机制、义务教育信息化过滤机制、义务教育信息化发展水平监测评价机制等一应俱全。尽管国家层面的政策必然是宏观的、指导性的，但是相对而言，我国教育信息化起步较晚，对于教育领域而言可能还算一个新生事物，所以不管是硬件、软件和潜件方面的建设和发展问题还是“瞎子摸象”。因此，就需要国家在教育信息化发展方面提供基本的标准，即所谓的“国标”，比如，生机比、师机比标准，多媒体教室占普通教室的比例，生均电子图书、师均电子图书的标准；义务教育分小学和初中教师必须具备的教育信息技术能力及达到的基本水平；教育培训的次数和时数；教育信息化经费占财政性教育经费的比例，义务教育信息化过滤机制和评价机制的具体内容和标准等等。国家标准是底线，也是红线，有了国家标准，地方和学校就有了实实在在的参照，教育信息化政策就能实实在在地落地，得到贯彻执行。

基于对湖北省“三县一市”的调研情况来看，对于经济欠发达地区义务教育信息化的建设缺乏具体的指导性的文件，如《湖北省教育信息化发展规划（2014—2020年）》只是从宏观上对于湖北省义务教育信息化的建设目标和发展方向做了规划，缺乏具体的指导性意见，导致市县和学校在执行时候困难重重，对巴东县、通山县和蕲春县调研表明，该规划5个方面的建设指标，教育局和教育装备站的领导都表示，“就目前的情况来看，无法实现既定目标”。

（三）政策执行成效的保障机制方面的问题

政策的好坏最终是由政策执行的成效来显现的，政策执行成效除了需要采取正确的执行形式和手段，还需要来自法律层面强有力的制度保障。胡小勇（2011）的研究表明，教育信息化政策执行偏差的原因，主要原因包括：①执行主体的认知缺陷，缺乏系统有序的规划安排；②执行主体的利益冲突与能力限制；③）配套政策和监督机制与资源经费的缺乏；④区域基础性条件的差异。② 王玥（2021）分析了市县级教育行政部门执行教育信息化政策面临的困境。③ 但到目前为止，我国尚未颁布实施教育信息法，尽管国家层面和地方层面都强调要将教育信息化建设纳入“一把手工程”，但实际操作层面上，很少有地方将教育信息化纳入政府官员的考核指标体系中。没有法律约束的教育信息化政策和规划，其执行效果必然大打折扣。访谈中当问及对未来教育信息化建设的打算和设想时，相当部分

---

① 俞佳君、袁尚会、周显鹏：《区域中小学信息化建设现状调查研究——以湖北省X市为例》，《中国教育信息化》2020年第9期。

② 参见胡小勇：《教育信息化政策执行偏差分析与对策研究》，《中国电化教育》，2011年第5期。

③ 参见王玥：《市县级教育行政部门执行教育信息化政策的困局与突破——河南省28市县中小学教师信息技术应用能力提升工程2.0推进的实际考察》，《河南广播电视大学学报》2021年第4期。

教育局和学校领导都明显表现出不清楚，听上级的，“等、靠、要”现象普遍存在。

王玥(2021)对河南省的调研结果表明，河南省28地市仅有不到50%的地市颁布了区域的能力提升工程2.0的实施文件，这也是所有政策执行中完成百分比最高的工作，而更为具体、详细的学分认定方法、校本应用考核方案完成度更低，至于需要整合区域内财政等部门的培训招标工作仅有4地市完成。50%以上的市县认为校本应用考核平台的建设、教师信息化教学能力测评的实施、校本应用考核方案的制定与实施、培训课程资源的建设与质量监控、城乡均衡发展、引领未来教育方面在推进过程中存在困难，因此相关工作无法推进，导致相关工作并未按照预期理想标准执行。①

第二节 教育信息化领导力的现状分析

一、教育信息化领导力的含义

关于教育信息化领导力的含义，李玉斌、武书宁(2012)对2007—2011年国内关于教育信息化领导力的研究文献进行了整理，认为教育信息化领导力的含义主要有如下集中代表性的观点：①过程观，校长教育信息化领导力是指校长通过一系列的规划、政策、策略以及日常的相关行为，让全校师生员工认同这个目标，共同努力，并最终实现学校信息化的过程；②能力观，认为校长教育信息化领导力，是指校长在推进学校教育信息化过程中的一种能力，具体包括通过制订学校信息化发展规划、建设信息化教学环境、建立信息技术使用制度等，从而引导教师、学生等共同树立学校教育信息化发展的目标，进而促进信息技术在学校教学、管理、教师专业发展、学生发展等各个方面有效应用的能力；③智慧观，认为校长信息化领导力是校长或学校管理者在推进学校教育信息化过程中，能够规划、建设信息化发展愿景，并能影响和带领全体师生员工共同实现这个愿景的能力与智慧。②

黄荣怀、胡永斌(2012)认为，虽然校长作为学校的“一把手”和“信息化领导者”的地位和作用对信息化建设具有举足轻重的作用，但一旦校长被调离或兴趣点转移等，该校的信息化建设就会面临停滞。因此，仅仅依靠校长的权力和“个人魅力”，学校信息化不具备可持续发展的能力。进而认为，学校信息化领导力可以定义为学校领导群体吸引和影响全体师生和广大教职员工开展信息化建设并持续实现学校信息化发展目标的能力。③

沈书生(2014年)认为，信息时代学校校长所应具备的领导力称之为校长信息化领导力。真正意义上的校长信息化领导力，需要校长对信息化进行系统关注和思考，对信息化的不确定性进行全面考量，为学校师生创设信息技术应用环境，能够借助于信息技术提升管理学校的效能，方便师生通过不同感官获取符合其认知的资源形式，并能够引领师生在

① 王玥：《市县级教育行政部门执行教育信息化政策的困局与突破——河南省28市县中小学教师信息技术应用能力提升工程2.0推进的实际考察》，《河南广播电视大学学报》2021年第4期。

② 李玉斌、武书宁：《教育信息化领导力研究》，《中国教育信息化》2012年 第22期。

③ 黄荣怀、胡永斌：《信息化领导力与学校信息化建设》，《开放教育研究》2012年第5期。

成长过程中享受信息化带来的便捷，激活广大师生探索新型学习方法的认知旨趣。①

雷励华等(2021)认为，面对教育信息化 2.0，校长信息化领导力结构主要包括 5 个方面。①顶层设计：关注校长规划智慧教育发展愿景与智慧校园发展目标的能力；②环境建设：关注校长决策智慧校园技术架构与投资方案的能力；③ 应用推进：关注校长引领技术驱动教学创新与教育治理的能力；④ 人才发展：关注校长指导师生提升信息化时代核心素养的能力；⑤绩效评估：关注校长评估教育信息化建设的效果与效益的能力。②

综合已有研究，本文所指的教育信息化领导力是学校领导(主要是校长)提升本校教育信息化水平的能力。按照教育部教师工作司 2014 年发布的《中小学校长信息化领导力标准(试行)》(《以下简称标准》)，可以简单地将校长信息化领导力概括为三种能力：组织规划设计能力，对应《标准》1～5 条；组织设施能力，对应《标准》6～12 条；评价推动能力，对应《标准》13～16 条，参见表 5-4。

表 5-4　**《中小学校长信息化领导力标准(试行)》**

职责	核心内容
组织规划设计	1. 依据有关规划要求，结合学校实际情况，组织编制信息化发展规划，并将其作为学校整体规划的重要组成部分。
	2. 遵循新课程改革理念，以教育理念转变和教学模式创新为突破口，组织制订各学科应用信息技术的具体办法，推进信息技术与教育教学的深度融合。
	3. 组织制订教师信息技术应用能力培训研修计划，提高教师信息素养和信息技术应用能力。
	4. 组织编制信息技术课程教学计划，设计课内外信息技术主题活动，提高学生信息素养和利用信息技术进行自主学习、合作学习和创新应用的能力和水平。
	5. 依据有关政策，组织制订学校信息化规章制度，建立人事、财务、资产管理等信息化工作保障机制，促进学校有关信息化基础设施、教学资源的有效应用。
组织实施	6. 推动教师运用信息技术，开展启发式、探究式、讨论式、参与式教学，研发多种主题、形式的校本课程，创新教学模式，提升教育教学质量。
	7. 组织教师参加培训，更新教育理念，提高信息素养和信息技术应用水平。推动教师运用网络自主学习，有效使用网上优质教育资源；利用网络研修社区，依托学习共同体，积极参加有关专业学习活动，促进自身专业成长。
	8. 尊重教育规律和学生身心发展规律，不断优化信息技术学习环境，鼓励学生健康上网；满足学生的个性化发展需求，提升学生信息化环境下的自主学习能力，增强学生运用信息技术发现问题、分析问题和解决问题的能力。

① 沈书生：《中小学校长信息化领导力的构建》，《电化教育研究》2014 年第 12 期。

② 雷励华、张子石、金义富：《教育信息化 2.0 时代校长信息化领导力内涵演变与提升模式》，《电化教育研究》2021 年第 2 期。

续表

职责	核心内容
组织实施	9. 组织建立健全学校信息化发展规章制度，引导、规范广大教职员工在工作中积极有效应用信息技术，优化管理流程，提升管理效率。
	10. 组织运用信息技术对人事财务、资产后勤、校园网络、安全保卫与卫生健康等进行管理，并逐步加强对教学质量的监控和学习过程的记录，提高利用信息技术服务师生的能力水平。
	11. 组织建设校园信息网络，介绍学校工作成效，弘扬学校优良传统，向师生推荐优秀精神文化作品和先进模范人物，营造校园优良育人氛围，努力防范不良的流行文化、网络文化对学生的负面影响。
	12. 组织建立“家庭—学校—社会”信息沟通系统，加强学校与家庭和社会的联系，帮助家长了解学校工作情况和学生身心发展特点，掌握科学育人方法；争取社会和家长对学校工作的理解、支持，营造学校改革发展的和谐氛围
评价推动	13. 组织评估教师的信息技术应用能力、信息技术与教育教学融合的程度等，依据结果调整教师专业发展策略。
	14. 组织评估学生的信息素养以及利用信息技术进行学习的能力，不断提高学生协作与创新水平。
	15. 组织评估学校信息化环境建设状况及终端设备、工具平台、软件资源的使用绩效，促进软硬件资源的有效配置和利用。
	16. 组织评估学校信息化相关政策制度、专项经费、队伍建设的合理性、有效性，并制定相应整改措施。

二、经济欠发达地区义务教育学校校长信息化领导力的基本情况

以“教育信息化”和“中小学教育信息化领导力”为主题词，作者在中国知网上查到共有51篇学位论文对教育信息化领导力进行了实证分析，2015—2020年的共有35篇，涉及经济欠发达地区义务教育教育系信息化领导力的学位论文共有16篇，其中涉及的地区分布分别为：河南4篇、新疆1篇、宁夏4篇、陕西2篇、内蒙古1篇、湖北2篇、浙江1篇、安徽1篇。按照组织规划设计能力、组织设施能力和评价推动能力，以下主要就两篇硕士学位论文的相关研究加以呈现，①卢琰(2018)的《宁夏中小学校长信息化领导力绩效评价研究》对宁夏的银川市、石嘴山市、吴忠市、固原市、中卫市及所辖地区15所小学和15所初中进行分层抽样问卷调查，从信息化决策和规划能力、信息化环境建设能力、信息素养、信息化执行能力、信息化评价能力、信息化教育指导力6个指标进行了校长信息化领导力的分析；②张彦(2019)的《汉中市中小学校长信息化领导力现状及提升策略的研究》对陕西省汉中市的3个县区的各一所城区中学、城区小学、农村中学和农村小学进行了问卷调查，从校长信息化素养、学校信息化系统规划、学校信息化环境建设、学校信

息化人才发展、学校信息化教与学等5个方面对校长信息化领导力进行了分析。将两人的研究成果及湖北省“三县一市”调研的结果如下：

(一)校长履行组织规划设计职责的情况

卢琰(2018)的研究表明，宁夏义务教育学校的校长信息化决策与规划能力处于良好状态。所有义务教育学校的校长对学校信息化发展现状具有准确的了解，对学校的整体发展具有清晰的认识；并且85%以上的校长表示能够根据学校信息化发展水平对学校信息化发展前景做出预判，为学校信息化发展目标提出有建设性的意见；同时，80%以上的校长能够与管理团队建立学校长短期信息化发展目标，促进学校信息化发展。在制定与实施发展计划方面：基本上所有的校长都能够针对信息化发展愿景及目标制定出符合学校发展现状的计划并且能够有序完成所制定的计划。

张彦(2019)的研究表明，仅有31%的学校有教育信息化发展规划，有41%的学校基本没有或完全没有。

对湖北省“三县一市”的调研结果表明，14所学校没有一所学校制定了教育信息化发展的长期、中短期发展规划，当问及是否有教师培训研修计划时，所有学校的校长明白地告诉我，没有研修计划，若教育装备站和教育局为本校提供教师研修的机会，就临时选派教师去参加。对于编制教育信息技术课程教学计划的访谈，校长们一致的观点是，学校按照课程要求执行课时安排，没有另外制定专门的教学计划。

(二)校长的组织实施职责履行情况

卢琰(2018)的研究表明，在信息化引领能力方面：65%的校长能够积极利用信息技术工具开展工作，进而改变传统的工作方式，提高工作效率。在信息化管理团队建设方面：85%的学校组建了信息化管理团队，校长会适当赋权于中层管理队伍。大部分学校的信息化管理团队是由学校的信息技术教师组建，而学校的信息技术主任几乎均由信息技术教师担任。45%的学校会定期组织管理团队信息化方面的培训，促进团队的建设与提高。在信息化发展监督能力方面：65%的学校制定了相应的信息化检查制度，并实际应用于学校的信息化管理：90%以上的学校没有单独成立信息化监督团队，学校的信息化监督工作多数是由校长、副校长以及信息技术主任负责，他们同时对学校的信息化发展实施监控。在信息化激励机制方面：没有学校制定了成文的信息化激励制度，并且由于经费限制，也很少有学校会根据考评对优秀教师及学生进行物质奖励，对于在各种信息化技能大赛中获奖的教师，学校大多会采用职称评定加分等方式进行。

张彦(2019)的研究表明，90%的学校没有配备专职信息化建设与管理人员；所有学校均实现了网络宽带接入，有97%的学校具备比较完善的信息化教学设备，但相反的是，学校的信息化资源建设、管理平台不能与之同步，51%的学校极少购买网络资源信息，不能为广大师生提供优质的教学资源，甚至有23%的学校从来没购买过类似资源。

湖北省“三县一市”的调研情况：校长在推动教师运用信息技术创新教学模式方面，有10所学校的校长表示，会定期不定期通过“示范课”的形式，促进学校教师特别是年轻教师提升教育教学质量，但不一定用多媒体或者课件，其中，6所小学校长表示，经常性鼓励并开展运用课件、多媒体等形式的“教师赛课”；在组织教师参加信息技术培训方面，占80%以上的校长表示只要有机会，都会选派教师参加，但是部分校长特别是农村学校校长表示，即便有机会，教师也无法参加，除了平时课程教学时间安排紧凑外，节假日还要承担乡村政府安排的诸如扶贫等方面的工作。关于建立学校—家庭—社会信息沟通方面，除了恩施和巴东县各有一所小学安装了视频电话用于留守儿童与在外打工的父母定期联系外，其余学校均没有类似的沟通设备。

(三)校长履行评价推动职责的情况

卢琰(2018)的研究表明，在教学效果评估方面：85%的校长表示能够对学校教师的信息化教学做出合理的评价，并且82%的校长能够根据评价为教师提出合理的改进建议，帮助教师更好地将信息化应用于实际教学。在信息化环境建设评估方面：65%的校长能够协同学校信息化管理团队或上级领导对学校信息化环境的建设提出合理的评价；同时63%的校长表示能够对信息化环境的建设提出合理的改进意见，进而保障学校的信息化建设。

张彦(2019)的研究表明，所有的校长均表示能为教师争取信息化相关的考察、培训、比赛等机会，但50%的学校没有制定完备的或者完全没有制定奖惩制度激励教师在教学中运用信息技术，同时84%的学校没有将信息技术教学应用与职称评定挂钩。

湖北省“三县一市”的调研结果表明，《标准》中的“组织评估教师的信息技术应用能力、信息技术与教育教学融合的程度等”；“组织评估学生的信息素养以及利用信息技术进行学习的能力”等四项工作，无一所学校履行过，当问及原因时，部分校长的回答是：“不知道如何评估”“没有时间”，等等。

三、经济欠发达地区义务教育学校信息化领导力方面存在的问题

尽管无法一一列举更多有代表性的成果，但“窥一斑以见全豹”，对照标准，结合相关研究，一个综合判断就是：经济欠发达地区义务教育学校的校长信息化领导力水平整体偏低。具体而言主要存在如下几方面的问题。

(一)校长对教育信息化认识不足

首先，对教育信息化革命性的影响认识不足。湖北省“三县一市”的调研有一个现象，就是所有小学校长对教育信息化表现出极大的兴趣，但部分初中学校校长却没有显示出多大的积极性，有校长对我直言：上级领导和学生家长最终看的是中考重点高中的上线人数，我教了大半辈子书，就是靠嘴、黑板、粉笔“三驾马车”出了成绩，才能当上校长，信息化都是花架子，还要花大量时间，没什么实质作用。下面是对某初中校长一段访谈录音的整理材料。

问：您认为贵校在教育信息化方面做得如何？

答：我觉得没必要搞教育信息化，我们学校不太重视。

问：这是为什么呢？据我们所知，其他学校都是非常欢迎教育信息化的，在你们学校却是不同的态度。

答：因为现在还是看升学率的，特别是我们中考看成绩，有升学压力，搞教育信息化对学生的成绩并没有很大的帮助，不接地气。另外，我们县上留守儿童很多，家长在外打工就是希望他们中考考个好学校，考个好分数，对其他的不做要求。而且由于家长不在身边，学生的自制能力差，让他们接触计算机，他们容易沉迷于电脑游戏，我们不好管理。总之，教育信息化跟中考不挂钩，也不加分，我们觉得没必要。

其次，对教育信息化领导力认识不足。“工作好不好，完全看领导”，中小学校长是学校的“一把手”，一举一动影响着所有教师。校长对信息化领导力认识不足直接导致了学校教育信息化建设水平低下。湖北“三县一市”的调研中，有不低于5位中小学校长认为，信息化是新时尚，是年轻人的事，技术要求高，重新学习时间、精力都不够。具体工作主要交给分管副校长甚至是计算机老师去处理，调研时，很多学校信息化建设方面的介绍都是教育装备站站长和本校计算机老师介绍的，这充分反映出，在校长眼里，教育信息化建设并不是一个什么重要的事。杨昆(2014)对宁夏M市N区初中校长信息化领导力的调研也印证了这一点：“只有26.2%的教师表示所在学校的校长对学校教育技术的应用现状了解得非常到位，44.4%的教师认为所在学校的校长理解的比较到位，有5.3%的教师认为，所属学校的校长并不十分清楚学校信息化建设的状况及需求所在。有教师在采访中说道：‘学校确实很重视信息化建设，但这种重视仅仅存在于思想上，现实和重视却是两层皮’”。①

(二)校长信息化领导力的培训不够

一是校长较少参加培训。尽管教育部、省教育厅和县市教育局几乎每年都安排有校长培训的活动，但真正参加培训的校长并不多。调研中，问及参加培训次数时，多数校长表示，教育局的校长培训活动经常性参加，而对于省外的包括国培计划几乎没有参加。王威(2019)的调研也表明了这一点，在对135位校长的问卷调查中，其中在题项“您是否有过与信息技术相关的学习或培训经历”的样本中，只有38位校长参加过相关培训，占总调查人数的28.15%，剩余的都没有过类似培训。②

二是没有时间参加培训。“没有时间”是较多校长给出的较少参加培训的理由。特别是对于湖北省的“三县一市”而言，路途遥远，交通不便，到省外参加培训，在路上耽搁的时间就是两三天，一次培训就要花十来天的时间。校长培训班的一般流程由四部分构成：一是相关领导发言及对最新教育政策和有关校长工作文件的解读；二是校长自由谈论和交流；三是举办方带领校长去一些标杆学校或明星企业学习它们的先进教学模式和管理经验；四是最后的总结。这四部分完成所耗费的时间不短，导致校长培训班周期过长，所以有的校长有过

---

① 杨昆：《初中校长信息化领导力研究——以M市N区为例》，宁夏大学硕士学位论文，2014年4月。

② 王威：《“教育信息化2.0”背景下中小学校长信息化领导力调查研究——以豫南地区为例》，河南大学硕士学位论文，2019年6月。

一次培训经历后，由于工作时间等原因，不能够再次参加相关信息化培训。①

三是培训针对性和可操作性不强。校长较少参加培训的另一个原因就是培训内容缺乏针对性。湖北“三县一市”的调研表明，多数校长认为，从参加为数不多的省外培训来看，校长培训实质性内容不够，缺乏针对性，因为国培计划很多内容是宏观的，经验也主要是经济发达地区的，对于指导本校的实际工作包括中考没有什么针对性；而教育局组织的培训，很方便，十几分钟的路程，不耽误时间，最重要的是培训内容方面的操作性更强。

（三）校长个人信息技术能力不高

卢琰（2018）的研究表明，在信息技术能力方面，75%以上的校长能够利用信息化工具（例如：百度、谷歌等浏览器，宁夏教育资源公共服务平台等）实现查阅资料、搜集信息等信息化办公方式，并能较为准确地判断所获信息的正确性和可用性，进而提高工作效率，提升自身价值。但是也有学校的校长这样说“由于以前上学的时候也没有怎么接触过计算机，从教以后也是一直担任英语教师，再之后任职校长，学校的信息化工作由专门的信息技术主任负责，我也就不太注重提升自己的信息技术能力，仅仅维持在处理基本公务。”同时在信息化管理方面，仅有12%的校长能够利用信息技术实现对学校的组织管理，在调查时发现，有近半数的学校已经具备了信息化管理系统，但是真正将其有效应用的只占少数，大多数校长还是局限于传统的纸质办公管理，没有对系统进行合理利用。刘莉（2015）对徐州S初中的调研也表明，只有15.88%的教师认为校长具有较强的信息化技术能力，65.02%的老师认为校长在信息化技术方面的能力比较弱。②

湖北“三县一市”的调研表明，占80%的学校校长会运用Word进行文字编辑，收发邮件，但仅有10%的校长会制作简单的PPT，没有一位校长能够制作课件。

校长对教育信息化认识跟不上，缺乏基本培训和个人信息技术水平较低直接导致校长在推进教育信息化建设中，缺乏主动性，对教师的信息化技能的提升等各个方面可以说，不会太关心。

第三节　教师信息素养的现状分析

一、经济欠发达地区义务教育教师信息素养的现状

关于教师信息素养的含义，国内学者钟志贤等（2003）认为，教师信息素养就是各类教师知道如何利用计算机和网络技术获取相关教育教学信息，以便对信息环境中学习过程和学习资源做出设计、应用、评价、管理的新型综合教学能力。③ 王玉明（2004）认为，教

---

① 王威：《“教育信息化2.0”背景下中小学校长信息化领导力调查研究——以豫南地区为例》，河南大学硕士学位论文，2019年6月。

② 刘莉：《中学学校信息化领导力个案研究》，淮北师范大学硕士学位论文，2015年5月。

③ 钟志贤、王佑镁、黄琰、施虹冰：《关于中小学教师信息素养状况的调查研究》，《电化教育研究》2003年第1期。

师信息素养应该包含具有信息的观念和传播信息的意识，应用信息及信息技术的能力，教学媒体和功能的选择能力，媒体的整合能力。[①]谢安邦(2004)认为，具有信息素养的教师应能够对信息与信息社会的特点有正确理解；在获取信息方面有较强的敏感度、意识和欲望；认识到信息对于教育教学工作的重要性，能确认信息需求，灵活获取信息；对信息进行批判性解读与思考；妥善管理其搜集与生成的信息；能对信息进行整合，创造性地解决问题；熟练运用信息技术进行学习与交流；遵守道德，维护信息安全。[②] 智春山(2007)认为，教师信息素养是教师根据要求和需要，在信息传递教学实践基础上，形成的对信息活动的态度，以及检索、获取、分析、处理与应用信息解决教育教学实际问题的能力。[③]

综合国内已有研究，可以简单地将教师信息素养理解为，教师获取、辨别、应用各种教育教学信息的态度和能力。其内容主要包括信息技术意识、信息技术知识、信息技术能力和信息技术道德。[④] 以下主要就张国庆(2019)对鲁西地区 L 县的乡村小学教师调查的结果[⑤]、李延旭(2019)[⑥]对山东省的济南、青岛与河南省的郑州、济源四地市的农村小学的调研结果等相关研究结论，以及 湖北省“三县一市”的调研结果对经济欠发达地区义务教育学校教师信息化素养的现状加以分析和说明。

(一)教师信息技术意识

李延旭(2019)的调查表明，农村小学教师整体的信息技术意识较强。具体而言：89.95%的教师认为互联网在教学活动中所起的作用非常重要；92.29%的教师认为信息与信息技术对教师的专业发展非常重要；72.73%的教师认为信息技术与自己教学工作的关系十分密切；74.52%的教师对运用信息技术实施教学很感兴趣；88.57%的教师在工作或生活中遇到困难时，首先会想到利用信息技术获取帮助；96.69%的教师认为上网查询资料是每位教师都应该掌握的技能；93.66%的教师会根据获取的教育教学的最新信息调整自己的教学思路、过程、方法和策略；91.19%的教师迫切地期望提高自己的信息技术能力；72.86%的教师在上网时经常会主动关注与自己工作相关的信息。

张国庆(2019)的调查表明，L 县的乡村小学教师具有一定的信息意识，但是距离理想值还是有一定差距。具体情况为：77%的教师能够做到关注信息技术动向；82.2%的教师能够做到利用信息技术终身学习；73.4%的教师意识到信息化的重要性；57.8%的教师具备将最新信息技术运用到教学中的意识；81.4%的教师认为每位小学教师都应有主动利用信息技术的意识；77.8%的教师能够具备主动上网搜索信息的意识。

对湖北省“三县一市”的调研结果，86.5%的教师表示对教育信息化有比较清楚的了

---

① 王玉明：《试论教师信息素养及其培养》，《电化教育研究》2004 年第 2 期。

② 谢安邦：《教师教育信息化与教师信息素养的提升》，《教师教育研究》2004 年第 5 期。

③ 智春山：《教师信息素养与培训模式研究》，《中小学电教》2007 年第 6 期。

④ 南国农：《怎样理解信息技术及其教师素养形成》，《现代远程教育研究》2013 年第 1 期。

⑤ 张国庆：《乡村小学教师信息素养现状、问题与对策研究——基于 L 县的调查分析》，聊城大学硕士学位论文，2019 年 6 月。

⑥ 李延旭：《“互联网+”时代农村教师信息素养提升研究》，山东师范大学硕士学位论文，2019 年 6 月。

解，但仅有 5.4%的教师对教育信息化有十分清楚的了解；所有教师都认为，教育信息化对教学效果有一定的改善作用，48.6%的教师认为，教育信息化对改善教学效果具有十分重要的作用，51.4%的教师认为，教育信息化对改善教学效果有比较重要的作用。

(二)教师对信息知识的掌握

李延旭(2019)的调查结果表明，35.81%的教师对计算机硬件及系统方面的知识比较了解(15.56%的教师非常了解)，35.12%的教师了解程度为一般，29.07%的教师不太了解甚至不了解；51.79%的教师对计算机基本理论与操作应用知识比较了解(26.58%的教师非常了解)，31.46%的教师了解程度为一般；14.05%的教师不太了解甚至不了解；在对常用教学软件的安装和使用上，超过 60%的教师认为自己十分了解或比较了解，只有不到 9%的教师认为自己不具备这方面的知识；46%左右的教师对音乐、图片与视频文件处理知识比较了解或非常了解；在独立制作多媒体课件方面，超过 60%的教师选择了比较了解或非常了解。

张国庆(2019)的调查结果表明，21.8%的教师有一定的英文功底可以检索英文网站；81.1%的教师掌握了利用计算机网络搜集信息的知识；50.4%的教师掌握了有关电脑软硬件方面的知识；33.7%的教师能够根据不同的教学目标和任务选择对应的计算机辅助教学软件；47.8%的教师熟悉信息网络及相关网络维护方面的知识。

湖北省“三县一市”的调研结果，41.2%的教师对计算机硬件及 Windows 操作系统方面的知识比较了解；35.2%的教师对 Word、PowerPoint 软件操作知识比较了解，13.2%的教师对课件制作方面的知识有所了解。

(三)教师的信息技术能力

李延旭(2019)的调查结果表明，69.83%的教师能够运用信息技术和各种电子资源对某一专题内容进行资料收集、加工和整理；40.91%的教师经常利用信息技术对学生的学习情况进行评价；73.28%的教师经常运用信息技术进行备课；37.19%的教师经常尝试使用翻转课堂、慕课、微课等网络形式来促进学生的合作、探究学习；67.12%的教师在复习阶段，利用数字资源、思维导图等来为学生梳理归纳学习内容；47.79%的教师经常会使用在线学习与测试系统辅助开展学生的课后作业与测验；88.57%的教师可以通过搜索引擎(如百度、中国知网等)搜索到所需要的信息或资料。

张国庆(2019)的调查结果表明，31.8%的教师具备图片、视频以及音频处理的能力；31.11%的教师能够利用信息技术开展学科教学和科研工作；31.8%的教师能够熟练地操作 Office、Flash 等软件。

对湖北省“三县一市”的调研结果，78.4%的教师经常利用网络搜索引擎和各类学习网站来获取资源；78.4%的教师经常运用计算机技术于课堂教学，16.2%的教师有时会在课堂教学中运用计算机技术，5.4%从来没有在课堂教学中运用计算机技术。73%的教师在日常课堂教学中使用多媒体计算机辅助课堂教学，18.9%的教师在公开课和研讨课中运用使媒体计算机辅助课堂教学，2.17%的教师在课外活动中使用多媒体计算机辅助课堂教学。

(四)教师的信息技术道德

李延旭(2019)的调查结果表明，92.56%的教师能自觉遵守网络道德规范；93.39%的教师能自觉抵御网络上不良信息的诱惑；64.37%的教师能坚决抵制盗版软件；59.99%的教师坚持下载与使用正版计算机软件；66.12%的教师在科学研究中会详细标注参考和引用的文献。抵制盗版软件和坚持下载和使用正版计算机软件较少的主要原因是受教育经费短缺的限制，正版资源不仅稀缺且价格昂贵，教师们往往不便获取。对于向学生讲授互联网的利与弊方面，有64.39%的教师会教育学生辨认和抵制互联网上的不良信息(40.7%的教师经常向学生讲授，23.69%的教师偶尔会向学生讲授)，7.02%的教师很少向学生讲授这方面的知识，28.59%的教师从来不会向学生讲授这方面的知识。

张国庆(2019)的调查结果表明，37.7%的教师能在使用网络时检举他人的不良行为，43.7%不能够在使用网络的过程中主动揭发检举网络平台中的不良现象；97.4%的教师能够做到在使用网络的时候不转发虚假信息；45.2%的教师不了解基本的网络规范和法律，46.3%的教师了解基本的网络法律法规。

湖北省“三县一市”的调研结果表明，74.2%的教师表示能够自觉抵制网上不良信息；100%的教师表示所有的软件尽量用正版，但自己不会购买正版软件；70.5%的教师表示目前自己使用的Windows系统及Office等都是盗版；78%的教师表示在运用多媒体课堂时会偶尔提醒学生注意不要相信网上的广告及不良信息；80.6%的教师表示不知道什么网络规范，完全是凭个人感觉。

二、经济欠发达地区义务教育教师信息素养存在的问题

从两篇硕士学位论文和对湖北省“三县一市”对义务教育学校教师的信息意识、信息知识、信息能力和信息道德方面的调研结果来看，经济欠发达地区义务教育学校教师的信息素养还有待进一步提高，总体上看起来，教师的信息意识都比较强，绝大部分教师能够认识到信息技术对义务教育的影响，并能够主动感知和学习信息技术方面的知识；绝大部分教师能自觉抵制不良信息的侵扰，并能给学生讲授信息道德方面的基本知识；但信息能力还比较差，离教育部2014年发布的《中小学教师信息技术应用能力标准(试行)》和2019年发布的《关于实施全国中小学教师信息技术应用能力提升工程2.0的意见》的要求还有很大的距离。具体而言，义务教育教师信息素养方面主要存在如下几个方面的问题：

(一)对信息技术会产生的革命性影响认识不足

尽管现有的调研结果都显示，教师的信息意识都强，但依然存在部分教师没有充分认识到信息技术对教育的影响。导致这方面问题的原因主要有以下几个方面：

唯分数的应试教育观念。尽管小学取消了分数排名等，但考试依然存在，小升初的考试依然存在，在经济欠发达地区名亡实存的重点初中依然存在，特别是初中的重点班、非重点班的情形依然存在，因此，小学教师依然面临着考试的压力，唯分数的应试教育观念一直存在并且是很顽固地存在。初中教师面对的中考是全州、全市的统一考试，经济欠发达地区在师资水平和学生资质等“先天性不足”的情况下，只有全新身心地投入到训

练——考试的循环圈内，只有一个目的，就是不断提高分数，学生考上好初中分到好的班级，考上省重点、县市重点高中，是他们心目中最高目标。有教师直言，学生考好了，家长高兴了，学校领导高兴了，那我也就高兴了，所以信息技术对我们教师而言，并没有太大的影响。

校长及部分同事的影响。前面对校长信息化领导力的分析表明，有部分校长特别是初中学校校长对教育信息化认识不足直接影响到广大教师这方面的认识和态度。上行下效的效应在这里得以充分体现，有教师表示，校长大会小会都在强调认真备课，要落地，要见实效，并没有提及如何运用信息技术来提高教育质量，我也不敢先行先试呀。此外，同事特别是年长同事对信息技术的抵制也严重影响了教师对教育信息化的正确认识，张国庆(2019)的研究表明，不同年龄的小学教师在信息意识、信息知识、信息能力和信息道德方面具有显著性区别，46～56 岁教师在信息意识方面的标准差为所有年龄段中最高，为 0.873，年龄较大的教师受制于专业知识的局限，存在对新技术学习和掌握的兴趣不高，有为难情绪等，对信息技术带给教育的革命性影响缺乏认识。有老教师直言，教育信息化不可能改变知识结构和学习方法，凭我多年的教学经验，不使用信息技术还是能比年轻教师教出更好的学生。

(二)教师信息素养的城乡差异较大

陈敏等(2020)对东部×省中小学教育信息素养的研究表明，城市和县镇教师信息素养水平高于整体水平，农村教师信息素养水平则稍落后于整体水平。进一步比较不同区域教师的信息素养指数差值发现，城市、县镇、农村教师信息素养指数依次递减，但城市教师和县镇教师的信息素养差异不大，而农村教师信息素养相对较低，与城市教师和县镇教师仍存在一定的差距。

从教师信息意识和情感指数来看，县镇、城市、农村教师的信息意识和情感指数依次递减，其中，城市和县镇教师的信息意识和情感水平高于整体水平，农村教师的信息意识和情感水平略微落后于整体水平。城市和县镇教师之间的差距不大，农村教师相对较低，造成各类教师之间差距的主要原因是教师在信息创新意识方面的差异。

从教师信息知识指数来看，城市、县镇、农村教师的信息知识指数依次递减，其中，城市和县镇教师的信息知识水平高于整体水平，而农村教师的信息知识水平略低于整体水平。农村教师的信息知识指数值相对较低，主要是教师在信息交流方面的知识较为匮乏。

从教师信息使用指数来看，城市、县镇、农村教师的信息使用指数依次递减，其中，城市和县镇教师的信息使用水平高于整体水平，农村教师的信息使用水平低于整体水平；城市、县镇教师间的差距不大，而农村教师落后得较为明显。农村教师的信息使用指数在各区域教师中相对较低，主要是由于教师对教学资源和档案、学生学习档案等资源的信息化管理水平较低。

从教师信息伦理和安全指数来看，城市、县镇、农村教师的信息伦理和安全指数依次递减，其中，城市和县镇教师的信息伦理和安全水平高于整体水平，农村教师的信息伦理和安全水平略微落后于整体水平；城市、县镇教师差异不大，农村教师与前两者有一定的差距。农村教师的信息伦理和安全指数相对较低，主要是由于能在应用信息及信息技术的过程中确保信息完整性的教师比例较低。从教师信息能力持续发展指数来看，城市和县镇教师信息能力持续发展水平高于整体水平，农村教师信息能力持续发展水平落后于整体水平；县镇教师信息能力持续发展水平略高于城市教师，农村教师信息能力持续发展水平最差。农村教师与其他两类教师有一定的差距，主要原因是农村教师在总结反思信息化教学情况和借助信息技术改进教学策略两方面的发展较差。①

周沙(2109)对重庆市S区小学教师信息素养的研究也表明，重庆市S区乡村学校教师信息素养在思想意识、工作态度、教学方法、教学技能方面的得分比城区学校教师要低，乡村学校教师在四个维度上得分比城乡接合部学校教师得分要低。②

(三)信息技术培训机制不完善

俞佳君等(2020)对湖北省咸宁市的调研结果表明：教师信息技术技能学习途径占比最多的为校级培训(占85.68%)和市(县)级培训(占77.03%)，其次是自学(占57.03%)、省级培训(占49.46%)和国家培训(占44.59%)。教师接受教育技术培训的内容主要包括信息技术基本操作(占85.41%)、课件制作技术（占84.32%)、信息化教学设计（占63.78%)、学科教学工具使用（占55.68%)、信息化教育资源获取技能(占54.59%)等。其中，最受欢迎的还是课件制作技术(占85.14%)，信息化教学设计(占45.48%)和信息化教育资源获取(占39.73%)则最受欢迎程度相对较低。部分中小学管理人员反映，各类教育信息技术培训还存在针对性不强、培训内容有交叉的情况，面对参差不齐的学员，有的还上不了手，有的已经“吃不饱”。有的学校还反映，参加校外各级教育技术培训的大部分是年轻人，有的人参加了多轮，都成了培训专业户，部分年龄较长的教师不愿意更新教学技能。③

张二红(2019)对H省卢氏县、洛宁县、民权县的6所初中学校的调研结果表明：初中教师信息化培训存在如下几方面的问题：

1. 组织管理不“力”。学校没有明确的校本培训目标和计划，没有设置专门的校本培训管理机构，也没有安排专门的人员分管校本培训的工作，有关校本培训的组织和管理工作宣传不到位，落实不踏实。学校并没有对教师进行分层培训，学校在组织教师进行校本培训的时候并不会提前调查教师对于培训内容的需求。

2. 培训制度和培训资源不“全”

普通学科教师对于校本培训的制度并不是太清楚，校本培训的激励机制不健全，在校本培训的投入和经费略显不足，对学校的信息技术设备的维修和服务跟不上，学校的教育设备经常出现损坏和停用的现象；另外，学校也没有多余的经费聘请高质量的培训讲师，

---

① 陈敏、周驰、王欢、吴砥：《中小学教师信息素养指数研究——基于东部X省教师信息素养调查分析》，《电化教育研究》2020年第4期。

② 周沙：《重庆市S区小学教师信息素养的现状、问题及对策研究——基于〈中小学数字校园建设规范(试行)〉》，重庆师范大学硕士学位论文，2019年5月。

③ 俞佳君、袁尚会、周显鹏：《区域中小学信息化建设现状调查研究——以湖北省X市为例》，《中国教育信息化》2020年第9期。

对本校的教师进行专门的信息技术的应用以及信息技术学科整合的操作培训。学校的校本资源库建设不完善，可供教师选择的优质资源较少，教师的上课仍依赖传统的教学，教师习惯性地参考教辅材料。

3. 教师主体意识不“强”

在参培目的上，多数教师认为培训是学校的工作要求，或者为了评职称和晋级，繁重的工作任务使得教师认为参加培训增加了工作负担。

4. 培训内容与形式不“全”

在校本培训的内容上，所调研学校的教师认为本校所进行的培训并不符合教师的教学实际的需要；在组织校本培训的过程当中，可以直接充分利用的资源很少，和高等学校的合作机会少，另外，接触到的先进的教育科技企业有限，没有先进的教育技术设备和先进的教育信息化教学理念在国贫县初中学校难以灌输并且得到有效的落地实施。校本培训形式相对单一，传统的培训师讲、参加培训的教师听的形式难以满足教师信息素养的提升。①

此外，教师培训还存在城乡差异。李毅、杨淏璇(2021)的调研发现，仅5.8%的城市教师未参与过信息化教学的相关培训，而乡村教师未参与过相关培训的比例高达12.5%，乡村教师在访谈过程中表示，学校有很多留守儿童，自己还承担着许多教学以外的工作，没有精力参与信息化培训。此外，94.2%的城市教师和93%的乡村教师反映他们所参加的培训主要以教授信息化知识和技能为主；32.4%的城市教师和44.2%的乡村教师从未接受过教育信息技术与教学融合创新的相关培训。②

(四)缺乏技术指导

教师信息能力的提升，除了必要的培训及自学外，还需要有专业的技术指导，有很多教师反映，培训时学会的技能技巧，可回到学校就忘了。这里的技术指导是指两个方面的技术指导，一是计算机、网络等硬件、软件应用维护方面的技术指导；二是信息技术融合学科教学的技术指导。段昌平(2014)的研究表明，教育信息化的设备维护、平台管理和教师培训，以及衍生出来的诸如教育质量监测功能、校园视频监控功能、班班通实时监控功能等，需要一支庞大的专业技术服务队伍来提供支撑。恩施州大多数学校的信息技术老师由其他学科教师兼任，学校没有一支专业的信息化应用维护与管理队伍，且学校缺乏有效的激励机制，不利于教育信息化的深度推广。目前全州对教育信息技术岗位的设置、人才的招聘、技术人员的业绩考评等没有相应的制度。③

苏福根、周学和、苏阳(2020)的调研发现，信息技术专业人员队伍配备不足，学校

① 张二红：《初中教师信息素养校本培训问题及策略研究——基于H省6所初中的数据》，郑州大学硕士学位论文，2019年5月。

② 李毅、杨淏璇：《城乡义务教育信息化发展的困境与对策——基于优质均衡视角》，《湖南师范大学教育科学学报》2021年第1期。

③ 段昌平、肖承雄、廖福智、向兴东：《恩施州教育信息化发展现状与对策思考》，《中国教育信息化》2014年第23期。

的信息技术专业教师既要承担信息技术课教学任务，又要承担管理、培训、维护等其他工作，任务繁重，导致工作积极性受挫。同时，信息技术专业教师队伍由于技术过硬，能力全面，往往成了学校的“消防员”，哪里有应急，就调往救急，导致学校信息化建设捉襟见肘，学校信息化地位被弱化。但是，在学校考核过程中，信息技术常被作为非主科目纳入考核，在考核中处于被动地位，教师在评先、评优、晋级过程中往往处于劣势，也导致信息技术教师从事专业热情不高。①

王亚鑫(2020)对湖北省18个地市和湖南省14个地市的中小学校的调研结果表明，两省城市学校拥有专职人员的比例远高于农村地区，其中湖南省城市学校拥有专职人员的比例占比最高，约为58.96%，湖北为55.8%；湖南农村地区拥有专职人员学校占比为30.9%，湖北仅为28.66%。显然，农村地区在学校信息技术专职人员配备上存在较大短板。目前农村学校拥有信息化专职人员的学校占比仅为28.66%，并且部分信息化专职人员是由其他学科教师转岗而来，信息化专业能力不足等问题普遍。②

缺乏信息技术指导教师，而且信息技术指导教师并未获得相应的重视，教师在日常备课、上课过程中碰到的技术问题，无法解决，影响课程进度，久而久之对信息技术在教学中的应用也就失去兴趣了。同时，目前最为缺乏的是教育信息资源教师，信息资源教师的含义及职责在文献综述中已经作了具体介绍，相比较而言，上面提到的信息技术指导教师的职责有两个：一个是开展信息技术课程的教学工作，另一个方面是教育信息技术系统包括软件、硬件方面的维护等工作。而教育信息资源教师应该在每个工作日中都能完全的投入协助教师在课堂上的技术应用上。③

① 苏福根、周学和、苏阳：《南疆基础教育信息化发展现状及对策研究》，《中国教育信息化》2020年第7期。

② 王亚鑫：《中部地区基础教育信息化城乡发展差异及影响因素研究》，华中师范大学硕士学位论文，2020年5月。

③ 赵慧臣、杨萍：《美国教育信息资源教师项目的特征与启示》，《远程教育杂志》2015年第4期。

第六章 经济欠发达地区义务教育信息化供给侧改革策略

运用构建的义务教育信息化供给适度的指标体系对经济欠发达地区义务教育学校的硬件、软件和潜件方面进行分析表明，经济欠发达地区义务教育信息化建设在硬件、软件和潜件方面存在供给不足、供给过剩等方面的问题，需要及时解决。

第一节 供给侧改革遵循的基本原则

经济欠发达地区义务教育信息化供给侧改革，必须在尊重义务教育的教育教学规律、充分考虑义务教育信息化的特征及经济欠发达地区义务教育信息化需求的前提下才能取得相应的成效。具体而言，经济欠发达地区义务教育信息化供给侧改革必须坚持的基本原则主要包括如下各方面：教书育人的原则，公平性原则和供给适度原则。

一、教书育人的原则

教书育人的原则是义务教育信息化供给侧改革的最重要的原则，无论是发展教育信息化还是面对问题进行改革，最终的目的就是在尊重教育教学规律的前提下，为新时代培养社会主义的建设者和接班人。正如北京大学资深教授顾明远(2019)指出的那样，"信息技术、互联网改变了教育环境和教育方式。但技术永远只是手段，不是目的。教师的教育观念、教育方式方法需要改变，但教师培养人才的职责不会变"①。按照教育学的基本理论观点，义务教育规律主要有两条：一是义务教育必须适应社会经济发展的规律；二是教育必须适应义务教育学生身心发展的规律。

(一)尊重教育适应社会经济发展的规律

对经济欠发达地区的义务教育信息化而言，义务教育要秉持为新时代培养社会主义建设者和接班人的大原则，培养适应和促进新时代社会主义不断发展和进步的建设者和接班人，面对信息化席卷的浪潮，必须适应和接纳信息化，经济欠发达地区出于信息化对社会

① 顾明远：《"人工智能+教育"将使教育发生革命性的变革》，《教育家》2019年第40期。

经济发展的强大推动力，要大力发展信息化①；义务教育学校要加强教育信息化的建设与发展，促进信息技术与课程教学的融合，最终提高义务教育的教育质量。

(二)尊重并适应义务教育阶段学生身心发展的规律

义务教育信息化的建设与发展也要按照义务教育阶段学生身心发展的阶段性、顺序性及学生的个性差异来开展。比如，针对义务教育阶段学生的具体思维和形象思维强而抽象思维较弱的特点，可以通过信息技术提供更加丰富多彩的、直观的教学内容的呈现形式；针对义务教育阶段学生正处于身体发育的阶段，要引导学生控制接触电子产品包括 iPad、手机等的时间；针对学生的个性差异特点，教育信息化要关注到每个学生的个性差异，不能搞“一锅煮”，因材施教在教育信息化发展中始终必须坚持、必须贯彻，有一个观念要理清，就是什么是“优质教育资源”？从义务教育阶段学生身心发展的个性差异来看，适合学生发展需要的才能称之为“优质教育资源”，正如俗语所言“鞋合不合脚，只有自己知道”，即便是世界级的教育家，对于不同儿童运用同样的教育手段和教育内容，也不会取得同样的效果。基于此，对于目前开展的同步课堂，教师下载的优质课件等方面的“拿来主义”的成效以及电子书包能否在小学特别是小学低年级采用等，需要重新审视。

二、公平性原则

公平性原则是义务教育发展的基本原则，同时也是义务教育信息化供给适度的基本原则。义务教育信息化在促进义务教育的区域、城乡、校级均衡发展上具有不可替代的重要作用，进一步缩小义务教育发展的差距是义务教育发展的重中之重，而其中通过义务教育信息化的均衡发展促进义务教育的均衡发展是一个重要手段。义务教育信息化供给适度的公平性原则，主要包括如下几个方面的内容。

(一)信息化建设经费的公平性

义务教育教育信息化供给过程中各级政府在义务教育信息化建设经费的投入方面要做到公平；在国家层面要做到省际公平，在省级政府层面要做到县际公平或者称之为省域范围内的公平，在县级政府要做到各乡镇的公平或称之为县域范围内的公平。也就是说，各级政府不能区别对待，不能光做“锦上添花”的供给，更要做“雪中送炭”的供给，否则，义务教育信息化发展的马太效应就益发明显，数字鸿沟也就越来越大，义务教育的均衡发

① 关于信息化对经济发展的作用，可参见(1)吴新年等：《论信息化在现代社会经济持续发展中的地位与作用》，《开发研究》1999 年第 4 期。(2)姜爱林：《工业化与信息化互动关系研究》，《学习与探索》2004 年第 5 期。(3)刘荣添、叶民强：《信息化与经济增长的计量分析——来自 29 个省份面板数据的经验：1992—2004》，《经济问题探索》2006 年第 9 期。(4)李立志：《信息化水平测度及其对中原经济崛起和可持续发展的贡献作用》，《科技管理研究》2010 第 3 期。(5)刘春梅、唐守廉：《信息产业对经济增长作用的实证研究》，《北京邮电大学学报(社会科学版)》2010 年第 12 期。(6)刘会宗：《农业信息化对我国农业经济增长影响分析》，《现代经济信息》2016 年第 13 期。(7)曹飞：《信息化与区域经济增长的空间面板分析》，《太原理工大学学报(社会科学版)》2017 年第 2 期。(8)张祎芳：《我国省域信息化发展的空间关联性及其对经济增长的非线性影响研究》，福建师范大学硕士学位论文，2019 年 5 月。

展就不可能实现。

(二)信息资源配置的公平性

信息资源配置在义务教育学校的公平性，包括城乡学校的公平，同级教育的公平，男女学生的公平，男女教师的公平。这就要求中央政府和省市级政府在教育经费特别是教育信息化建设经费方面要优先保障义务教育，特别是在我国实现了真正意义上的免费义务教育以后，义务教育经费完全靠财政拨款，除此之外，学校几乎再无其他收入，而高中阶段教育和高等教育除了财政拨款外，还有学费收入、校友捐赠等收入来源。实现义务教育学校信息资源配置的公平，就是要实现义务教育信息化的硬件、软件和潜件配置在城乡、同级教育和生均、师均方面的均衡。

但是，由于经济体制等方面的原因，导致的事实上的不公平，按照罗尔斯在《正义论》中提出的差异性的机会平等原则，就应该采用补偿性的政策，尽量消除事实上的不公平，而避免更大的不公平的出现。简而言之，就是对于事实上已经存在的义务教育信息化发展中的省际不公平、省域不公平、县域不公平，政府就应该采取相应的补偿措施，逐步缩小直到消除这些差异。

三、供给适度原则

经济欠发达地区义务教育信息化供给侧改革必须遵循供给适度的原则，简而言之，就是在遵循教书育人原则的前提下，经济欠发达地区的教育信息化在硬件、软件和潜件的供给上要能满足基本的教育信息化教学之需求，是有效供给，杜绝浪费。

(一)供给满足基本需求

满足基本需要或者说满足教育信息化工作开展的硬件、软件和潜件的最低水平的需求。比如硬件方面的计算机生均和师均达到 1∶1，有宽带接入，网络多媒体教室达到100%，各学科教学信息资源比较齐全，有信息技术指导教师和教育信息资源教师及时排解使用硬件、软件和整合课程教学中的困惑；有较为充足的并有保障的教育信息化建设经费投入，能够及时维护更新硬件、软件，为教师提供培训的机会；为教师提供订单式、菜单式的培训并具有较强的针对性、可操作性和成长性，等等。

(二)杜绝浪费

供给过剩和非有效供给必然导致浪费，必须尽量做到精准供给、有效供给。盲目攀比、追求“高大上”，导致大量有限的教育信息化建设经费浪费及设施设备闲置，都是不能允许的。

王建棣(2007)指出，现在教育主管部门、商家对学校的干预过多，左右学校信息化发展的是教育行政部门和商家。比较看中设备硬件的配置，学校的话语权较少，学校往往不能按自己的需求配置软、硬件，而上级给配置的软、硬件不是过时就是不配套不兼容，造成维修维护和使用的极大不便，增加了使用的难度和操作步骤，进而大大影响教师使用的积极性。如果硬件设备配置很高，而软件资源缺乏，那就成了空架子，摆设；如果硬件设备配置很高，而软件资源也充足，而教师的技术水平却很低，理念陈旧，不会科学使用，或使用得不好，同样不会取得理想效果。①

金毅(2017)在分析现代教育技术装备的浪费现象时指出，很多学校的现代教育技术装备的更新速度也出现了大提速：从闭路电视、背投电视、液晶电视到电子白板，再到一体机甚至是平板电脑。面对如此高速的更新换代，不少老师显得比较茫然——经常是一种设备还没有熟悉，却已经面临淘汰，不得已又得接触新的。如此折腾，让人颇有些局促不安之感。在硬件方面，新事物的来临往往又演变成了旧事物的简单退场。这两方面无形之中造成了技术装备的浪费。但是，不少设备的更换事实上是因保养不善造成的；而且，新设备的添置并不意味着旧设备的即时全面退出。比如，在没有安装电子白板的教室里，若能在电脑上安装相应的白板软件，并制作好配套的白板课件，那么，白板的不少功能通过鼠标操作，在电视机或投影仪上投射演示一样可以实现。②

第二节 美国义务教育信息化建设发展的经验

作为世界上最早将信息技术应用到教育领域的国家，美国义务教育的教育信息化建设成效较为明显，这得益于有较完善的分工体系以及在不同时期针对教育信息化发展面临的问题提出的政策措施。③

一、美国教育信息化建设中各级政府责任边界清晰

作为高度分权的国家，美国联邦政府不能直接领导和干预各州和学区的教育信息化建设与发展，但联邦政府及其下属的联邦教育部可以通过制定相应的法律、国家规划以及财政和项目手段，来引导各州和学区提升教育信息化发展水平。

(一)联邦政府的职责

美国联邦政府主要责任是制定助推教育信息化发展的法律、政策规划，提供资金支

① 王建棣：《信息技术教育中若干问题的辩证分析》，《教育信息技术》2007 年第 9 期。

② 金毅：《现代教育技术装备浪费现象及建议》，《教书育人(校长参考)》2017 年第 5 期。

③ 主要参考了(1)刁礼新：《美国国家教育技术计划研究》，华中师范大学硕士学位论文，2011 年 5 月。(2)高峰、周洁、李钰、黎冀湘、赵鹰：《美国教育信息化的启示：基于教育信息化 2.0 的学校信息化建设》，《中国教育信息化》2021 年第 14 期。(3)张文兰、刘盼盼、闫怡：《美国教育管理者信息化领导力提升策略管窥与启示——基于对〈为未来准备的领导力特征：一项研究综述〉的解读》，《中国电化教育》2019 年第 12 期。(4)蒋鑫、洪明：《美国教师教育信息化政策的新进展——联邦政府〈推进教育技术在教师培养中的应用〉规划述评》，《集美大学学报》2019 年第 4 期。(5)王丽珍、蒋仁木：《美国教育信息化政策分析及启示》，《教学与管理》2021 年第 15 期。(6)张欣、范如涌、安宝生：《中美基础教育信息化国家项目资金管理的政策分析》，《比较教育研究》2005 年第 6 期。(7)来钇汝、张立新、秦丹：《美国区域教育信息化发展规划的分析与启示》，《现代教育技术》2020 年第 6 期。(8)朱莎：《美国、新加坡教育信息化发展战略比较研究》，华中师范大学硕士学位论文，2013 年 4 月。(9)成赛：《美国〈让每个孩子成功法〉研究》，山东师范大学硕士学位论文，2017 年 6 月。(10)吴砥、余丽芹、李枞枞、尉小荣：《发达国家教育信息化政策的推进路径及启示》，《电化教育研究》2017 年第 9 期。

持。美国总统推动相关法律政策的制定与实施。如《1996 年电信法案》(Telecommunications Act of 1996)第一次将中小学校和图书馆纳入电信普遍服务机制，目的是为了保证中小学校和图书馆能够以负担得起的价格获得先进的电信和网络服务。美国联邦通讯委员会(Federal Communications Commission, FCC)1997 年 5 月 7 日发布了普遍服务法令，建立了面向中小学校和图书馆的被称为 E-rate 政策①的普遍服务机制。自 1996 年起至今联邦政府连续发布了六份《国家教育技术规划》(National Education Technology Plan, NETP)，每一个规划几乎是由美国总统亲自推动制定的，如，NETP1996 是由克林顿总统推动制定的，NETP2000 是由小布什总统推动制定的，NETP2004 也是由小布什总统推动制定的，NETP2010 是由奥巴马总统推动制定的。2012 年基于自称为"教育总统"的布什宣布的《不让一个孩子掉队》(No Child Left Behind)的教学改革立法计划，正式成为法律；2013 年 6 月 6 日，奥巴马在北卡罗来纳州穆尔斯维尔的一所学校发起"连接教育"(Connect ED)②行动计划。会上，奥巴马向在场的学生、教师以及全国民众承诺将号召联邦通讯委员会用 5 年的时间让全国 99%的学生连接上高速宽带网络，2014 年 11 月 19 日，奥巴马召集来自全国的 100 多位学区高级负责人在白宫签署了"未来做好准备的学区承诺"(Future Ready District Pledge)。这标志着以"技术推动学习，为未来做好准备"的 Connect ED 行动计划在学校层面全面展开。2015 年联邦政府颁布了《每个孩子成功法》(Every Student Succeeds Act, ESSA)。

为了彰显联邦政府对学校用信息技术的支持，联邦政府也主动分担了部分基础教育信息化建设经费，据美国网络教育委员会（The Web-Based Education Commission）在 2000 年提交给总统和国会的一份研究报告显示，根据 2000 年财政年度的预算，联邦政府在基础教育信息化中的直接投入达到约 15 亿美元，州政府和学区等则总共投入约 54 亿美元，联邦政府投入超过政府基础教育信息化总体投入的 20%。③ 为保证 Connect ED 计划的顺利实施，美国教育部设立了 10 亿美元专项，私营部门承诺提供移动设备、免费软件、教师专业发展和家庭无线连接等技术设备，总计超过 20 亿美元；博物馆和图书馆服务研究院也提供了资金支持，FCC)将启动 E-rate 项目的 20 亿美元基金投入计划建设中并继续实

① E-rate 政策的资金来源于教育和图书馆普遍服务基金，凡是符合条件的中小学校和图书馆在获得电信、互联网络和内部联网服务，以及在购买路由器、交换机、集线器、网络服务器等硬件及相关软件的时候，只需支付相应的折扣价格，折扣之外的费用则由 E—rate 基金支付。参见(1)王丽珍、蒋仁木：《美国教育信息化政策分析及启示》，《教学与管理》2021 年第 15 期。(2)何恩基、张玉侠：《美国教育信息服务折扣政策分析》，《清华大学教育研究》2002 年第 2 期。(3)张欣、范如涌、安宝生：《中美基础教育信息化国家项目资金管理的政策分析》，《比较教育研究》2005 年第 6 期。

② 连接教育(Connect ED)计划是奥巴马于 2013 年提出的，该计划提出了 4 个发展目标：升级网络连接，确保全美国学校教室和图书馆提供高速网络带宽和无线网络，宽带网速不低于 100Mbps，最好能达到 1Gbps；支持教师培训，确保全美的教师都能获得培训，以更好地利用技术来提高学生的学习成果；能访问学习设备，确保所有的教师和学生都能在教室内外借助移动设备随时获取数字化的学习内容；数字化资源的可用性，确保可以获得数字化学习资源和工具。参见吕倩：《美国教育信息基础设施建设路径研究》，华中师范大学硕士学位论文，2015 年 5 月。

③ 参见万程：《美国基础教育信息化经费投入保障机制及启示》，《当代教育科学》2008 年第 10 期。

施升级 E-rate 项目和 Connect ED 项目，通过提供基础设施投资来升级学校和图书馆的网络连接，改善开展个性化学习必不可少的无线宽带连接。①

（二）联邦教育部

美国联邦教育部是直接负责教育管理工作的政府部门，直接对总统负责，对教育进行积极干预，但是美国宪法没有赋予联邦教育部统一教育管理的权利，因此，美国联邦教育部不能对州教育局和学校进行统一控制。美国联邦教育部有很多下属机构，与教育信息化相关的机构有 3 个，分别是：教育技术办公室（Office of Educational Technology，OET）、首席信息官办公室（Office of Chief Information Officer）和国家教育统计中心（National Center for Education Statistics，NCES）。其中：

教育技术办公室是美国教育部长办公室下属的一个机构，主要职责是用技术变革教育，编制国家教育技术计划。教育技术办公室支持总统和教育部长的工作，主要工作职责有以下几方面：①使所有的学习者都能连接互联网；②为企业家和创新者提供一个良好的环境；③开展学习分析领域的研究工作。

首席信息官办公室的主要工作任务是，提供技术解决方案，确保美国联邦教育部能为学校、家庭和学生提供高质量、高水平的服务。为了实现这个目标，首席信息官办公室要力图在符合联邦法律的条件下，帮助教育部长和管理人员使用信息技术和信息资源。

美国国家教育统计中心隶属于美国教育部的教育科学研究所，主要职责是收集、汇报、分析美国和其他国家教育统计数据，为美国教育政策制定、财政决策等提供依据。

（三）州政府和地方学区

美国各个州都有教育行政管理机构，全面负责州的教育事宜。州政府的主要职责是制定教育方针和政策，而学区负责行使管理权。学区是美国教育行政体系中最基层的机构，是各州为管理教育事业专门设立的教育管理的基本单位，学区拥有财政权、人事权、课程权，负责设立和管理地方公立中小学、征收筹集地方教育经费并编定预算、制定地方教育政策及计划。就义务教育信息化的建设与发展而言，主要责任在州，州政府要负责经费投入、在 NETP 的指导下编制本州的教育信息化发展规划。各州都发布了适应教育信息化发展要求和本州实际情况的教育信息化行动计划。如，弗吉尼亚州教育信息化发展规划（Educational Technology Plan for Virginia，2018—2023）、康涅狄格州教育信息化发展目标与规划（State Educational Technology Goals and Plan，2017—2022）、南卡罗来纳州教育信息化发展规划（South Carolina State Education Technology Plan-Revision Education，2014—2016）、路易斯安那州教育信息化发展规划（Statewide Educational Technology Plan，2018）、肯塔基州教育信息化发展系统之总体规划（Kentucky Education Technology System-KETS Master Plan，2013—2018）、怀俄明州教育信息化发展规划（Statewide Educational Technology Plan，2017—2021）等。

① 引自鲍娟：《数字化时代美国链接教育（Connect ED）项目规划与实施策略研究》，西南大学硕士学位论文，2018 年 4 月。

二、适切性强且有持续性的规划与政策

(一)教育信息化规划制定过程的科学性

美国国家教育技术规划的制定并没有一个统一、固定的流程，而是一个灵活、可变的动态发展过程，无论是参与人员、参与方式可能都有所不同。但OET在制定教育信息化发展规划过程中都会经历如下几个步骤：

①广泛征集意见。在制定国家教育技术规划前，教育技术办公室会通过组织区域论坛、在线研讨等活动鼓励社会各界参与国家教育技术规划的讨论。教师、学生、学校领导、研究人员、技术专家、内容专家、政策制定者、政府及企业代表等均踊跃参与，通过在官方网站、论坛发帖，发表论文、研究报告等多种方式提出对国家教育技术规划的建议，涉及的内容包括美国中小学教育技术的现状、教育技术的未来发展前景、美国教育技术规划的目标等。

②召开专家会议。教育技术办公室会召开由50多个州的富有经验的教师、学校领导、教育技术专家、政策制定者等人员参加的专家会议，各位专家从自身实际出发分享其经验和见解，帮助美国教育部了解当前美国教育的现状和主要面临的问题，并明确美国教育技术规划的发展目标和行动计划。

③发布征求意见稿。教育技术办公室对收集到的各种反馈意见和专家建议进行分析、总结，将这些意见和建议融入国家教育技术规划，并将起草的国家教育技术规划初稿发布到官方网站上，广泛征求公众意见和建议。

④参与各种会议征求意见。教育技术办公室通过参与包括全国教育信息化会议、国际教育技术协会等举办的论坛，广泛收集与会专家对于国家教育技术规划的修订意见。

⑤发布国家教育技术规划。教育技术办公室对收集到的反馈意见进行综合，并对国家教育技术规划进行修订，最后发布在美国教育部官方网站上。

(二)教育信息化规划的适切性和连续性

从已经发布的六份国家教育技术规划来看，每一个规划都是针对当下教育信息化发展中面临的问题与挑战而发布的，规划的内容专注于解决这些问题和挑战。

1. NETP1996

规划名称：Getting America's Students Ready for the 21st Century—Meeting the Technology Literacy Challenge，使美国学生做好进入21世纪的准备，迎接技术素养的挑战。

提出的时代背景：只有4%的学校生机比达到了5：1，9%的教室接入了因特网；贫困地区网络接入率为31%，远远少于富裕地区的62%。47%的学校缺少网络接入点，40%的学校接入点老旧、缺少维修。软件内容单一，大多和教学课本挂钩，多为课内内容，同时偏向低龄化。

主要内容：

(1)全部教师必须接受培训和得到学习支持，以帮助学生使用电脑和互联网；

(2)全部师生都能在教室中接触到多媒体计算机；

(3)每个教室都能连上互联网;

(4)学校课程中包含有效的软件和在线学习资源。

2. NETP2000

规划名称:E-Learning: Putting a world-class education at the fingertips of all children,数字化学习:使所有孩子都能随时接触到世界一流的教育。

提出的时代背景:对于很多教师来说,数字资源和网络应用程序仍然是教学外的补充。在这期间能使用计算机和网络进行教学只有不到40%的中小学教师。在1999年的调查中,只有10%的受访教师表示已经完全做好了信息化的准备,另外23%的受访教师表示只做好了应用信息技术教学的准备。

主要内容:

(1)在教室、学校、社区、家里,全部的师生都能使用信息技术;

(2)全部的教师都会使用技术提高学生的学习成绩;

(3)全部的学生都具备信息素养技能;

(4)研究和评价技术的使用,促进技术在教学中的应用;

(5)使用数字化的资源和网络应用转变教学和学习。

3. NETP2004

规划名称:Toward a new golden age in American education: How the Internet, the Law Internet, the Law Today's students are revolutionizing expectation,走向美国教育的黄金时代:互联网、法律及当今学生变革展望。

提出的时代背景:美国教育部门还同时意识到投入大量的硬件支持已经不是问题,问题的核心在于教师的培训以及技术如何作用于教学活动之中,小布什说:"我们的学校不会从普通学校自然进化到熟练信息技术,政府部门必须为之努力,并做出必要的改变,从而达到我们给予每一名儿童教育这一目标。尽管这一目标充满野心,但我们国家会继续努力,不让一个孩子落后。"

主要内容:

(1)加强领导力。为培养适应不同层次的并掌握高新技术的新一代领导,必须开展领导提升计划。首先必须要为政策制定者和人事主管者提供相关教育信息化的培训;其次是必须加强初等学校、高等教育机构领导之间的信息化合作关系;第三是注重企业领导合作,鼓励创新技术;最后,学生也必须加入到信息化建设当中来,应鼓励学生参与信息化政策的制定。

(2)革新预算。确定技术总成本的花销比例;对预算进行系统的调整,实现高效、节约和再分配;也包括教材、教学用品、计算机实验室等的再分配,保证革新周期为3年到5年;创建年度技术创新资金。

(3)改进教师培训。让新教师应用信息技术做好准备工作;确保每个老师都有机会参与到在线学习课程;通过制定评价机制、问责机制和扩充信息资源来提高教师教育的质量和一致性;要让每一位教师学会如何利用数据来保证自己进行个性化教学。

(4)支持网络学习和虚拟学校。让所有孩子接触网络学习;让每位教师参与到网络学习培训;通过网络学习《不让一个孩子掉队法案》所提到的高质量课程,给家长更多选择;

探索网络学习的创新途径，为网络学习设定高质量的标准与认证措施。

(5)鼓励使用宽带网络。根据宽带承载力保证运行状况，评估现有的技术基础设施和宽带接入情况；保证宽带为客户提供数据管理、网络连接、技术性评估、电子学习以及可访问高品质的数字内容；保证有足够的技术支持来管理和维护计算机网络的正常运行时长，最大限度地提高教育和未来的需求计划。

(6)迈向数字化。对教师和学生针对使用网络内容进行培训；为每个学生提供无处不在的电脑网络连接；为学生提供足够资源，根据在线内容的成本和收益进行调整，帮助学生进行个性化学习，满足每一个孩子学习的需求。

(7)数据整合系统。管理者通过系统可以获取需要的学生信息，例如成绩信息等，有助于学生教学组织安排个性化；同时，时刻关注学生成绩的波动并进行适时地调整；通过信息评估的结果对不同学生进行个性化教学，因材施教。

4. NETP2010

规划名称：Transforming American Education：Learning Powered by Technology，转变美国教育：技术推动下的学习。

提出的时代背景：2004 年之后，美国教育领域出现高校毕业率走低、中小学辍学率走高和社会对人才要求持续走高等众多问题，同时 2008 年的金融危机使美国的公立教育系统无法维持正常的运转，各州和政府对于教育的资金开始削减，大量教师流失。

主要内容：

(1)学习。所有的学习者都能参与学习过程，成为全球网络中积极的参与者、创造者，利用技术为学生提供个性化的学习。

(2)评价。使用技术评价教学和学习，这些评价的出发点在于找出适应每个学生的最佳学习方式，持续改善整个教育系统。

(3)教学。利用技术支持教师的教学，使教师能够获得丰富的教学资源和教学支持，以便进行更有效的教学。

(4)基础设施。让所有的学生和教育工作者都能随时随地使用综合性的学习基础设施。

(5)生产力。借助技术来实现个性化的学习，确保学生在 K-16 系统中顺利毕业，确保产出大于投入，每 1 美元的投入都有不止一美元的产出，借助技术来进行规划、管理和监控。

5. NETP2016①

规划名称：Future Ready Learning，Reimagining the Role of Technology in Education，为未来学习准备：回溯与展望技术在教育中的角色。

提出的时代背景：由于存在技术在教育中的应用效果仍不够显著、技术支持的学习未形成常态、数字鸿沟依然存在、有效技术项目缺失、网络资源机会不平等、教师教

① 参见(1)武滨、左明章：《回溯与展望技术在教育教学中的角色——NETP2016 对我国教育信息化建设的启示》，《现代远距离教育》2016 年第 4 期。(2)杨新晓、陈殿兵：《美国“国家教育技术规划(2016”的研制模式及特点研究》，《现代教育技术》2016 年第 4 期。

育技术能力较弱等一系列问题，从而影响着“互联网+”背景下美国教育质量的提升和转型。

主要内容：

(1)学习：通过技术改善学习体验。让所有学习者通过参加正式和非正式的学习，使他们在将来的社会中更有积极性、创造力、知识更渊博、更有道德。聚焦教育资源的均衡和教育公平问题，指出要通过开发、提引技术应用软件、技术设备、教育技术资料以及教育网络环境，缩减学生基于种族、民族、性别、语言、宗教、社会地位、地理因素等而形成的教育不公平鸿沟，实现教育技术的教育正义。

(2)教学：技术连接教学。教师要运用教育技术开发教学方式和手段，有效提升其教学的有效性。教师掌握相应的知识和技能，同时要求与学生学习相关的所有人员和机构(如图书馆及其管理人员等)都应朝着构建有利于学生学习的教育技术体系方向努力。

(3)领导力：创造条件和氛围。中小学管理者首先要在教育技术能促进学生的有效学习层面形成共识，并采取相应的措施、制定相应的计划，保证教育技术的相应理念在实践中得以贯彻执行，让每个学生从教育技术的发展中受益。

(4)评价：改善教学。未来的教学评价应该具备以下特点：自适应学习者的知识和能力、嵌入学习过程、即时反馈、持续改进和适当使用数据等。建议以总结性评价与形成性评价相结合的综合评价系统来评价学生掌握并运用知识的能力，并借助评价数据有针对性地调整教学活动，从而提升教学效果。

(5)基础设施：处处时时皆可学。教、学评价的有效实施离不开基础设施的发展与完备。需要在电子设备、网络覆盖率及网速方面为教师和学生提供处处时时皆可学且功能强大的学习设备(支持移动学习、海量资源、方便即时通信与合作)和高速互联网络(特别强调要保证家庭网络连通性)。

6. NETP2017①

规划名称：Reimagining the Role of Technology in Education：2017 National Education Technology Plan Update，重新思考技术在教育中的角色：2017 年国家教育技术计划更新

为了对 NETP2016 的进一步细化和完善，美国教育部于 2017 年 1 月发布了对 NETP2016 规划的修订版——NETP2017，主要内容框架依旧是学习、教学、评估、领导力和基础设施五个部分。

学习模块中增加了“Providing Technology Accessibility for All Learners”，即为所有学习者提供可使用的技术。这个模块增加了技术支持下的学习模型的三个主要原则，包括提供显示方式，提供一些可以呈现给学习者的工具，例如数字图书、网站和软件；提供表达方式，学习者可以表达给教师或者其他人的技术工具，例如网站、移动通信工具；提供参与方式，一些可以刺激学习者学习兴趣和动机的工具或活动，例如数字学习工具。强调使用移动设备、笔记本电脑和网络系统等数字学习工具，提供更大的灵活性，满足每个学生的需求，个性化定制学习。

领导力模块中增加了“Characteristics of Effective Leadership”，即有效的领导力的特点，

① 参见王彤彤、刘敏、张杰：《美国〈国家教育技术计划〉的演进》，《软件导刊》2018 年第 10 期。

包括协作能力、学习能力、调度能力和专业能力。

三、教育信息化规划实施成效显著

(一)实施有针对性的项目

为了保障教育信息发展规划能富有成效地得以实施，美国联邦政府实施了一系列的支持项目。如为确保NETP1996的贯彻执行，联邦政府实施了如下几个项目：①美国教育部启动设立的PT3(Preparing Tomorrow's Teachers to Use Technology)——培育未来的教师使用技术项目，该项目是一个大型的教师培训项目，旨在帮助未来的教师都能够将技术有效地整合到课程中，并通过技术创造新的教学和学习方式；②美国商务部投资设立TIIAP(Technology and Information Infrastructure Applications Program)信息技术基础设施应用项目，旨在为信息通信在教育中的应用提供资金支持；③美国康复服务管理局(Rehabilitation Services Administration)设立的SGAT(State Grant for Assistive Technology)——辅助技术国家资助项目，该项目旨在帮助美国各个州为各年龄层的残障人士提供辅助性的信息技术设备和服务；④美国教育部设立的LAAP(Learning Anytime Anywhere Partnerships)——随时随地学习联盟，该项目旨在支持提供高质量远程教育的高校、企业、社区组织，或其他实体的合作联盟。为了保障NETP2000的顺利实施，美国创新改革办公室(Office of Innovation and Improvement)分别设立了两个项目：①技术创新挑战基金项目(Technology Innovation Challenge Grants)，该项目通过支持企业、教育组织等开发创造性的教育技术产品，支持教师将信息技术整合到学校教学中去等，帮助各学区(尤其是落后学区)的教育部门提高教育技术应用能力；②星星学校项目(Star School Program)，为残疾的、贫困的等所获服务不足的学生，提供信息通信技术基础设施，开发教育教学资源，提供技术支持服务和教学指导。

(二)义务教育信息化建设成效显著

在2003年时，美国就已经实现了100%公立学校中小学校接入互联网，到2008年78%的学校有无线网，覆盖了高速无线网络的中小学校学校从2013年的30%升至2015年的59%，53%的学生已经享受高速网络；2008年学生和教学计算机的生机比由1998年的12.1∶1降至3.1∶1，97%的学校拥有课堂教学用的计算机，58%的学校为教师购置了笔记本电脑和充电车；2008年使用LCD或DLP投影的公立学校占97%，使用数码相机的公立学校占93%，使用交互式电子白板的公立学校占73%(到2015年则有高达94%的公立学校已经使用电子白板)。

在技术支持方面，美国国家教育数据中心调查数据显示，31%的学校有专门负责技术支持和信息技术与课程整合服务的专职人员，96%的地区有提供技术支持的专职人员，86%的学校有技术支持人员，68%的学校有负责技术管理的人员。85%的学校有为教师提供信息技术与课程整合服务的专职人员，88%的学校有负责信息技术与课程整合的管理人员。30%的学校使用双向视频会议系统，72%的学校使用在线评估系统评估学生成绩，42%的学校向学生提供在线远程学习的机会，87%的学校向教师提供学生标准测量的结果或数据，以促进个性化教学，59%的学校为教师提供在线教师专业发展的机会，65%的学校提供高质量的数字化学习内容。

教师培训方面，美国教育数据中心2008年的调查数据显示，70%的教师接受了充分的教育技术培训，64%的教师接受了充分的信息技术与课程整合培训，87%的学校能使用学区网络开展个性化教师培训。

在信息化应用方面：①翻转课堂作为一个新兴的教学模式，在美国中小学中非常普及，2012年大约73%的中小学老师听说过"翻转课堂"，而到了2014年，这一数字增加到了96%，美国国家教育性非营利组织——明日项目（Project Tomorrow）举办的大型在线调查中，25%的中小学校长和教育管理工作者表示翻转课堂已经在其所在的学校发挥着至关重要的作用，有超过40%的教育管理工作者表明当年要在他们的学校中引入翻转课堂教学模式；②移动学习，明日项目的调查显示，86%的学校教育管理人员表示移动学习能有效地增强学生的参与度，76%的教师表明移动学习能有效地满足学生多样化的学习需求，让学习变得更为生动有趣，62%的学生表明比起台式机或笔记本电脑，他们更喜欢用平板电脑访问学习资源，47%的中小学教师将移动学习引入自己的课堂中；③虚拟/增强现实的学习，[①] 2015年，明日项目的一项调查表明，在参与调查的来自7600所中小学2600个学区的38613名教师中，23%已经将虚拟/增强现实技术融入教学，另有48%表示计划将虚拟现实技术用于教学。

学生素养方面：2009年的调查数据表明，69%的学生能利用信息技术学习、操练基本技能，66%的学生能利用信息技术开展研究，53%的学生能够使用图形图像工具。

第三节　经济欠发达地区义务教育信息化供给侧改革的建议

结合经济欠发达地区义务教育信息化供给的现状、存在的问题，以及美国义务教育信息化建设的经验，实现经济欠发达地区义务教育信息化供给适度应该主要从稳定的经费来源，适度的硬件、软件、潜件供给等方面来加以完善。

一、建立稳定的教育信息化经费来源机制

稳定的教育信息化经费投入是消除经济欠发达地区与经济发达地区数字鸿沟、实现教育信息化均衡发展的基本保障。从目前经济欠发达地区义务教育信息化建设经费存在的问题来看，主要集中在两个方面：一是经费不足，二是经费来源渠道单一且不稳定。

① 虚拟现实（Virtual Reality）是一种利用计算机模拟生成，提供视觉听觉等感官上对于物和人的存在感的虚拟环境技术，新兴的虚拟现实技术还可以基于手势和通过力反馈提供触觉信息的触觉设备，让用户更加真实的"感觉"到物体。增强现实（Augmented Reality）技术是一种通过特定设备，将数字化信息叠加起来，让用户观看到增强版现实的技术。早在20世纪末，虚拟/增强现实在教育中应用的潜力已受到关注，但由于当时的虚拟现实技术真实性还有待提升且价格昂贵，并没有在中小学教育中得到广泛应用。参见胡永斌、龙陶陶：《美国基础教育信息化的现状和启示》，《中国电化教育》2017年第3期。

(一)建立中央和省级政府共同负担义务教育信息化经费的必要性

1.《义务教育法》的规定

建立中央和省级政府共同负担经济欠发达地区义务教育信息化的机制是有法律依据和符合我国特别是经济欠发达地区的义务教育信息化发展实际需求的。

> 2006年的《义务教育法》第四十二条明确规定：国家将义务教育全面纳入财政保障范围，义务教育经费由国务院和地方各级人民政府依照本法规定予以保障。国务院和地方各级人民政府将义务教育经费纳入财政预算，按照教职工编制标准、工资标准和学校建设标准、学生人均公用经费标准等，及时足额拨付义务教育经费，确保学校的正常运转和校舍安全，确保教职工工资按照规定发放。第四十四条规定：义务教育经费投入实行国务院和地方各级人民政府根据职责共同负担，省、自治区、直辖市人民政府负责统筹落实的体制。农村义务教育所需经费，由各级人民政府根据国务院的规定分项目、按比例分担。

按照《义务教育法》的规定，义务教育经费必须纳入财政预算保障范围，而义务教育信息化建设经费当然也是义务教育经费，所以义务教育信息化建设经费也必须纳入财政预算；从经费分担上看，《义务教育法》要求国务院和地方各级人民政府共同负担，就我国现在的四级政府财力来看，中央政府和省级政府财力是最强的，特别是对于经济欠发达地区而言，县级政府财力已经十分薄弱，无力负担义务教育信息化建设经费的投入。

2. 经济欠发达地区财政自给率较低

表6-1反映的是2018—2020年31个省区市财政自给率(一般公共预算内收入与一般公共预算内支出的比，指标数值越大，说明该地经济活动较为繁荣，地方财政“造血能力”较强，对于中央财政转移性支付的依赖程度也就越低。)的基本情况。

表6-1　**31个省区市财政自给率**　单位:%

	2018年财政自给率		2019年财政自给率		2020年财政自给率		2020年较2019年
北京	77.44	2	78.52	2	80.9	2	2.38
天津	67.87	6	67.79	6	61.0	6	-6.79
河北	45.48	14	45.0	11	42.4	13	-2.60
山西	53.52	9	49.84	9	44.9	9	-4.94
内蒙古	38.45	20	40.38	16	38.9	16	-1.48
辽宁	49.01	11	46.17	10	44.2	10	-1.97
吉林	32.74	24	28.40	27	26.3	27	-2.10
黑龙江	27.43	28	25.20	28	21.1	28	-4.10
上海	85.11	1	87.60	1	87.0	1	-0.60

续表

	2018 年财政自给率		2019 年财政自给率		2020 年财政自给率		2020 年较 2019 年
江苏	74. 03	5	70. 01	5	66. 2	5	−3. 81
浙江	76. 46	4	70. 11	4	71. 9	4	1. 79
安徽	46. 39	12	43. 05	14	43. 0	11	−0. 05
福建	62. 23	8	60. 12	8	59. 0	7	−1. 12
江西	41. 87	17	38. 95	20	37. 6	19	−1. 35
山东	64. 21	7	60. 77	7	58. 4	8	−2. 37
河南	40. 86	18	39. 77	18	40. 0	15	0. 23
湖北	45. 56	13	42. 52	15	29. 8	23	−12. 72
湖南	38. 25	21	37. 43	21	35. 8	20	−1. 63
广东	76. 96	3	73. 16	3	73. 9	3	0. 74
广西	31. 66	25	30. 97	22	27. 9	25	−3. 07
海南	44. 50	15	43. 80	13	41. 3	14	−2. 50
重庆	49. 89	10	44. 04	12	42. 8	12	−1. 24
四川	40. 29	19	39. 34	19	38. 0	17	−1. 34
贵州	34. 33	22	29. 71	24	31. 2	21	1. 49
云南	32. 83	23	30. 63	23	30. 4	22	−0. 23
西藏	11. 69	31	10. 15	31	10. 0	31	−0. 15
陕西	42. 30	16	40. 01	17	38. 0	18	−2. 01
甘肃	23. 09	29	21. 52	29	21. 0	29	−0. 52
青海	16. 56	30	15. 14	30	15. 4	30	0. 26
宁夏	30. 76	26	29. 45	26	28. 3	24	−1. 15
新疆	30. 55	27	29. 68	25	27. 1	26	−2. 58

注：灰色底纹代表全国排名。数据来源：2018 年、2019 年财政自给率是根据国务院发展研究中心信息网数据库：http：//ed456865a00deb8b5376bf5b336b13e8. 7813d394. libvpn. zuel. edu. cn/dataTable? id=171&structureId=174 提供的数据计算得来；2020 年的财政自给率源自：《2020 年各省财政自给率，广东，江苏，浙江位列前三，山东排名落后于 GDP》，https：//www. 360kuai. com/pc/9c57bcfd970f30602? cota=3&kuai_so=1&sign=360_57c3bbd1&refer_scene=so_1。

由表 6-1 可以发现，2018—2020 年经济欠发达地区中除了广东、浙江、天津、山东 4 个省市的财政自给率超过 50%以外，其余省市均低于 50%；相比 2019 年，2020 年财政供给率有所增加的只有浙江、广东和河南 3 个省，其余省市均有不同程度下降，而其中湖北省下降幅度最大，高到 12. 72 个百分点；从全国排名上看，三年一直排在全国前 10 名的有广东(一直稳居全国第 3 名)、浙江(一直位于全国第 4 名)、天津(一直居于全国第 6

名)、福建(2018 年、2019 年位于全国第 8 名，2020 年上升至第 7 名)、山东(2018 年、2019 年位于全国第 7 名，2020 年降至全国第 8 名)5 个省市；排名一直在全国 11~21 名的有内蒙古、安徽、江西、河南、湖南、海南、四川、陕西 8 个省区；一直排在全国倒数 10 名之列的有宁夏和新疆两个省区。

通过上述分析，经济欠发达地区绝大部分地区财政自给率很低，财政能力无法满足区域内义务教育信息化建设的经费需求。

从表 6-2 的湖北省地市财政自给率的情况来看，除了武汉市财政自给率超过 50%外，其余地市的财政自给率都低于 50%，其中有 8 个地市低于 40%；从变动情况来看，2019 年除了鄂州市和随州市较 2018 年有所提升外，其余地市都有不同程度下降，到 2019 年财政自给率低于 30%的地市由 2018 年的 2 个增加至 4 个。

表 6-2　**湖北省市级地区财政供给**　单位：万元

	2018 年一般预算内收入	2019 年一般预算内收入	2018 年一般预算内支出	2019 年一般预算内支出	2018 年财政自给率/%	2019 年财政自给率/%
武汉	15286984	15641163	19293075	22371003	79. 24	69. 92
黄石	1170158	1195463	2464970	2656790	47. 47	45. 0
十堰	1133047	1199629	3741417	4069458	30. 28	29. 48
宜昌	2372350	2407853	5035790	5969918	47. 11	40. 33
襄樊	2955197	3002394	6709664	7296831	44. 04	41. 15
鄂州	579275	600491	1225496	1253075	47. 27	47. 92
荆门	1057579	1104768	2693071	2936776	39. 27	37. 62
孝感	1301877	1355315	3825169	4088361	34. 03	33. 15
荆州	1343147	1394244	4331818	4895679	31. 01	28. 48
黄冈	1392448	1414039	4826328	5343399	28. 85	26. 46
咸宁	913186	946224	2483444	2802677	36. 77	33. 76
随州	473803	491011	1541363	1579845	30. 74	31. 08
神农架	50972	52180	211025	239202	24. 15	21. 81

数据来源：国务院发展研究中心信息网数据库 http：//ed456865a00deb8b5376bf5b336b13e8.7813d394. libvpn. zuel. edu. cn/dataTable？id=171&structureId=174。

表 6-3 反映的 2018—2019 年湖北省部分县级市和县的财政自给率的情况，从 67 个市县的情况来看，除了大冶市的财政自给率一直保持在 50%以上外，在 2018 年财政自给率在 50%以上的襄州区、宜都市到 2019 年全部降至 50%以下；除了阳新县、郧阳区、秭归县、仙桃市、鹤峰县、利川市、广水市、随县 8 个市县较 2018 年有所增加外，其余 59 个省市都有不同程度的下降；到 2019 年仅有 6 个市县的财政自给率在 49. 99%~40%的区间内，13 个市县在 39. 99%~30%区间，25 个市县财政自给率在 29. 99%~20%范围内，22

市县的财政自给率在 19.99%～10%范围内，也就是说有 73%以上的市县的财政自给率在 30%以下。如此薄弱的县级财政，根本无法提供义务教育信息化经费的投入。

表 6-3　　　　湖北省部分县市财政自给率　　　　单位:%

	2018 年	2019 年		2018 年	2019 年		2018 年	2019 年
阳新县	26.96	28.31	宜城市	28.46	29.37	黄梅县	24.24	21.48
大冶市	57.96	52.76	京山县	32.02	—	麻城市	29.81	26.28
郧阳区	19.85	20.71	沙洋县	22.77	24.05	武穴市	40.63	35.73
郧西县	12.27	11.73	钟祥市	28.74	25.92	嘉鱼县	38.03	37.27
竹山县	15.52	14.5	京山市	32.02	33.95	通城县	27.3	25.11
竹溪县	14.17	13.55	孝昌县	24.93	22.7	崇阳县	24.07	21.82
房县	14.2	13.79	大悟县	—	23.98	通山县	21.74	19.37
丹江口	26.4	24.71	云梦县	37.96	37	赤壁市	46.91	44.3
夷陵区	47.21	43.2	应城市	37.85	36.03	随县	17.05	18.42
远安县	41.05	34.3	安陆市	41.85	42.52	广水市	24.55	27.15
兴山县	34.67	29.91	汉川市	42.95	37.72	恩施市	32.09	26.21
秭归县	21.17	21.88	公安县	27.08	23.4	利川市	16.25	16.45
长阳	19.14	16.88	监利县	13.94	12.22	建始县	13.24	14.12
五峰	10.68	10.32	江陵县	14.8	16.34	巴东县	21.34	17.95
宜都市	50.09	46.32	石首市	21.68	19.99	宣恩县	11.02	10.66
当阳市	41.42	39.46	洪湖市	20.53	18.47	咸丰县	12.92	11.26
枝江市	47.2	42.09	松滋市	35.93	30.65	来凤县	13.6	13.12
襄州区	50.81	48.1	团风县	—	21.13	鹤峰县	10.98	11.08
南漳县	24.24	21.67	红安县	39.85	36.08	仙桃市	36.78	37.31
谷城县	30.23	28.83	罗田县	20.02	17.28	潜江市	36.86	35.62
保康县	26.25	25.28	英山县	—	12.87	天门市	26.03	24.09
老河口	41.25	37.66	浠水县	22.14	19.42			
枣阳市	33.8	32.3	蕲春县	25.1	23.17			

数据来源：根据国务院发展研究中心信息网数据库：http：//ed456865a00deb8b5376bf5b336b13e8.7813d394.libvpn.zuel.edu.cn/dataTable？id=171&structureId=174 提供的数据计算得来。

(二) 建立中央和省级政府共同负担义务教育信息化经费的机制

综上，从义务教育信息化的特征和《义务教育法》的相关规定来看，义务教育信息化必须纳入政府财政预算，建立由中央和地方各级政府共同负担义务教育信息化投入的财政保障机制；从财政自给率来看，除了广东、浙江、天津、山东外，对于其他省份要加大中央政府的负担比例；对于省域内的义务教育信息化经费投入，需要省级政府加大对财政自给率低于50%的县市的义务教育信息化建设经费的负担比例。

1. 中央和省级政府共同负担义务教育信息化经费投入

首先是要将义务教育经费支出纳入财政预算范围内，并实行预算单列，改变当下中央政府主要通过财政专项补助或者通过诸如“改薄工程”下拨经费的形式，明确义务教育信息化预算单列，以及中央和省级政府共同负担义务教育信息化经费的机制，不仅仅是因为义务教育信息化建设是义务教育均衡发展和提高义务教育质量的不可或缺的重要手段，而且更为重要的是保证义务教育信息化建设能够适应义务教育发展的需要，逐步缩小省际、省域内和校际间的差异，尽量消除人为造成的数字鸿沟，从而实现义务教育信息化的均衡发展，最终实现义务教育全国范围内的均衡发展。

其次，确立义务教育信息化经费基本标准。在义务教育信息化经费投入总量上，建议按照2020年的一般公共预算内经费支出的10%确定，并遵照逐年增长的基本要求加以拨付。

第三，明确中央和省级政府分担义务教育信息化经费的比例。鉴于中央政府和省级政府在义务教育经费分担的比例以及各省财政自给率的情况，建议中央和省级政府将经济欠发达地区义务教育信息化经费分担比例设定为四个等级：天津、广东、浙江、福建、山东5个省市份按照4：6的比例分担；辽宁、重庆、安徽、海南4个省区份按5：5比例分担；内蒙古、湖北、江西、河南、湖南、四川、陕西7个省区按照7：3的比例分担；宁夏和新疆按照8：2的比例负担。

第四，2025年以前义务教育信息化经费补偿拨款。为了落实《教育信息化2.0行动计划》中的“三全两高一大”以及实现省际义务教育信息化基本均衡的建设目标，中央和省级政府要在2025年以前通过补偿性拨款完全改善经济欠发达地区在硬件、软件方面的条件，达到确定的国家标准，实现义务教育信息化基本均衡的发展目标。

2. 鼓励企业特别是信息化相关企业提供义务教育信息化建设经费和设施设备

国家实施减免税收等奖励性政策，鼓励企业特别是与学校信息化建设相关的企业提供经费和设施设备。比如，美国在NETP1996发布后，很多企业包括MCI、Intel(美国电信技术公司)、苹果公司、美国电话电报公司和、普林特公司等通过提供通信服务以及计算机设备、在校园中建立无线网络系统、为学校捐赠如iPad、苹果电脑等设备，提供免费无线网络服务参与到学校的信息化建设中，为美国学校特别是基础教育学校信息化建设做出了重大贡献。对于我国经济欠发达地区而言，中央和省级政府可以选择与中国移动、中国电信以及华为等公司合作，鼓励这些企业为经济欠发达地区义务教育信息化建设提供经费、设施设备，并且提供技术指导。

此外，义务教育信息化经费预算单列后，要向全社会公布，在《中国教育经费统计年鉴》中专项列示。要求各省区市政府向中央政府、县市向省政府、学校向当地县市政府提交预算执行情况报告，对于预算执行不到位的相关省、市、县及学校发布黄牌警告，对预算执行情况好的要给予奖励，并按照执行情况核减和增加下一年度预算。

二、确定计算机及网络基本标准

鉴于经济欠发达地区义务教育信息化“硬件、软件和潜件”建设的实际情况及进展，以及《教育信息化2.0行动计划》确定的建设目标，建议国家层面制定义务教育信息化“三件”建设的基本标准，并确定向上浮动区间，确保设施设备满足义务教育信息化教育教学之所需，而不至于造成不必要的浪费，各省区市必须达到国家标准，向上浮动区间不得超过国家标准。首先是确定计算机及网络基本标准。

（一）确定计算机配备标准

建议国家将义务教育阶段生机比设定为1∶1，向上浮动区间小学为1∶1.2，初中为1∶1.5；设定上浮区间主要是考虑到计算机出现硬件、软件等方面的故障时无法使用。另外，考虑到计算师机比时的计算机也包括了学生用计算机，建议将教师用计算机的比例确定为1∶1，也就是说，每一位教师拥有一台专属个人的电脑，向上浮动区间为1∶1.5。这里的计算机是指教学用的计算机，鉴于目前经济欠发达地区的实际情况，可以考虑采用逐步过渡，分步推进的措施，首先要优先保障教师每人一台专属电脑。

关于计算机配置标准，大原则是够用就行，比如学生用的计算机在硬盘、内存操作系统等方面的基本配置能满足基本需求即可，而不能采用高配，教师用电脑也要贯彻这一原则，关于存储方面，随着网络技术的日益发展，可以通过提供移动硬盘、网盘等方式加以解决。

（二）确定网络配置标准

关于网络建设方面，最基本的要求就是要实现所有上课的教室全部为网络多媒体教室，无线网络全校全覆盖。要在三通两平台建设的基础上，实现“三全两高一大”的目标。具体而言，就是完成《教育信息化2.0行动计划》中提出的“‘宽带网络校校通’实现提速增智，所有学校全部接入互联网，带宽满足信息化教学需求，无线校园和智能设备应用逐步普及。‘优质资源班班通’和‘网络学习空间人人通’实现提质增效，在‘课堂用、经常用、普遍用’的基础上，形成‘校校用平台、班班用资源、人人用空间’。教育资源公共服务平台和教育管理公共服务平台实现融合发展。实现信息化教与学应用覆盖全体教师和全体适龄学生，数字校园建设覆盖各级各类学校”的任务目标。为此，对小学和初中、城乡义务教育学校需要实施分层次的推进策略，比如就小学和初中而言，初中在教育教学资源获取方面相对要多一些，因此在经济欠发达地区宽带接入方面，在有限投入的约束下，可以考虑初中的带宽不低于2Gbps，小学可以适当低一点，如带宽不低于1.5Gbps。此外，特别要照顾到农村中小学特别是规模小的农村学校的宽带建设，相比之下这些学校更需要通过同步课堂等形式获取优质教育资源。

（三）确定电子图书标准

关于电子图书方面，具体标准为生均电子图书达到3册，师均电子图书达到30册。随着所有义务教育学校网络接入问题的解决，国家教育资源公共服务体系特别是数字教育资源公共服务体系的建成，传统的教育资源开发利用的壁垒将会被打破，信息资源共享机制将会建立。互联网上丰富的教学、科研、文化资源，为义务教育各级各类学校和全体学习者提供海量、适切的学习资源服务成为可能，由“专用资源服务”向“大资源服务”的转变也会实现，因此，各义务教育学校特别是教师通过教学资源平台可以随时随地下载适切的教学资源，这也能很好地解决当下经济欠发达地区电子图书不够的难题。

三、明确义务教育教师和学生信息素养基本标准

教育部办公厅于2014年发布了《中小学教师信息技术应用能力标准(试行)》，2019年教育部又下发了《关于实施全国中小学教师信息技术应用能力提升工程2.0的意见》，对于提升义务教育教师信息技术应用能力起到了极大的推动促进作用，但也存在一些方面的不足：一是没有明确义务教育特别是小学、初中教师的信息技术应用能力的标准；二是很多表达都是原则性的，给考核评价义务教育教师信息化应用能力带来了许多不确定性；三是缺乏具体的实施细则，特别是对于分学科的教师信息应用能力(主要是信息技术整合学科教学的能力)没有提供相应的指导。而到目前为止，教育部尚未发布有关义务教育学生信息素养标准方面的文件或指导性意见，只是在《关于政协十三届全国委员会第二次会议第3416号(教育类382号)提案的答复函》(教提案〔2019〕第169号)中提道，“制定学生信息素养评价指标体系。委托教育部教育信息化战略研究基地(华中)开展学生信息素养评价指标体系和评估模型研究。进行在校学生信息素养研究，通过科学、系统的持续性评测，掌握我国不同学段的学生信息素养发展情况，促进各地各校学生信息素养的提升。”

(一)发布信息素养标准

建议教育部在充分调研、征求专家意见等基础上发布《义务教育教师信息素养标准》和《义务教育学生信息素养标准》，并针对不同层级甚至是各年级的学生提出具体的标准、要求和达成目标的措施，对初中、小学教师特别是各科目的教师信息素养提出具体的标准，除了通用标准外，比如会运用多媒体授课等，更需要强调信息技术整合学科教学的信息能力标准。此外，在学生和教师信息素养标准的内容方面，要强调学生每节课接触电子设备的时间，初步建议为小学生每节课不超过30分钟，采用同步课堂教学的课堂教学时间也只能限定在30分钟以内，教师多媒体授课特别是纯粹播放视频资源等的每节课时间不超过30分钟，每节课至少有10分钟的无信息化教学时间；对于初中教学课堂而言，可以适当放宽时间要求，但必须保证至少10分钟的无信息化教学时间。

(二)发布教师培训指导意见

需要教育部就义务教育教师信息技术培训提出指导性意见，义务教育学校教师面临的信息意识不足、信息知识薄弱、信息能力欠缺和信息伦理有待提升的问题，以及义务教育阶段教师缺少时间、信息技术基础较差等问题，特别是针对农村学校及小规模学校教师在培训时间、培训内容、培训方式、培训评估及应用等方面要提出有针对性的指导性意见。初步建议，教育部针对发布的《义务教育教师信息素养标准》，对具有不同信息技术能力的教师培训提出指导性意见，对于相应的培训单位要提出具体要求，不能搞一刀切，应采

用差异化、分层培训的方式，在培训形式的选择上建议通过国家教育资源公共服务平台提供可下载、随时学习的视频课程，视频课程按照《义务教师信息学素养标准》逐一录制，建立课程学习档案。

同时要将校长领导力培训纳入其中，校长首先是教师，校长应该是教育信息化的先行者，校长的信息化意识、信息知识、信息能力和信息伦理直接影响着教师整体的信息素养，教师会的，校长必须会，这是一个基本原则。当然，为了提升校长信息化领导力，需要提供专门的信息化领导力培训，在培训形式、内容、考核应用等方面要具备适切性。

(三)设立专职信息指导教师和教育信息资源教师

信息技术指导教师和信息资源教师的缺乏是导致经济欠欠发达地区义务教育教师信息化能力不足的重要原因之一，鉴于目前大部分学校没有配备信息化技术指导教师(大部分学校是由信息课程教师兼任，缺乏工作动力)的实际情况，教育部应该明确所有中小学至少配备一名有编制的专职信息技术指导教师，对于规模较大的完全小学和初中，可以考虑配备2名信息技术指导教师，信息技术指导教师除了学校硬件、软件、网络等方面的运维外，还要负责学校信息化建设的招投标、预算编制，信息化建设问题诊断，上传学校资源等方面的工作。

同时在中心学校至少设立一名有编制的专职信息资源教师，对于规模较大的完全小学和初中可以考虑每个学校设立一个教育信息资源教师，教育信息资源教师负责义务教育学校信息技术整合学科教学的具体工作，鉴于我国目前的实际情况，这就需要通过鼓励有基础的教师转行、大学的专业培养和网络培训并获取相应的资质等方法，解决教育信息资源教师缺乏的问题。

四、提升教育信息化政策和规划的效力

(一)政策规划制定流程的科学性

教育信息化政策和规划制定事关教育信息化发展的全局，教育信息化不单纯是一个教育问题，而是教育和信息技术两方面的问题，因此，单纯的教育问题研究专家和信息技术专家都无法制定出合理的政策规划，信息化重在应用，而且信息化更新速度之快，需要对其未来发展趋势进行科学预测和判断，同时也不能采用简单的拿来主义，照搬照抄包括美国在内的其他国家或地区义务教育信息化发展很好的国家的政策和规划，容易出现“水土不服”，必须是既符合义务教育发展规律又符合信息技术发展的规律，既符合国情又符合世界教育信息化发展潮流，既符合现实需要又符合未来发展之需要，既符合城镇发展需求又符合乡村发展需求，既符合教师需求又符合学生需求，所以制定义务教育信息化发展的政策和规划是一项复杂工程，为此，必须保证政策和规划制定流程方面的科学性。具体而言，在教育信息化政策和规划制定流程上要严格遵照如下几个步骤。

①广泛征集义务教育信息化相关者的意见。在制定教育信息化政策和规划前，教育部要统领政策法规司、基础教育司、发展规划司、科学技术与信息化司就义务教育信息化发展的政策规划进行初步会商，通过官方网站、论坛在线研讨和问卷调查等多种形式，就我

国义务教育信息化的现状、教育信息化未来发展的前景、国家教育信息化规划的目标、教育信息化目标实现的保障机制等内容，鼓励教师、学生、学校领导、研究人员、技术专家、内容专家、政策制定者、政府及企业代表等社会各界人士参与国家教育技术规划的讨论。真正做到规划前的了然于胸，对基层教师和学生及家长的教育信息化需求、对当前我国义务教育信息化面临的问题、教育信息化未来发展的前景和面临的挑战等方面做到心中有数。

②召开专家会议。在充分收集整理社会各界意见的基础上，教育部组织各省区市富有经验的教师、学校领导、教育技术专家、省市教育厅分管领导、相关企业技术代表和供应商等参加的专家会议，为义务教育信息化发展存在的问题诊断把脉，了解信息技术发展的前景和我国推行教育信息化向前发展面临的问题及解决措施和手段，最终明确义务教育信息化政策和规划的发展目标和行动计划。这里特别需要强调的是，专家会议中，必须要邀请信息化企业的技术代表和供应商参加会议，通过他们可以了解未来信息化的走向，了解信息化硬件、软件的基本价格特别是底价，便于制定切实可行而又富有前瞻性的政策和规划。

③发布征求意见稿。教育部对收集到的各种反馈意见和专家建议进行分析、总结，将这些意见和建议融入国家教育信息化政策和规划，并将起草的政策和规划的初稿发布到官方网站上，再次广泛征求公众意见和建议。

④发布国家义务教育信息化政策和规划。教育部对收集到的初稿的反馈意见进行综合，并对初稿进行修订，最后发布在教育部官方网站上。

这一流程，在省、市县和学校制定义务教育信息化发展规划时，也务必认真遵照执行，以确保义务教育信息化政策和规划“接地气”。

(二)出台《义务教育信息法》

美国学者艾利森认为，在政策目标的实现过程中，90%取决于政策的有序推进，而政策的制定仅占10%。因此，对于我国义务教育信息化政策和规划，除了遵照严格的政策和规划制定的流程，确定包括生机比、师机比、信息化经费投入、教师和学生信息素养等方面的具体标准外，就是要建立政策和规划有序推进的保障机制，最有效的保障机制就是将政策和规划上升到法律层面，使得政策和规划具有法律效力。建议我国尽早出台《义务教育信息化法》，从法律层面建立健全义务教育信息化的经费保障机制、监督机制和问责机制、评价机制，进而确保义务教育信息化发展具备相对稳定、较为充足的经费来源，将义务教育信息化纳入“一把手”考核范围，实行一票否决制……彻底改观现行的教育信息化建设的软约束、重建设轻评价、以及“等、靠、要”等问题，特别是能够解决供给适度的问题，最终实现义务教育信息化的省际、省域内、县域内的均衡发展。

附录 1

湖北省义务教育信息化调查问卷

（学校卷）

为全面了解我省义务教育信息化建设的现状，规范和促进义务教育信息化建设，进一步创新我省义务教育信息化建设的体制和机制，以教育信息化带动教育现代化，助推义务教育的均衡发展。特开展本次调查，问卷涉及的敏感信息，我们保证不泄露，非常感谢对本次问卷调查的大力支持。

湖北省义务教育信息化建设研究课题组

学校基本信息(加盖公章)：

学校名：______________________　所属县(市)、区(直属)：____________

学校层级：A. 小学　　B. 初中

学校类别：A. 城区学校　　B. 镇区学校　　C. 乡村学校　民办学校

在校学生数量：____________人　　班级数量：______个

专任教师数量：______人

一、基础设施建设

1. 学校拥有以下相关教室的数量

普通教室：____________间　　　多媒体教室：__________间

网络多媒体教室：______间　__________________

2. 学校拥有以下设备数量

计算机总数：________台，其中台式机________台，笔记本电脑________台

学生专用计算机：________台，教师专用计算机：________台

服务器：__________个　　　　打印机：__________台

复印机：__________台　　　　扫描仪：__________台

数码相机：__________台　　　数码摄像机：______台

实物投影仪：______台　　　　电子白板：________个

触控一体机：______个　　　　多媒体中央控制设备：______个

3. 校园网建设

(1)建设状态：A. 已经建立　B. 正在建设　C. 正在计划　D. 未计划

(2)校园网建设主干宽带：__________MB

(3)信息点(终端接入点)：__________个

(4)每个桌面用户宽带基本为：__________MB

4. 互联网接入与应用

(1)学校是否已经接入互联网：A. 是　　B. 否

(2)学校互联网的提供商是：________________

(3)接入互联网线路是：___________

无线、光纤、铜质双绞线(电话线、网线)、有线电视线路、其他

(4)接入互联网总带宽：__________MB

(5)目前学校已经接入互联网的计算机共有：_________台

5. 无线校园网建设

(1)建设状态：A. 已经建立　B. 正在建设　C. 正在规划　D. 尚未规划

(2)无线校园网接入带宽：_______MB

(3)无线 AP：____个

(4)无线网络覆盖情况：A. 全覆盖　　B. 主要教学场所覆盖　　C. 未覆盖

____

二、数字资源建设方面

(1)电子图书和期刊：_________万册

(2)学校是否接入上级单位建设的数字图书馆系统。A. 是　　B. 否

(3)采用专业级录像和录音设备录制的公开示范课：_____节

(4)实现网络共享的公开示范课：_____节

(5)网络学习资源：其中视频资源_________G，多媒体课件_________G，

电子教案_________ G，试卷试题_________ G，网络课程___________G，

三、应用服务方面

(1)学校是否建立自己的网站：A. 是　　B. 否

(2)如果有，可实现的业务包括：

A. 信息发布　B. 校务公开　C. 网上办事　D. 资源共享　E. 互动交流

F. 网站内容后台管理系统　G. 网站流量控制系统　H. 账号管理系统

I. 浏览用户查询系统　J. 用户管理系统　K. 邮件管理系统

L. 其他，请注明：______________________

(3)学校办公自动化系统：

A. 已经建设　B. 正在建设　C. 正在规划　D. 尚未规划

(4)多媒体网络教学系统：

A. 已经建设　B. 正在建设　C. 正在规划　D. 尚未规划

(5)数字图书馆系统：

A. 已经建设　B. 正在建设　C. 正在规划　D. 尚未规划

(6)是否建立了校园电子邮件系统：A. 是　　B. 否

(7)校园公告系统：

A. 已经建设　B. 正在建设　C. 正在规划　D. 尚未规划

(8)校园安全防护系统：

A. 已经建设　B. 正在建设　C. 正在规划　D. 尚未规划

(9)校园卡系统：

A. 已经建设　　B. 正在建设　　C. 正在规划　　D. 尚未规划

(10)远程教育信息接收系统：

A. 已经建设　　B. 正在建设　　C. 正在规划　　D. 尚未规划

(11)学校是否使用了家校通平台：A. 是　　B. 否

(12)学校是否建立学生网络互动学习平台：A. 是　　B. 否

四、师生发展方面

(1)目前学校对如下哪几个年级学生开设信息技术课程

一年级、二年级、三年级、四年级、五年级、六年级、七年级、八年级、九年级

(2)学生使用信息技术学习的意愿

A. 非常强　　B. 较强　　C. 一般　　D. 较弱

E. 几乎没有

(3)学生家长是否支持学生学习过程中使用信息技术?

A. 非常支持　　B. 比较支持　　C. 一般支持　　D. 不太支持

E. 很不支持

(4)在学科教学中应用信息技术，对学生的学习有哪些影响?

影响最为明显的是(　　　)，影响次明显的是(　　　)，第三明显的是(　　　)。

A. 没有影响

B. 自主性被激发，更积极参与学习活动

C. 计算机技能得到提高

D. 在同类学习活动中比以前有更多的集体协作

E. 学习成绩得到明显提高

F. 交流自己的想法和观点时更为自信

(5)学生在完成信息技术课程学习后具备信息素养的情况(多选)

A. 能熟练使用多媒体计算机、网络以及其他技术设备，并初步评价在学习和生活中使用技术的优缺点。

B. 能识别、解决技术系统常见的硬件、软件问题。

C. 能熟练使用网络交流工具与同学、教师、专家交流。

D. 能比较熟练地利用通信技术和在线资源参与合作解决问题的活动，开展自主学习、协作学习与探究学习。

E. 能熟练使用搜索引擎，收集资料、获取各种数字化学习资源。

F. 能熟练使用网络，选修学习校本课程、开放课程等网络课程。

G. 能应用常用课件制作工具创作多媒体作品，并向他人展示和交流课程学习的成果。

H. 能使用专门的日程和任务管理软件进行自我学习管理，如制定学习计划、安排日程等。

I. 能通过各种信息化渠道(网络、数字图书馆、开放资源网站)，获取学习资源，并能初步评价资源的准确性、适用性和倾向性。

J. 能独立开设博客和微博，与同学、老师、专家及其他人沟通交流。

K. 能正确使用各种手持学习终端，如智能手机、平板计算机等开展移动学习。

L. 有一个虚拟的、彼此联通的个人学习空间。能进行各种网络学习活动，并能根据需要对空间进行个性化设置。

M. 遵守网络文明和礼仪，自觉抵制不良信息，不向网上发布虚假、低俗、不科学的内容。

N. 保护知识产权，不用盗版软件。

(6)老师具备信息素养的情况(多选)

A. 能熟练使用计算机和网络进行电子备课，每节课有电子教案。

B. 知道并经常使用的学科资源网站不少于5个。

C. 能熟练使用搜索引擎、资源网站、资源库系统等，检索、下载和合理使用各种数字化教学资源。

D. 能运用常用的多媒体课件制作工具与技术，自主制作课件或改造课件。

E. 能使用信息技术参与网络教研。

F. 能熟练使用网络教学平台辅助课堂教学。

G. 能熟练使用网络教学平台开设网络选修课。

H. 能灵活应用手机、电子邮件、即时通信软件等技术工具与每位学生家长进行交流。

I. 开设教学专用博客，并和同学科教师进行交流互动。

J. 遵守网络相关法律法规及遵守网络的数字化礼仪、尊重知识产权。

K. 引导学生利用信息技术进行学习、解决实际问题。

(7)近3年来，学校在教育技术(信息技术)方面的研究课题数量____个

(8)近3年来，老师开发的数字成果获奖情况

省级以上____人次　　市级以上____人次　　县区级以上____人次

(9) 近3年来，教师数字化教学研究成果发表情况

省级以上____篇　　市级以上____篇　　县区级以上____篇

五、机制保障构建方面

(1)教育信息化管理部门名称：______________　　部门人数：______人

(2)学校编制内信息技术(计算机)人员：专职______人，兼职______人

(3)学校编制内信息技术(计算机)人员学历情况：

高中及以下______人　大专______人　本科______人　硕士及以上______人

(4)过去一年的时间，学校参加信息化培训的人员有______人次，其中：

国家级______人次，省级______人次，市级______人次，县区级______人次，校级______人次

(5)过去3年本校信息化建设累计投入________，平均每年投入________，平均每年占学校建设投入总额的________%

(6)过去3年学校信息化建设的年度平均运行维护费(包括校园网和信息系统、多媒体教室、机房的运行和维护经费)：__________(万元/年)

(7)过去3年信息化建设中，资源建设费用__________元/年

(8)学校信息化的资金来源所占比例

中央资金　　　　省级资金　　　　市级资金　　　　县区级资金

自筹资金　　　　其他

(9)学校是否已制订以下校园信息化政策与规定

A. 教育信息化发展规划

B. 数字校园管理和使用的各项制度

C. 数字校园应用的绩效考评制度

D. 配套的数字校园建设与运维经费投入机制

E. 将信息技术与课程整合的正式计划

F. 保障网络选修课教学质量的相关制度

G. 为教师开发教学软件、课件提供支持和帮助(如经费、时间和技术等)

H. 鼓励老师开发教学软件的相关政策

I. 制订针对教师开发电子课程资源的知识产权保护的政策

J. 设置专人或部门来负责解决师生在使用电子资源时所遇到的知识产权保护问题

(10)目前学校在信息安全管理方面采取了以下哪些措施?

A. 制定了关于校园网安全的管理规定

B. 制定了针对各个教学、科研、办公部门的安全教育计划

C. 对各个教学、科研、办公部门定期组织网络安全培训

D. 建立安全组织，确定安全责任人

E. 对校园网实行基于账号和口令的分级控制(或)访问控制

F. 使用监控软件、防火墙、防病毒软件，进行入侵监测和防病毒攻击

G. 采用信息过滤系统

H. 信息加密PKI安全机制

I. 定期对校园网设施安全状况进行风险评估

J. 建立了存储安全系统，进行数据管理、数据备份、灾难恢复等

K. 制定安全事件应急处置预案和业务持续性计划(或)灾难恢复计划

附录 2

湖北省义务教育信息化调查问卷
(教师卷)

尊敬的老师：

您好！

我们是中南财经政法大学公共管理学院的科研人员，受省教育厅的委托对我省义务教育信息化建设的现状展开问卷调查，您的认真回答将为我们的研究提供十分有益的帮助。本次调查仅作为研究使用，我们会对您填写的答卷严格保密，绝不透露任何敏感信息，非常感谢您的大力支持。

湖北省义务教育信息化建设研究课题组

您学校的类型：A. 小学　B. 初级中学　C. 教学点　D. 民办学校

您学校所在地：A. 城区　B. 镇区　C. 乡村

您的年龄：A. 20~29 岁　B. 30~39 岁　C. 40~49 岁　D. 50 岁以上(　)

您的学历：A. 中专　B. 大专　C. 本科　D. 本科以上

您的职称：A. 中教三级　B. 中教二级　C. 中教一级　D. 中教高级
E. 中教特级　F. 小教二级　G. 小教一级　H. 小教高级
I. 小教特级

第一部分：封闭式问卷

1. 您对教育信息化的了解情况(　　)
A. 十分清楚　B. 比较清楚　C. 知道一点　D. 不知道

2. 贵校学生在校进行网上学习的频率(　　)
A. 几乎没有　B. 一周一到两次　C. 一周三到五次　D. 一周五次以上

3. 您认为学生的网上学习的行为(　　)
A. 十分重要　B. 比较重要　C. 可有可无　D. 没有作用

4. 您认为教育信息化的运用对于教学效果的改善作用(　　)
A. 十分重要　B. 比较重要　C. 可有可无　D. 没有作用

5. 您认为教育信息化的发展对学生的素质教育(　　)
A. 十分重要　B. 比较重要　C. 可有可无　D. 没有作用

6. 您对义务教育信息化发展的前景(　　)
A. 十分乐观　B. 比较乐观　C. 悲观　D. 不抱希望

7. 您利用网络搜索引擎和各类学习网站来获取教育资源(　　)

A. 经常　　B. 有时　　C. 很少　　D. 从来没有

8. 您运用计算机技术于课堂教学的时间(　　)

A. 经常　　B. 有时　　C. 很少　　D. 从来没有

9. 您用计算机等资源制作教学课件的情况(　　)

A. 经常　　B. 有时　　C. 很少　　D. 从来没有

(如果您所在单位是初级中学回答 10 题，小学回答第 11 题)

10. 您一般在什么情况下使用多媒体计算机辅助课堂教学(　　)

A. 日常课堂教学　　B. 公开课或研讨课

C. 课外活动　　D. 从不使用

11. 在所有的学科中，哪些学科最经常(按上课时间)采用计算机等信息技术来辅助教学活动?(可多选)(　　)

A. 语文　　B. 数学　　C. 英语　　D. 物理

E. 化学　　F. 综合实践课　　G. 政治　　H. 地理

I. 生物　　J. 历史　　K. 其他

12. 在所有的学科中，哪些学科最经常(按上课时间)采用计算机等信息技术来辅助教学活动?(可多选)(　　)

A. 语文　　B. 数学　　C. 英语　　D. 科学

E. 品德　　F. 综合实践课　　G. 音乐　　H. 美术

I. 地方与学校课程　　J. 社会　　K. 其他

13. 您对现代信息技术与课程整合的态度(　　)

A. 非常欢迎　　B. 比较欢迎　　C. 无所谓　　D. 反对排斥

14. 您认为教育信息化在教学改革中的地位(　　)

A. 十分重要　　B. 比较重要　　C. 可有可无　　D. 没有作用

15. 您认为教育信息化对传统教学方式的影响是(　　)

A. 完全放弃传统教学模式　　B. 相互融合，优势互补

C. 相互独立，互不影响　　D. 有待检验

16. 您认为现代信息技术运用与课堂教学的主要目的是为了(　　)

A. 改变教学方式，提高教学质量

B. 帮助学生增强学习兴趣，提高学习成绩

C. 提高课堂学习效率，减轻学生课外负担

D. 减轻老师工作量

17. 您认为贵校的多媒体教室等教育信息化场所的作用(　　)

A. 应对公开课和研讨课的需要

B. 应付检查，为了达标

C. 促进教改和更新观念的主阵地

D. 摆设而已

18. 贵校多媒体教学软件满足于课堂教学的情况(　　)

A. 完全可以满足　　B. 略微不足
C. 不能满足　　D. 几乎没有

19. 贵校在教研活动中有多少专门的教育信息化教研活动(　　)
A. 经常　　B. 有时　　C. 很少　　D. 从来没有

20. 您对于教学活动中所用到计算机技术的掌握程度(　　)
A. 可以熟练操作　　B. 简单会一些　　C. 略知一点　　D. 不怎么懂

21. 您参加各级教师教育信息化的培训活动的情况(　　)
A. 经常　　B. 有时　　C. 很少　　D. 从来没有

22. 您对学习教育信息技术的态度(　　)
A. 十分积极　　B. 比较积极　　C. 一般　　D. 认为没有必要

23. 您所通过计算机能力考核(　　)
A. 三级及以上　　B. 二级　　C. 一级　　D. 未通过任何考核

24. 您对于贵校的教育信息化的硬件设备的看法(　　)
A. 十分满意　　B. 比较满意　　C. 不太满意　　D. 不满意

25. 您对于贵校教育信息化软件资源条件的看法(　　)
A. 十分满意　　B. 比较满意　　C. 不太满意　　D. 不满意

26. 您对于贵校教育信息化资源的利用情况的看法(　　)
A. 十分满意　　B. 比较满意　　C. 不太满意　　D. 不满意

27. 您认为教育信息化的发展和深入，对于教师的影响(　　)
A. 基本只是辅助教师进行日常教学活动
B. 使得部分教师面临下岗的风险
C. 将极大改变教师的教育观念和教育方式
D. 没有什么影响

28. 您认为目前在教学中运用信息技术的主要困难有哪些？(可多选)(　　)
A. 缺少硬件条件支持　　B. 缺少足够的计算机技能
C. 缺少优质教学资源　　D. 没有足够的设计和准备的时间
E. 没有足够的行政支持　　F. 没有足够的技术性支持
G. 没有足够的指导性支持　　H. 学生难以适应
I. 学生缺少足够的计算机技能　　J. 应用的效果不好，挫伤教师积极性

29. 您认为贵校在教育信息化的建设中的主要任务是(　　)
A. 硬件建设　　B. 制度建设　　C. 网络建设　　D. 教师培训

30. 为适应教育信息化的需要，您认为教师急需要解决的问题是(　　)
A. 教育组和学校积极组织教师进行教育技术培训
B. 学校大力开展教育信息化的教研活动
C. 大力推进课堂教学信息化进程，加强监督
D. 完善现有教育信息技术的运用制度
E. 配备专职的信息技术指导教师

附录 3

湖北省义务教育信息化调查访谈提纲

访谈对象：学校领导及教师

访谈目的：全面了解学校领导对我省义务教育信息化建设的硬件、软件和潜件方面的看法，发现存在的问题，为我省义务教育信息化建设诊断把脉。

1. 作为学校领导，您对湖北省发布的《湖北省教育信息发展规划(2014—2020)》是如何认识和理解的？

2. 贵校推进教育信息化建设的措施有哪些？特别是？

3. 作为学校领导，您认为教育信息化给贵校教育教学活动以及学校日常工作所带来的最大变化是什么？您是如何看待这种变化的？

5. 在推进教育信息化建设的过程中，您认为贵校当前最需要解决的问题是什么？应该从哪些方面来进行整改或调整？

6. 作为学校领导，您认为贵校运用现代信息技术于学校教育的最大困难是什么？于此，您认为相关责任主体应该做好哪些方面的工作？

7. 贵校对于全省义务教育信息化建设的认识或建议是什么？

9. 您对未来义务教育教育信息化发展有何期许？

参考文献

一、著作类

1. 钟义信著. 信息科学原理[M]. 福州：福建人民出版社，1988.
2. 田正平，肖郎主编. 世纪之理想——中国近代义务教育研究[M]. 杭州：浙江教育出版社，2000.
3. 孙绍荣著. 教育信息学[M]. 北京：人民教育出版社，2001.
4. 马费成. 信息管理学基础[M]. 第二版. 武汉：武汉大学出版社，2002.
5. 陆立军，等著. 区域经济与欠发达地区现代化[M]. 北京：中国经济出版社，2002.
6. 高如峰主编. 中国农村义务教育财政体制研究[M]. 北京：人民教育出版社，2005.
7. 王继新主编. 信息化教育概论[M]. 武汉：华中师范大学出版社，2006.
8. 柳海民，周霖主编. 义务教育均衡发展的理论与对策研究[M]. 长春：东北师范大学出版社，2007.
9. 陆建国主编. 区域教育信息化建设实践与思考[M]. 上海：上海远东出版社，2007.
10. 翟博著. 教育均衡论[M]. 北京：人民教育出版社，2008.
11. 蒲蕊著. 政府与学校关系的重建 一种制度分析的视角[M]. 武汉：武汉大学出版社，2009.
12. 钟元生，李普聪著. 教育信息化投入机制改革研究[M]. 南昌：江西科学技术出版社，2009.
13. 段宝霞，王小新，李敬，吴昊著. 教育信息化成本效益研究[M]. 北京：科学出版社，2010.
14. 南国农主编. 信息化教育概论[M]. 第二版. 北京：高等教育出版社，2011.
15. 胡小勇. 区域教育信息化可持续发展研究[M]. 北京：北京师范大学出版社，2011.
16. 张传萍著. 义务教育资源配置标准研究[M]. 武汉：武汉大学出版社，2013.
17. 金新政，马敬东主编. 信息管理概论[M]. 武汉：武汉大学出版社，2014.
18. 殷占录，胡念，田雪松编著. 数字信息资源研究[M]. 天津：天津科学技术出版社，2015.
19. 解继丽，邓小华，王清泉，等著. 教育信息化促进教学改革的保障体系研究[M]. 昆明：云南大学出版社，2015.
20. 穆向阳著. 信息的演化[M]. 南京：东南大学出版社，2016.
21. 徐政五，甘露，汪利辉著. 信息论导引[M]. 第二版. 成都：电子科技大学出版社，2017.

22. 范福兰著. 我国教育信息化实证测评与发展战略研究[M]. 武汉：华中师范大学出版社，2018.
23. 孙祯祥著. 教育信息化进程中的教师领导力[M]. 成都：电子科技大学出版社，2018.

二、学位论文类

1. 张霞. 信息技术对学生发展的负面影响分析及其对策研究[D]. 武汉：华中师范大学，2009.
2. 黄晓. 陕西省中小学教育信息化评价指标体系研究[D]. 西安：陕西师范大学，2016.
3. 董美颖. 小学教师信息技术培训现状调查研究——以延吉市为例[D]. 西安：延边大学，2016.
4. 陈莹. 20世纪90年代以来美国教育信息化政策变迁研究化——基于政策文本的分析[D]. 长春：东北师范大学，2016.
5. 陈金华. 中国县域基础教育信息化发展水平动态测评模型研究[D]. 西安：陕西师范大学，2017.
6. 李枞枞. 基础教育信息化发展水平评估研究[D]. 武汉：华中师范大学，2018.
7. 孟晓哲. 经济欠发达地区小学教师信息素养的分析研究——以贵州安龙县为例[D]. 武汉：华中师范大学，2018.
8. 马欣研. 中小学教师信息素养研究——基于理论与实践的双重视角[D]. 上海：华东师范大学大学，2019.
9. 王威. "教育信息化2.0"背景下中小学校长信息化领导力调查研究——以豫南地区为例[D]. 开封：河南大学，2019.
10. 吴亚丽. 中小学教师信息素养自我提升能力现状及其影响因素研究[D]. 武汉：华中师范大学，2020.
11. 郭琪. 小学教师信息素养发展的影响因素分析[D]. 济宁：曲阜师范大学，2020.
12. 易睿. 基础教育领域区县教育信息化2.0评估指标体系构建研究——以兰州市七区三县评估为例[D]. 西安：西北大学，2020.
13. 王亚鑫. 中部地区基础教育信息化城乡发展差异及影响因素研究[D]. 武汉：华中师范大学，2020.

三、期刊类

1. 肖新祥. 信息素养的理论缘起、内涵及构成要素略论——兼论信息素养教育国际经验[J]. 电化教育研究，2021，42(8)：116-121，128.
2. 艾伦，张鹏. 教育信息化的本质[J]. 中国现代教育装备，2021(6)：6-11.
3. 雷励华，张子石，金义富. 教育信息化2.0时代校长信息化领导力内涵演变与提升模式[J]. 电化教育研究，2021，42(2)：40-46.
4. 刘瑞儒，陈冲. 政策工具视角下我国教育信息化政策量化研究——基于2013—2020年《教育信息化工作要点》的文本分析[J]. 中国教育信息化，2021(9)：1-5.
5. 高峰，周洁，李钰，等. 美国教育信息化的启示：基于教育信息化2.0的学校信息化建设[J]. 中国教育信息化，2021(14)：30-33.
6. 王丽珍，蒋仁木. 美国教育信息化政策分析及启示[J]. 教学与管理，2021(15)：120-124.
7. 马红梅，陈钮，肖雨桐. 全球视域下学校信息化“数字鸿沟”及其对学生成绩的影响[J]. 现代远程教育研究，2020，32(5)：86-94.
8. 赵宁宁，王易，陈小涵，等. 信息技术对学生学业成绩的影响——基于 PISA2018 数据[J]. 中国考试，2020(11)：67-73.
9. 田亚惠，姚继军，丁靖. 学校信息化硬件投入如何影响学生成绩——基于南京市初中的实证研究[J]. 教育学术月刊，2020(1)：87-94.
10. 郝照，包磊. 均衡发展视角下区域基础教育信息化现状分析与对策研究——基于甘肃省 14 个地区的调研[J]. 中国教育信息化，2020(15)：90-93.
11. 冯晓英，王瑞雪，曹洁婷，等. “互联网 +”时代三位一体的教育供给侧改革[J]. 电化教育研究，2020，41(4)：42-48.
12. 邢单霞，卢春. 基于全排列多边形图示指标法的教育信息化发展水平评估——以 W 省 13 个地市的问卷调研数据为例[J]. 现代教育科学，2020，30(11)：70-76.
13. 刘名卓，郭赛. 政策导向下数字化教育资源配置研究[J]. 现代教育技术，2020，30(8)：73-79.
14. 吕晓红，柯清超. 基于 3E 理论的数字教育资源供给绩效评价研究[J]. 现代教育技术，2020，30(8)：49-56.
15. 袁振国. 科学问题与教育学知识增长[J]. 教育研究，2019，40(4)：4-14.
16. 马欣研，朱益明，薛峰. 教师信息素养分析框架构建与应用研究[J]. 开放教育研究，2019，25(3)：92-102.
17. 郭炯，杨丽勤. 教育信息化促进教育系统性变革路径研究——基于教育部首批教育信息化优秀试点案例的分析[J]. 中国电化教育，2019(5)：41-48.
18. 权国龙，陈明选，蔡慧英，等. 基于数字教育资源应用调查的供给施为研究[J]. 开放教育研究，2019，25(5)：88-98.
19. 曾天山，祝新宇，万歆. 义务教育学校信息化建设成效分析——基于全国 31 省 2000 余所学校的调查[J]. 教育研究，2018，39(4)：23-31，67.
20. 郑旭东，任友群. 教育信息化服务供给的转型方向与实施路径[J]. 教育研究，2018，39(8)：113-120.
21. 杨宗凯，吴砥，郑旭东. 教育信息化 2.0：新时代信息技术变革教育的关键历史跃迁[J]. 教育研究，2018，39(4)：16-22.
22. 林子植，胡典顺. 课堂信息技术使用对学生数学学业成绩的影响——基于 PISA2012 数学机试数据的实证研究[J]. 中国教育学刊，2018(12)：70-76.
23. 何克抗. 如何实现信息技术与学科教学的“深度融合”[J]. 教育研究，2017，38(10)：88-92.
24. 程佑春. 教育中信息技术的负面影响及其对策[J]. 软件导刊(教育技术)，2017，16(6)：16-17.

25. 李贺. 县级教育信息化发展水平监测评估框架建构研究[J]. 中国电化教育，2017(7)：107-114.
26. 陈琳，王丽娜. 走向智慧时代的教育信息化发展三大问题[J]. 现代远程教育研究，2017(6)：57-63.
27. 唐前军，田密娟，付蓉，等. 中小学教育信息化存在的问题、困境及对策[J]. 教学与管理，2017(18)：107-109.
28. 何克抗. 教育信息化发展新阶段的观念更新与理论思考[J]. 中国教育科学，2016(2)：23-39，22，213.
29. 付卫东. 教育信息化与义务教育优质均衡发展[J]. 贵州师范大学学报(社会科学版)，2016(6)：68-73.
30. 焦中明，温小勇. 欠发达地区农村教师信息素养与装备使用状态的实证分析——基于江西省 1143 名农村中小学教师的调查[J]. 远程教育杂志，2016，34(6)：86-94.
31. 张鹏飞，李锦宏. 欠发达地区的认知重构：一个分析框架[J]. 现代经济信息，2016(7)：466-469.
32. 郭衎，曹一鸣，王立东. 教师信息技术使用对学生数学学业成绩的影响——基于三个学区初中教师的跟踪研究[J]. 教育研究，2015，36(1)：128-135.
33. 张秀梅，张学波，杨青，等. 区域教育信息化发展路径研究——以广东省云浮市为例[J]. 开放教育研究，2016，22(4)：87-94.
34. 耿新，李俊杰. 人口较少民族聚居区发展水平评价指标体系研究——以赫哲族、仫佬族、塔塔尔族和阿昌族为例[J]. 西南民族大学学报(人文社科版)，2015，36(10)：131-135.
35. 赵慧臣，杨萍. 美国教育信息资源教师项目的特征与启示[J]. 远程教育杂志，2015，33(4)：75-83.
36. 陈琳. 2013 年中国教育信息化发展透视[J]. 教育研究，2014，35(6)：136-141.
37. 杨银付. 深化教育领域综合改革的若干思考[J]. 教育研究，2014，35(1)：4-19.
38. 李静萍. 欠发达地区山西农村经济特征分析[J]. 沧桑，2014(3)：110-111.
39. 南国农. 怎样理解信息技术及其教师素养形成[J]. 现代远程教育研究，2013(1)：3-6.
40. 李运林. 论教育与信息·信息技术—— 四论“信息化教育” 兼解读“信息技术对教育发展有革命性影响”[J]. 电化教育研究，2013，34(3)：11-15.
41. 王道福，蔡其勇. “国培计划”教师培训“知识—能力—实践—体验”模式建构[J]. 课程·教材·教法，2013，33(7)：116-121.
42. 何克抗. TPACK——美国“信息技术与课程整合”途径与方法研究的新发展(下)[J]. 电化教育研究，2012，33(6)：47-56.
43. 李葆萍. 我国义务教育信息化建设均衡性研究——基于 2001—2010 年中国教育统计年鉴数据分析[J]. 中国电化教育，2012(3)：37-42.
44. 郭涛，王亮. 我国农村中小学教育信息化现状和对策[J]. 继续教育研究，2012(2)：106-108.

45. 何克抗. 我国教育信息化理论研究新进展[J]. 中国电化教育，2011(1)：1-19.
46. 何克抗. 教育信息化是实现义务教育优质、均衡发展的必由之路[J]. 现代远程教育研究，2011(4)：16-21.
47. 徐娟. 论数字化对外汉语教学的硬件、软件、人件与潜件[J]. 现代教育技术，2010，20(2)：54-57.
48. 贾积有，汪琼，陈维超，等. 教师信息素养影响的定量分析——以北京市中小学信息技术教师信息素养调查为例[J]. 电化教育研究，2008(8)：37-42.
49. 安素平. 漳州市中小学教师信息素养现状调查及分析[J]. 河北师范大学学报(教育科学版)，2008，10(12)：52-54，85.
50. 陈琳. 中国教育信息化必须防止的倾向性问题[J]. 电化教育研究，2007(4)：18-21.
51. 黄怀荣. 我国教育信息化面临的挑战[N]. 中国电脑教育报，2007-10-01.
52. 周振军，边晓娜，贾永江. 教育信息资源分类共享机制的研究[J]. 电化教育研究，2007(10)：24-27，35.
53. 乐军. 对教育信息化本质的分析[J]. 电化教育研究，2006(9)：16-19.
54. 顾小清. 教育信息化建设项目评估国际研究现状调查[J]. 电化教育研究，2006(8)：40-44.
55. 蔡连生. 教育信息化的概念内涵：社会学的视角[J]. 湖南师范大学教育科学学报，2005(1)：18-22.
56. 李泊溪. 信息化的基本含义[J]. 天津科技，2005(3)：25.
57. 龚炳铮. 信息化的含义与分类的探讨[J]. 中国信息界，2005(19)：11-15.
58. 周旭，倪红军. 构建新型教师信息能力培训体系浅析[J]. 职业教育，2005(7)：33.
59. 杜媛，刘美凤. 技术在教育中有效应用的关键：对教师的支持[J]. 开发教育研究，2005(4)：5.
60. 赵国栋，缪蓉，费龙. 关于教育信息化的理论与实践思考[J]. 中国电化教育，2004(4)：19-24.
61. 陈云，王浣尘，沈惠璋. 论国家信息化的组成[J]. 科学学与科学技术管理，2004(11)：134-136.
62. 刘志波，郑良栋. 当前我国中小学教育信息化进程中的主要误区及其对策[J]. 电化教育研究，2004(8)：75-78.
63. 解月光，姜玉莲. 农村中小学教师信息素养教育的分析与思考[J]. 电化教育研究，2004(9)：61-63.
64. 冯艳芬，曹学宝，夏丽华，等. 广东省欠发达地区的界定及其特征分析[J]. 广州大学学报(自然科学版)，2004(1)：46-50，92.
65. 秦如祥. 教育信息化的概念、特征和目的[J]. 理论探索，2004(3)：63-64.
66. 谷晓华. 教育信息化的特征、现状及发展趋势[N]. 山西科技报，2003-05-22.
67. 代金平. 山东省欠发达地区经济运行的基本特征及其战略选择[J]. 商业研究，2003(3)：45-47.
68. 黄荣怀. 聚焦教育信息化[N]. 中国计算机报，2002-03-25.

69. 南国农. 教育信息化建设的几个理论和实际问题(上)[J]. 电化教育, 2002(11): 3-6.
70. 祝智庭. 教育信息化: 教育技术的新高地[J]. 中国电化教育, 2001(2): 5-8.
71. 黎加厚. 迎接教育信息化的春天[N]. 中国电脑教育报, 2001-05-02.
72. 袁振国. 信息技术对教育的影响[J]. 湖南教育, 2000(1): 3.
73. 祝智庭. 世界各国的教育信息化进程[J]. 外国教育资料, 1999(2): 79-80.
74. 綦松波, 覃祖军. 教育信息化与教师面临的挑战[J]. 山东师范大学学报(社会科学版), 1998(5): 3.
75. 何克抗. 多媒体教育应用的重大意义及发展趋势[J]. 天津电大学报, 1998(S1): 3-9, 18.
76. 杨伟民. 对我国欠发达地区的界定及其特征分析[J]. 经济改革与发展, 1997(4): 52-56.
77. 胡鞍钢. 欠发达地区发展问题研究[J]. 改革, 1994(3): 8.
78. 任意. 信息技术对教育的影响——2020 年的教育图景[J]. 未来与发展, 1992(3): 40-43.
79. 雪. 欠发达地区的内涵界定与经济特征[J]. 山区开发, 1992(4): 320.
80. 周铁虹. 地区经济与社会发展水平综合指标计算方法初探[J]. 统计与决策, 1986(1): 3.

四、外文文献

1. Aarti Trehan and Rajesh Trehan. ICT in Education Sector and its Impacts[J]. International Journal of Management, IT and Engineering, 2019(7):5.
2. AlpheusWanano Mogwe, Peloyame Ambrocia Balotlegi. Barriers of information communication technology (ICT) adoption in Botswanas' primary education[J]. Education and Learning, 2020(5):2.
3. Basargekar, Prema, Singhavi, Chandan. Factors Affecting Teachers' Perceived Proficiency in Using ICT in the Classroom[J]. IAFOR Journal of Education, 2017(5):2.
4. Benjawan Arukaroon and Donyaprueth Krairit. Impact of ICT Usage in Primary-School Students' Learning in The Case of Thailand[J]. International Journal of Web-Based Learning and Teaching Technologies, 2017(12):2.
5. Benes P, Mudrak D, Prochazka J et al. RESEARCH OF ICT EDUCATION IN THE CZECH REPUBLIC[J].Problems of Education in the 21st Century, 2008, 5.
6. Bevan Bronwyn, Ryoo Jean J., Vanderwerff Aaron et al. "I See Students Differently": Following the Lead of Maker Educators in Defining What Counts as Learning[J]. Frontiers in Education, 2020(9):5.
7. Bukaliya, R. & Mubika, A. Teacher competence in ICT: implications for computer education in Zimbabwean secondary schools[J]. International Journal of Social Sciences and Education, 2011(4):1.
8. C.E.Shannon. A mathematical theory of communication[J]. Bell System Technical Journal,

1948(27):4.

9. Collins, John W. and Sharon A. Weiner. Proposal for the Creation of a Subdiscipline: Education Informatics[J]. Teachers College Record,2010(10).

10. Christopher J. Wagner. Online Teacher Inquiry as a Professional Learning Model for Multilingual Early Childhood Educators[J].Early Childhood Education Journal, 2021, 49(2).

11. David Hollow, Paola Masper. An evaluation of the use of ICT within primary education in Malawi[J]. ICTD'09: Proceedings of the 3rd international conference on Information and communication technologies and development Doha, Qatar 2009.

12. Daniel J. Minter, Rabih Geha, Reza Manesh et al. The Future Comes Early for Medical Educators[J].Journal of General Internal Medicine, 2020(pre publish).

13. Djannah Mahfira, Zulherman, Nurafni. Kahoot Application for Elementary School Students: Implementations of Learning Process from Distance during Pandemic period of COVID 19[J]. Journal of Physics: Conference Series, 2021, 1783(1).

14. Dhiaa Alalgaw, Rosnafisah Bte Sulaiman, Norshakirah Binti Ab Aziz. Factors Affecting Teachers' Adoption of ICT into Teaching and Learning in Iraq Education System[J]. International Journal of Modern Education Forum,2014(2).

15. Digambarrao Jamge Santosh. Impact of e-education on teaching and learning process[J]. SUMEDHA JOURNAL OF MANAGEMENT,2021(8):3.

16. E.Engelbrecht.Adapting to changing expectations: Postgraduate students' experience of an e-learning tax program[J]. Computers and Education,2005(45):2.

17. Ernst Jeremy, Clark Aaron, BowersSharon. Cyber-supported Professional Learning Experiences that Build Technology and Engineering Educators' Practice[J]. Journal of Technology Studies, 2017, 43(1).

18. García Carrillo Christian, Greca Ileana María, Fernández Hawrylak María Teacher Perspectives on Teaching the STEM Approach to Educational Coding and Robotics in Primary Education[J].Education Sciences, 2021,11(2).

19. Guadalupe Martínez-Borreguero et al. Development of ICT-Based Didactic Interventions for Learning Sustainability Content: Cognitive and Affective Analysis[J]. Sustainability, 2020(12):9.

20. Haldorai Anandakumar, Murugan Suriya, Ramu Arulmurugan Evolution, challenges, and application of intelligent ICT education: An overview[J]. Computer Applications in Engineering Education, 2020, 29(3).

21. HirokiYoshida.Promotion of In-service Teacher Training for Curriculum Management: with Focus on Capacity Building for Media and ICT Education[J].JAIT, 2016, 7(3).

22. Huang, H. M. & Liaw, S. S. Exploring users' attitudes and intentions towards the Web as a survey tool[J]. Computers in Human Behaviour,2005,2(5).

23. H.M.RABOCA, F. CĂRBUNĂREAN. ICT in Education Exploratory Analysis of Students'

Perceptions Regarding ICT Impact in the Educational Process[J]. Managerial Challenges of the Contemporary Society, 2014(7):2.

24. Irving Ann. The educational value and use of online information services in schools[J]. Computers & Education, 1991(17):3.

25. Khalid Abdullah Bingimlas. Barriers to the Successful Integration of ICT in Teaching and Learning Environments: A Review of the Literature[J]. Eurasia Journal of Mathematics, Science Technology Education,2009(5):3.

26. Khalid SaidRabayah. Information Technology Use and Academic Achievements of Students in Primary Schools[J]. Ìnformacìjnì Tehnologì ì Zasobi Navčannâ, 2014 (43):5.

27. Kuchma V R and Tkachuk E A.Hygienic Assessment of Informatization of Education and Up-Bringing[J]. Gigiena i sanitariia, 2015(94):7.

28. Kaumba, M.,Mphahlele, R.S., Muleya, G.& Simui, F. Disablers and enablers in the uptake of information communication technologies in rural primary schools of Mwinilunga District, Zambia[J]. Journal of Educational Technology & Online Learning, 2021(4):1.

29. Kingsley Okoye, Jorge Alfonso Rodriguez-Tort, Jose Escamilla et al. Technology-mediated teaching and learning process: A conceptual study of educators' response amidst the Covid-19 pandemic[J].Education and Information Technologies, 2021(prepublish).

30. MirjanaJoksimović, Ashlee Robertson, Borivoje Đokić, Lazar Dražeta. Technology-Based Professional Development: The Case of Elementary School Teachers in Belgrade[J]. Journal of Sustainable Business and Management Solutions in Emerging Economies,2019(24):1.

31. Marcos Fernúndez-Gutiérrez and Gregorio Gimenez and Jorge Calero. Is the use of ICT in education leading to higher student outcomes? Analysis from the Spanish Autonomous Communities[J]. Computers & Education, 2020(157):1.

32. MarkovaTatiana.Educators' and students' perceptions of online distance education before and amid COVID-19: Key concerns and challenges[J].SHS Web of Conferences, 2021, 99.

33. MoshfeghyanMahsa Pre-Service Teachers and Educators Perception toward Use of Technology in Education-Challenge and Reforms for West Azerbaijan Iran[J]. Journal of Social Sciences, 2017, 13(1).

34. Ningsih S,Umamah N, Na'im M. Analysis of Prior Knowledge of Educators on E-Learning Media and and its Relationship with Students Critical Thinking Ability[J]. IOP Conference Series: Earth and Environmental Science, 2021, 747(1).

35. N. V. Savina, G. E. Ozhogova, I. N. Rasskazova Personal determinants of competence of interaction with other people among preschool and primary education teachers[J]. SHS Web of Conferences, 2020, 87.

36. OveEdvard Hatlevik. Examining the Relationship between Teachers' Self-Efficacy, their Digital Competence, Strategies to Evaluate Information, and use of ICT at School[J]. SCANDINAVIAN JOURNAL OF EDUCATIONAL RESEARCH,2017(21),5.

37. Phillips Richard J. et al. The future of the microcomputer as a classroom teaching aid: An

empirical approach to crystal gazing[J]. Computers & Education,1984(8):1.

38. Purna Chandra Barman.An Overview of Impact of Information and Communication Technology in Education [J]. International Journal of Information Science and Computing, 2018, 5 (1and2).

39. Pumulo, J., Mulauzi. F., & Walubita. G (2019). Chapter Five-Introduction of computer education in the curriculum of Zambian primary and secondary schools: Benefits and challenges. Retrieved from: https://dspace. unza. zm/bitstream/handle/123456789/introduction% 20of20compuiter% 20education % 20in% the% 20of% 20curriculum% 20of% 20zamian% 20primary%20and%20secondary%20schools.pdf? sequence_1&isallowed.

40. Ronald M. Hernandez. Impact of ICT on Education: Challenges and Perspectives [J]. Propósitos y Representaciones, 2017(5):1.

41. R. V. L. Hartley. Transmission of information [J]. Bell System Technical Journal, 1928 (535):7.

42. RitaJ. Hartman, Mary B. Townsend, Marlo Jackson. Educators' perceptions of technology integration into the classroom: a descriptive case study[J].Journal of Research in Innovative Teaching & Learning,2019,12(3).

43. SMITH T B.The policy implementation process[J]. Policy Sci,1973(4):203-205.

44. Shuichi Nakayama,Lyckle Griek.Teacher Education for the Effective Use of New Information Media in Schools. Innovation and Reform in Teacher Education for the 21st Century in the Asia-Pacific Region. 1997 Report. UNESCO-APEID Associated Centre, Hiroshima University, April 1998.

45. Stephen Adu Gyamfi. Pre-service teachers' attitude towards information and communication technology usage: A Ghanaian survey. International Journal of Education and Development using Information and Communication Technology,2017(13),1.

46. Shanil Samarakoon, Ame Christiansen, Paul G. Munro. Equitable and Quality Education for All of Africa? The Challenges of Using ICT in Education [J]. Perspectives on global development and technology,2017(16):6.

47. Shafaq Salam et al. ICT and students' performance in Pakistan [J]. Human Systems Management, 2017(36):4.

48. S.Hrastinski. What is online learner participation? A literature review[J]. Computers and Education,2008(51):4.

49. Digambarrao Jamge Santosh. Impact of e-education on teaching and learning process[J]. SUMEDHA JOURNAL OF MANAGEMENT,2021(8):3.

50. Teo Timothy, Unwin Siobhan, Scherer Ronny et al.Initial teacher training for twenty-first century skills in the Fourth Industrial Revolution (IR 4.0): A scoping review. Computers & Education, 2021(prepublish)

51. SÓNIA SANTOS ALVES, ANA PAULA SIMÕES, CRISTINA AZEVEDO GOMES, et al. ICT Projects and Planning: From Equipments to Activities. International Journal of Emerging

Technologies in Learning, 2009(S1:+SIIE'2008):41.
52. Waiganjo Iyaloo N. Teachers' Perceptions and Use of Information and Communication Technology in Teaching and Learning: Kadjimi Circuit, Kavango West, Namibia. Open Access Library Journal, 2021, 08(03).
53. YukselGoktas, Nuray Gedik, Ozlem Baydas. Enablers and barriers to the use of ICT in primary schools in Turkey: A comparative study of 2005-2011. Computers & Education, 2013, (68), 1.

后　　记

本书是全国教育科学规划教育部重点课题“经济欠发达地区义务教育信息化供给侧改革研究”的最终研究成果，也是继《教育产权论》《普通高等教育协调发展》的第三本专著。

课题选题源于三个方面的原因：一是扑面而来而又势不可挡的信息化“飓风”。信息化的“飓风”扰乱了我的心绪，学术大家一开口就是“E-learning”，从武汉市武昌区的几位中小学教师和学校领导的聊天中听到较多的议论“学校消亡论”“教师消亡论”的论调，个人开始关注并觉得教育信息化是一个必须要加以分析和研究的问题；二是对教育信息化的教育学方面的思考。教育信息化给课堂教学到底会带来什么样的革命性影响？学校教育中的教育者、受教育者和教育措施在课堂教育教学中真的会发生翻转？三是源于与当时湖北省教育厅黄副厅长的一次交谈，黄副厅长对湖北省教育信息化特别是贫困地区中小学教育信息化发展缓慢、滞后等方面的思考，让我更觉得有责任对教育信息化问题开展研究。三是调研带给我的思考。在湖北省教育厅的大力支持下，2015 年带领教育经济与管理专业的部分硕士研究生赴巴东县和恩施市进行了实地调研(为进一步丰富数据，2016 年对通山县、蕲春县进行了调研)。调研过程中感触很多，其中有三个场景至今还历历在目：第一个场景是正赶上恩施市部分学校正在更换网络教育信息化设备，大量的多媒体设备被拆卸成为废品，而此时的巴东县城区学校还在用第一代，有的学校连多媒体教室都没有；第二个场景是光明小学这一所民办小学在校生都是留守儿童，校长多方化缘，但使用的设备很旧，十分需要更新换代，可是没有经费，而部分公办学校的计算机却大量闲置(有部分是高校等捐赠的)；第三个场景是某小学三年级学生的音乐同步课堂，卡顿频繁出现，整个课堂教师与学生几乎没有交流，校长在教室内负责维护课堂纪律，40 分钟的课感觉上了 1 个小时，下课后询问学生，大部分学生告诉我：没听清楚、没听懂。

从巴东和恩施调研回来后，查阅了大量资料，发现较少有学者从义务教育信息化供给侧方面开展研究，就初步拟定了“经济欠发达地区义务教育信息化供给侧改革研究”这一课题名称，申报了全国教育科学规划课题，并获批立项；期间，还指导一名硕士研究生以《贫困山区义务教育信息化建设研究》为硕士毕业论文选题。课题获准立项后，邀请了包括中国地质大学的李祖超教授、湖北省教育科学研究院的赵友元研究员及课题组全体成员参加了课题开题会。

研究期间，不断有新的研究成果涌现，也就需要不断调整研究思路和研究方法，专著就是在原有基础上不断更新、不断补充和完善的基础上完成的。但是不断更新的信息技术和各地日益对义务教育信息化的重视，使经济欠发达地区乃至湖北省的巴东县等地的义务教育信息化水平有了极大的提升，未能及时跟进开展调研，书中部分数据和观点难免存在偏颇和不当之处，同时，由于本人能力有限以及资料和时间的限制，不免还存在其他诸多问题，敬请批评指正。

本书的出版得到了武汉大学出版社的大力支持，在此深表感谢；感谢中南财经政法大学教育经济与管理专业导师组的全体教师及课题组全体成员的大力支持和帮助；感谢我的爱人和女儿，爱人因我的写作而承担了的太多的家务，女儿因我的写作在节假日只能待在家里……书中引用了大量学者的研究成果，在此一并致谢。

徐　文

2021 年 7 月